KB107474

소음과 투자

소음과 투자

소음의 바다 주식시장에서 알짜 정보만 뽑아내는 법

리처드 번스타인 지음 | 이건 옮김

에프엔미디어

추천의 글

소음이 지배하는 세상에서 살아남기

“질 높은 정보가 항상 사람들의 관심을 끄는 것은 아니다. 오히려 과장된 저질 정보가 사람들의 관심을 끌 수 있다. 예컨대 흥미 위주 미디어의 자극적인 표제가 추구하는 목표는 정확한 보도가 아니라 독자 수 증가다.” (46쪽)

정보가 넘쳐난다. 채널을 돌리면 증권 방송이 연이어 나오고, 유튜브를 열면 알고리즘에 의해 온갖 투자 정보가 매일매일 쏟아진다. 탐욕과 공포를 넘나드는 섬네일 제목이 투자자들의 일상을 지배한다. 주가가 상승세를 이어가면 투자자들은 주식을 사야만 할 것 같은 조바심을 느끼게 되고, 주가가 하락세를 멈추지 않으면 주식을 팔아야만 살아남을 것 같은 두려움에 사로잡힌다. 주가 조정이 깊어져 주식시장이 확실히 저평가 국면에 들어가면, 아주 작은 긍정의 발언마저 미디어의 조롱을 받는다. 반대로 주가가 오르면 유행처럼 낙관론이 번지고, 미디어는 대중을 유혹하는 신조어로 뒤덮인다. 투자자들은 연일 쏟아지는 소음의 바다에서 길을 잃고 헤매고 있다.

리처드 번스타인은 《소음과 투자(Navigate the Noise)》에서 이렇게 질문한다. “당신은 소음과 과대 선전을 걸러낼 수 있습니까?” 여기에 어느 누구도 ‘예’라고 답하기 쉽지 않다. 이 책의 마지막 11장은 여기에 답한다. 12가지 필터링으로 핵심 정보를 걸러내자는 저자의 주장을 이 책은 탑을 쌓아가듯 풀어냈다. 경제경영 서적은 초반에는 촘촘하게 내용을 전달하다가도 중후반부에 밀도가 떨어지는 경우가 많지만, 번스타인의 책은 그렇지 않다. 소음이 무엇이고, 소음에서 자유로워지려면 어떻게 대처해야 하는지를 생각의 순서대로 차근차근 풀어간다. 중후반부의 내용이 초반부를 심화하는 과정이 아니라 여러 다른 사례로 이끌어간다는 점에서, 이 책은 끝까지 집중력을 잃지 않는다.

'소음(noise)'을 발라낼 수 있어야 장기적인 사고가 가능하다. 아쉽게도 코로나 이후 '주린이'의 시대는 '소음'을 동반했다. 중독이 돈이 되는 세상에서 부로 이르는 지름길을 알려주겠다는 이들로 넘쳐났다. 직접투자로는 성공 확률이 매우 낮음에도 코로나 이후 투자자들은 간접투자보다 직접투자를 선호했고, 그런 현상은 지금도 마찬가지다. 투자 관련 정보에서 소음을 걸러내지 못하고 들리는 대로 믿고 행하는 주린이들은 여전히 선지자를 찾아 투자 세상을 헤매고 있다. 주변의 값싼 조언(소음)을 접하고 나서 스스로 해낼 수 있다는 착각에 빠지고, 이 결과 포모(FOMO)족이 넘쳐났다. 나아가 스스로 전문가라고 믿는 사람들도 많아지기 시작했다. 기분 나쁠 수 있겠지만, 귀동냥으로 전문가가 될 수 없다. 누군가의 추론을 짜깁기한 조언은 투자에서 뒷북을 칠 뿐이다.

저자는 이처럼 소음이 직접투자를 조장하는 현상을 통렬히 비판한다. 투자에도 지켜야 할 원칙이 있고, 이를 지켰을 때 생존할 수 있다. 소음에 휘말린 사람들은 결국 원칙을 포기한 채 누군가의 유행 전략을 그때그때 무분별하게 수용한다. 그로 말미암은 행위는 실패할 수밖에 없다.

그렇다면 어떻게 행동해야 하는가? 리처드 번스타인은 《순환 장세의 주도주를 잡아라(Style Investing)》에서 한발 더 나아간 대안을 제시했다. 이 책을 처음 접했을 때 필자는 전율을 느꼈다. 그동안 품어왔던 궁금증 하나가 풀렸기 때문이다. 경제 및 기업 상황이 좋지 않은데도 주가가 상승하고, 상황이 아주 좋음에도 주가가 정점을 찍고 내려오는 현상을 저자는 '이익 추정치 수명주기(Earnings Expectations Life Cycle)'로 분석했다. 《순환 장세의 주도주를 잡아라》는 주린이에서 벗어나 자신의 포트폴리오를 좀 더 적절하게 재배치하고자 하는 이에게 유용하다.

번스타인의 주장은 하워드 막스의 진자 운동, 앙드레 코스톨라니의 달걀 모형과도 연결된다. 수많은 구루가 강조했던 것처럼 투자는 '직선'이 아닌 '원', 바로 사이클이다. 기업의 이익 전망이 직선처럼 움직인다고 착각하지만, 이익 전망의 변화 과정은 원에 가깝다. 사이클상의 현재 위치를 파악하고 상황에 맞는 투자 전략을 선택한다는 것이 스타일 투자의 기본이다. 1995년 《순환 장세의 주도주를 잡아라》에서 이런 접근법을 정리했고, 여기에 기대를 조종하는 '소음'을 추가해 좀 더 상세하게 정리한 책이 2001년에 발간한 《소음과 투자》다. 앞선 책이 '기대'를, 이번 책은 '소음과 그로 인한 기대 변화'를 기준으로 사이클 순환을 도식화했다는 차이가 있다. 소음은 긍정적이든 부정적이든 투자 의사결정에 영향을 줄 수밖에 없다. 저자는 한 문장으로 이를 정리한다.

"좋은 투자자는 소음이 없을 때 매수하고, 소음이 넘쳐날 때 매도한다." (123쪽)

저자는 반복해 강조한다. "소음과 장기 투자자는 어울리지 않는다." 정보에 중독된 세상에서 단기 트레이딩은 투자자들을 끊임없이 유혹한다. 마약에 중독된 사람들이 자기 몸을 해치는 것처럼 매일 쏟아지는 정보의 홍수는 투자자들의 장기 성과를 갉아먹는다. 사건이 아니라 시간에 따라 투자 전략을 점검해야 소음에서 벗어날 수 있다. 분기든 반기든, 시간에 따라 포트폴리오를 점검하면 빈번한 거래를 줄일 수 있다. 투자 성과가 좋지 않아도, 기존 투자 전략을 폐기하기보다 분산투자와 스스로 위험 수용도에 변화를 주어 버텨내야 한다고 저자는 조언한다. '분산'과 '위험 수용도'를 다룬 5장과 6장은 조롱과 압박에서 투자자들이 견뎌낼 힘을 준다.

저자는 전작인 《순환 장세의 주도주를 잡아라》 '5장 하이퀄리티 vs 로우 퀄리티'를 이 책 8장에서 재정리한다. '좋은 기업 vs 나쁜 기업 vs 좋은 주식 vs 나쁜 주식'으로 구분되는 번스타인의 벤다이어그램은 그 분류 자체가 매우 유용하다. '좋은'과 '나쁜'으로 번역된 'Good'과 'Bad'는 투자자들에게 아주 단순한 질문을 던진다. '투자자들이 생각하는 좋은 기업이 좋은 주식인가?' 꼭 그렇지는 않음을 다양한 사례로 검증한다. 장기적으로 나쁜 기업의 주식이 좋은 주식이 될 수도 있다. 이 책을 관통하는 조언은 바로 시간에 있다. 시간 지평이 길다면 매일 소음에 따라 포트폴리오를 평가할 필요가 없기 때문이다.

"유감스럽게도 월스트리트에 보고자(리포터)는 남아돌지만 분석가(애널리스트)

와 예측가는 매우 드물다. 애널리스트가 갈수록 리포터로 바뀌고 있기 때문이다. 이들은 회사가 발표한 내용을 되풀이하기만 할 뿐 (…) 회사가 제공하는 '가이던스(guidance)'에만 의존해 받아들일 뿐이다."(268~269쪽)

필자에게는 아플 수밖에 없는 내용이 이 책의 막바지에 담겨 있다. 리포터로 전락한 애널리스트들을 비판한 대목이다. 다는 아니더라도, 여하튼 분석하기보다 시장에 소음만 보태는 애널리스트들이 늘고 있음을 지적했다. 사실을 단순 열거하고, 독자적 의견을 내기보다 대세에 따르는 애널리스트들의 행태를 꼬집었다. 문제는 소음에 불과한 애널리스트 의견 탓에 투자자들은 시간과 노력을 허비하고 있다는 것이다. 훌륭한 애널리스트는 펀더멘털 의견과 투자 의견을 구분해야 하고, 비난을 들어도 자신의 의견을 포기하지 않아야 한다고 저자는 주장한다. 돌고 돌아 저자는 스타일 투자 전략으로 소음을 걸러내자고 조언한다. 이익 순환주기와 듀레이션, 여기에 소음을 연결해 성장주와 가치주 스타일 전략을 풀어낸다.

인생은 선택의 연속이다. 정보의 바다에서 투자자는 매일매일 정보와 마주치고 그중에서 소음을 걸러내 유용한 정보를 선택해야 한다. 작은 결정에서 큰 결정까지 가설을 세우고 데이터에 기반해 판단해야 한다. 어떤 접근법이 시행착오를 줄이고, 더 나은 성과를 가져올까?

저자는 가치주 투자자가 너무 빨리 매수해서 실패하고, 성장주 투자자는 너무 빨리 매도해서 실패하는 이유를 '소음'을 통해 설명한다. 소음이 기대에 영향을 미치고, 투자자는 그 소음으로 잘못된 판단을 한다. 요즘 이어폰은 외부 소음을 차단하는 '노이즈 캔슬링' 기능이 있다. 노이즈를 차단할 뿐만 아니라, 노이즈와 함께 음악을 들을 수도 있다. 노이즈가 사라진 음악은 훨씬 정확하게 귀에 꽂힌다. 노이즈가 사라진 맑은 음악처럼 소음을 걷어낸 정보만이 현명한 선택을 끌어낼 수 있다.

확실히 투자는 어렵다. 지식과 경험이 조화를 이룬 이들만이 투자에서 생존한다. 투자는 결국 '예상의 변화', 바로 '기대'를 바라보는 것이다. 이전보다 나아가는지 물러서는지를 가늠할 줄 알아야 한다. 번스타인은 그런 '기대'에 개입하는 강한 힘으로 '소음'을 지적했다.

원서는 2001년 초판 출간되었지만 지금 이 시기에 더 부합하는 책이다. 번스타인이 책을 쓰고 21년이 지난 지금, 수많은 투자자의 시간을 훔치는 소음은 더욱 정교해지고 더욱 확장되었기 때문이다. 정보를 '그냥 읽기'보다 '비판적으로 독해하기'가 필요한 시대가 되었다. 소음과 과대 선전에 휩쓸리지 않는 투자자이길 원한다면, 이 책을 펼치기 바란다.

2022년 11월

윤지호

이베스트투자증권 리서치센터장

차례

서문

정보가 많다고 수익률이 높아지는 것은 아니다

인터넷이 등장한 이후 투자자들 사이에서 '정보가 많을수록 투자에 유리하다'는 인식이 유행처럼 퍼졌다. '정보'에 광적으로 집착하는 투자자도 늘고 있다. 주위에는 투자 웹사이트, 주식 리포트, 투자 관련 TV와 라디오 프로그램 등이 넘쳐난다.

그렇다면 투자자들은 과거보다 더 나은 정보를 얻고 있을까? 정보의 질을 떠나 정보에 지불하는 비용이 점점 더 커지고 있다. 게다가 중요한 사실 몇 가지만 확인하고자 해도 쓸모없는 정보의 홍수 속에서 허우적거리게 된다. 물론 투자 성과를 높여줄 '알짜배기' 정보가 존재하지만 이는 극소수에 불과하다. 정보 대부분은 도움이 되기는커녕 오히려 투자 성과에 손해를 끼칠 수 있는 '쓰레기'라고 생각한다.

정보를 많이 수집하는 능력이 성공 투자를 보장하지는 않는다. 진짜 필요한 것은 쏟아지는 정보에서 자신에게 적절한 정보를 골라내는 능력이다. 투자자들은 쓸모없는 정보와 소음의 홍수에 휩쓸리는 탓에 정말로 중요하고 적절한 정보를 놓치기 일쑤다. 오히려 정보가 훨씬 적을 때 더 합리적인 투자 판단을 내릴 수 있다. 투자에는 우리가 생각하는 것만큼 많은 정보가 필요하지 않다.

이런 상황을 개선할 방법은 잘 보이지 않지만, 나는 정보가 증가하는 탓에 투자 판단의 오류도 증가한다고 믿는다. 적절한 정보 대신 소음에만 의지해서 중요한 판단을 하는 사람들을 매일 본다. 이들은 주요 전략, 기본적 분석, 절제된 투자 기법, 위험 분석 대신 소문, 험담, 대화방, 근거 없는 예측치, 주가 모멘텀에 의지한다. 그리고 빠르게 흐르는 정보에 신속하게 대응하지 못해서 소중한 기회를 놓치게 될까 두려워한다. 약물이 없으면 하루 버티기도 힘겨워하는 중독자처럼, 요즘 투자자들은 정보가 넘치지 않으면 불안해한다. 그래서 대부분이 소음에 불과한 정보를 무시하면 실적이 개선된다는 사실을 믿기 어려워한다. 자신의 인식과 행동에 어긋나서 매우 위험하다고 생각하기 때문이다.

정보를 걸러서 금덩이를 찾아내는 것도 중요하지만 투자 과정을 느긋하게 진행하는 것도 중요하다. 정보는 엄청나게 많을 뿐 아니라 억수처럼 쏟아지기 때문이다. 투자자들은 정보를 제대로 이해하지도 못하면서 정보 흐름에 뒤처지지 않으려고 발버둥 치는 듯하다. 요즘은 온갖 사건이 매우 빠르게 진행되므로 투자자들은 신속하게 반응하려는 충동을 느낀다. 서둘러 체로 거르지 않으면 금덩이를 찾지 못한다고 생각한다. 어린 시절 나의 할머니는 모두가 차를 너무 빨리 몬다고 생각했다. 할머니는 항상 "천천히 가자꾸나. 꽃향기를 맡고 싶구나"라고 말했다. '천천히 가면서 꽃향기를 즐기자'라는 할머니의 조언은 요즘 투자자들에게도 훌륭한 조언이라고 생각한다.

월스트리트에는 '나무가 아니라 숲을 보라'라는 격언이 있다. 사소한 일에 몰두하면 중요한 일을 놓친다는 뜻이다. 요즘 투자자들은 나뭇잎에만 몰두하느라 나뭇가지, 나무, 숲을 보지 못한다. 일부 포트폴리오 매니저는 주식과 관련된 정보라면 하나도 놓치지 않으려고 온갖 호가 단말기와 컴퓨터 스크린을 책상 위에 쌓아 올린다. 그러나 이렇게 정보 흐름에 뒤처지지 않으려고 발버둥 칠수록 더 뒤처지게 된다.

일상생활에서도 그런 예를 찾아볼 수 있다. 우리는 정확한 정보인데도 중요해 보이지 않는다고 무시하고, 부정확한 정보인데도 중요하다고 착각해 매달리기도 한다. 기상 캐스터는 월스트리트 애널리스트와 공통점이 많다. 둘 다 자신의 예측력이 우수하다고 주장하면서, 신기술을 사용하므로 예측력이 과거보다 개선되었다고 말한다.

주간(화요일~토요일의 5일) 일기예보를 보려고 월요일마다 늦은 밤까지 TV를 시청하는 사람이 많다. 월요일에 나오는 토요일 예보는 틀리기 쉽다는 사실을 알면서도 우리는 일기예보를 시청한다. 이 정보가 쓸모없는 줄 알면서도 원한다는 말이다. 사람들이 이렇게 주간 예보를 중시하므로, 프로그램 편성자는 시청자들을 계속 붙잡아 두려고 방송 종료 시점이 되어서야 주간 예보를 내보낸다(덕분에 시청률은 올라가지만 시청자들은 늦은 밤까지 잠자리에 들지 못한다).

게다가 요즘 대부분 방송국은 일기예보에 첨단 기술을 사용한다고 광고하면서, 더 좋은 기술을 사용하면 일기예보가 더 정확해진다고 은근히 주장한다. 그러나 방송국이 시청자들을 실제로 설득하려면 첨단 기술 사용 이후 일기예보의 정확도가 얼마나 개선되었는지를 통계로 보여주어야 한다. 나는 첨단 기술을 지지하는 사람이니 오해하지 말기 바란다. 그래도 첨단 기술이 유용하려면 우리 생활에 도움이 되어야 한다. 나는 아직도 월요일에 주말여행 계획을 세우지 못한다. 일기예보가 여전히 부정확하기 때문이다.

사실은 100% 정확한 일기 예측도 있으나, 사람들은 이런 예측이 쓸모없거나 뻔한 소리라고 생각한다. 예를 들어 1월 말 미니애폴리스는 반바지나 수영복 차림으로 외출하지 못할 정도로 추울 것이며, 이 예측은 거의 100% 정확할 것이다. 뻔한 소리로 들리는 이 예측이 장담컨대 월요일에 방송국에서 나오는 토요일 일기예보보다 더 정확할 것이다. 일기예보 담당자들이 첨단 컴퓨터나 위상 도플러 계측법을 사용하더라도 말이다.

주식시장에도 투자 성공 확률을 크게 높이는 방법이 있다. 그러나 투자자들은 1월 말 미니애폴리스 기온 예측처럼 이 방법이 너무 평범하다고 생각한다. 그래서 성공 확률이 매우 높은 방법에 관심을 기울이는 대신 첨단 기술 관련 정보를 빠짐없이 수집하려고 따라다닌다.

이것이 주식시장의 특성을 잘 보여주는 사례다. 사람들은 누구나 가까운 장래의 주가 흐름을 알고 싶어 한다. 내가 TV에 출연해서 적중 확률이 높은 장기적 관점으로 논평하면, 진행자는 내게 다음 주나 다음 달 주식 수익률에 관해 물어본다. 그러나 단기 시장 예측이 계속 적중할 확률은 월요일에 나오는 토요일 일기예보가 적중할 확률에도 못 미칠 것이다.

일부 방송국은 증권거래소 매매 입회장으로 기자를 보내 분 단위로 투자 정보를 보도한다. 이는 허리케인이 몰아치는 바닷가에서 보도하는 기자와 매우 비슷하다. 바닷가로 간 기자는 시속 160킬로미터의 강풍에 휘청거리고, 거래소로 간 기자는 트레이더들 때문에 휘청거린다. 두 기자 모두 시청자들의 이목을 사로잡지만 이들의 정보는 십중팔구 아무 쓸모가 없다. 허리케인이 오면 강풍이 불고 파도가 거칠어지듯이, 뜻밖의 뉴스가 나오면 트레이더들은 더 열광한다.

TV에 애널리스트가 출연해서 장기적으로는 잘 분산된 주식 포트폴리오에서 초과수익이 나온다고 말하면, 진행자는 누구나 다 아는 사실이라고 대답하면서 시청자들은 다음 날이나 다음 주 시장 전망에 관심이 있다고 말할 것이다. 날씨든 주식시장이든, 확실한 장기 전망(미니애폴리스의 겨울 날씨는 춥고, 분산된 주식 포트폴리오의 장기 실적은 우수하다)은 사람들의 관심을 끌지 못한다.

다른 사례를 살펴보자. 월요일에 나오는 토요일 일기예보에 온갖 첨단 기술이 사용되듯이, 주식 운용에도 초과수익을 얻으려고 온갖 첨단 기술이 사용된다. 신경망, 정량 분석 모형, 브라운 운동, 오실레이터, 행동재무학, 최적화 알고리즘, 옵션 이론, 게임 이론 등 다양하다. 그런데도 전반적인 실적은 이전보다 개선되지 않았다. 일각에서는 실적이 오히려 악화했다고 주장한다.

성공 투자의 열쇠가 무엇이냐고 묻는 사람이 많다. 나는 월스트리트 대형 기관에 근무하는 이른바 정량 분석 애널리스트이니 첨단 기법을 말해줄 것으로 기대한다. 그러나 내 대답은 거의 예외 없이 "싸게 사서 비싸게 파세요"이다. 그러면 사람들은 가볍게 웃으면서 농담 삼아 하는 질문이 아니라고 말한다. 내 대답이 농담처럼 들렸던 모양이다. 그러나 나는 계속해서 싸게 사서 비싸게 파는 투자자를 많이 보지 못했다. 컴퓨터와 정보 비용을 기하급수적으로 늘리는 투자자는 많이 보았지만 말이다.

이 책에서는 온갖 소음과 선전을 걸러내고 진정한 투자 정보를 찾아내는 방법을 개인 투자자와 전문 투자자들에게 제공하고자 한다. 투자 기법은 다루지 않는다. 종목 선정의 성배를 제공하는 책이 아니라는 뜻이다. 그러므로 월스트리트의 소음에 중독되어 정보를 찾아다니는 전업 데이 트레이더에게는 적합하지 않다. 대신 소음과 진정한 투자 정보를 구분하는 단순하고 명확한 투자 개념을 제공할 것이다.

1부(1~3장)에서는 먼저 기본 지식을 제공한다. 1장에서는 소음을 정의하고, 소음이 어디에나 존재하면서 은밀하게 퍼져나간다는 사실을 설명한다. 2장에서는 소음과 셀프서비스(직접투자) 증후군을 논의한다. 셀프서비스 증후군이라는 용어에 동의하지 않는 사람도 있겠지만, 이 증후군에 의해서 증권 산업의 모습이 바뀌고 있다. 먼저 내 생각을 솔직하게 밝히겠다. 모든 소음과 선전을 수집하고 소화하면서 직접 투자하면 결국 실패하게 되며, 잘해도 실적이 평균에 못 미친다. 물론 당신도 직접 투자할 수 있다. 그러나 지루하더라도 실적이 입증된 방법을 추천한다. 바로 인덱스펀드에 투자하는 것이다. 3장에서는 투자자들의 기대가 바뀌는 과정을 설명하며, 특히 소음이 투자자들의 기대에 미치는 영향을 살펴본다.

2부(4~7장)에서는 계획 수립, 분산투자, 위험, 위험 인식을 논의한다. 투자자들은 잘 알지도 못하면서 이런 용어들을 함부로 사용하는 경향이 있다. 그러므로 2부는 개인 투자자는 물론 전문 투자자들에게도 유용하다. 2부의 요점 하나는 자신의 위험 수용도를 평가하기가 사실상 불가능하다는 점이다. 자신을 객관적으로 비판할 수 있는 사람은 거의 없다. 따라서 투자에서는 심리 요소를 절대 무시하면 안 된다. 예를 들어 위험 수용도에 대한 사람들의 대답은 질문자가 누구냐에 따라 달라진다. 자신의 전문성이나 적극성을 과시했던 사람 앞에서는 누구나 나약한 모습을 보이지 않으려 한다. 그리고 위험은 상대적인 개념이기도 하다. 똑같은 사안에 대해서도 지극히 위험하다고 생각하는 사람이 있고, 매우 안전하다고 생각하는 사람도 있다.

투자자의 위험 수용도는 시간 지평(time horizon)에 따라 바뀌는 경향이 있다. 전략 계획을 수립할 때는 시간 지평과 장래의 채무(책임)를 모두 고려해야 한다. 자녀의 학비를 저축하는 사람이라면, 자녀의 나이가 3세인가 18세인가에 따라 위험 수용도가 완전히 달라진다. 마찬가지로 연금 기금의 운용 방식도 젊은 직원이 많은가 은퇴를 앞둔 직원이 많은가에 따라 크게 달라져야 한다.

투자자 대부분은 분산투자가 수익률을 높이는 도구라고 생각한다. 차트를 보면 분산투자를 할 때 수익률이 상승할 뿐만 아니라 밤잠도 편히 잘 수 있기 때문이다. 그러나 투자에 거의 예외 없이 적용되는 원칙은 '공짜'가 없다는 사실이다. 수익률이 상승하면서 위험까지 감소하는 모습은 시간 지평이 매우 긴 차트에서만 나타나며, 연도별 수익률 차트에는 이런 모습이 나타나지 않는다. 즉, 시간 지평이 20~30년이면 분산투자를 통해서 실제로 수익률을 높이면서 위험까지 낮출 수 있지만, 시간 지평이 짧으면 분산투자를 해도 이런 결과를 장담하지 못한다. 그래서 흔히 분산투자를 한 사람들은 곧바로 이 전략에 환멸을 느낀다. 사람들은 말한다. "세 종목에 분산투자하는 대신 A 종목 하나에 집중투자했다면 훨씬 많이 벌었을 텐데!"

분산투자는 수익률을 높이는 도구가 아니라 위험을 낮추는 도구다. 밤에 편히 자고 싶으면 분산투자를 하면 된다. 그러나 수익률을 높이고 싶으면 위험을 감수해야 한다. 과거를 돌아보면 매우 높은 수익률을 얻으면서 잠도 편하게 잔 사람은 지극히 드물었다. 더 중요한 사실은 소음에 휩쓸려 빈번하게 매매하면서도 수익률은 높이고 위험은 낮출 수 있다는 연구 결과를 나는 한 번도 보지 못했다는 것이다. 소음에 귀 기울이는 트레이더도 높은 수익을 얻을 수는 있겠지만, 대신 더 큰 위험을 감수해야만 한다.

자신의 위험 수용도를 정확하게 평가했는지 즉시 확인하는 방법이 있다. 갑자기 시장이 폭락하거나 주가가 반토막 나서 밤잠을 설친 적이 있는가? 주가가 하락 중이어서 팔고 싶지만 반등할 것 같아서 팔지도 못하면서 고민한 적이 있는가? (솔직하게 대답하라!) 만일 이런 경험이 있다면 먼저 '6장. 자신의 위험 수용도를 파악하라'를 숙지해야 한다. 자신의 위험 수용도 평가가 부정확할 공산이 크기 때문이다. 반면 자신의 위험 수용도 평가가 정확하다면 주가가 매일 크게 오르내려도 밤잠을 설치지 않을 것이다.

위험 개념은 투자자마다 다르다. 일부 투자자는 '결과의 불확실성'이 위험이라고 생각한다. 학계에서도 전통적으로 '결과의 불확실성'을 위험으로 정의하며, 표준편차라는 통계치로 위험을 측정한다. 그리고 일부 투자자는 위험을 '손실 확률'이나 '목표 미달 확률'로 정의한다. 위험·수익 연구에서는 대부분 학계의 위험 정의를 사용한다. 그러나 내가 조사한 바로는 손실 확률을 위험으로 인식하는 투자자가 95% 이상이었다. 나중에 설명하겠지만 당신도 자신이 위험을 어떻게 정의하는지 간단히 확인할 수 있다.

7장에서는 시간 지평을 조사한다. 소음을 걸러내는 가장 쉬운 기법 하나가 시간 지평을 늘리는 것이다. 이 기법은 개인 투자자들에게 적합한데도 무시당하는 경향이 있다. 개인 투자자는 은퇴에 대비해서 계속 저축을 더 늘려야 하며, 은퇴가 임박하지 않았다면 시간 지평도 대폭 늘려야 한다. 그러나 아이러니하게도 개인 투자자의 시간 지평은 갈수록 짧아지고 있다. 은퇴가 멀었는데도 시간 지평이 짧으면 말이 안 된다. 나는 내 개인퇴직계좌(IRA)로 투자하는 펀드의 실적을 거의 확인하지 않는다. 펀드매니저들이 유능한 데다가 20년 동안 내가 손댈 수 없는 돈이므로 손익을 신경 쓸 이유가 없기 때문이다. 7장에서는 데이 트레이딩이 왜 확실히 실패로 가는 길인지도 설명한다.

3부(8~11장)에서는 실제로 소음을 걸러내는 방법을 조사한다. 좋은 애널리스트를 찾아내고, 좋은 기업과 좋은 주식의 차이를 구분하며, 좋은 투자자가 되는 방법도 살펴본다. '좋은'의 의미만 잘 이해해도 소음을 잘 걸러낼 수 있다.

통찰력 있는 애널리스트는 우리가 생각하는 것보다 드물다. 분석과 보고는 종이 한 장 차이이며, 애널리스트 중에는 보고만 하는 사람이 많다. 애널리스트와 포트폴리오 매니저들은 TV에 출연해서 주식을 추천하기도 하고, 인쇄 매체에 주식에 관한 '스토리'를 능숙한 필력으로 소개하기도 한다. 그러나 간단히 말하면 이런 스토리가 전형적인 소음이다. 투자에 거의 도움이 되지 않는다는 말이다. 해당 종목 애널리스트들이 모두 똑같은 스토리를 말하기도 하고, 심지어 해당 기업이 원하는 스토리를 앵무새처럼 되풀이하는 애널리스트도 있다. 그러나 연구에 의하면 정말로 통찰력 있는 애널리스트는 투자에 엄청난 가치를 더해줄 수 있다. 9장에서는 통찰력 있는 애널리스트를 객관적으로 탐색하는 기법을 소개한다.

흔히 투자자들은 좋은 경영진과 좋은 제품을 갖춘 기업이 성장 전망까지 좋으면 '좋은 기업'이라고 말한다. 그러나 믿기 어렵겠지만 장기 수익률은 '나쁜' 기업이 '좋은' 기업보다 훨씬 높다. 그러므로 우리는 '좋은' 기업보다 '좋은' 주식에 관심을 집중해야 한다. 그 기업이 좋다는 사실을 당신도 알고 나도 안다면 십중팔구 다른 투자자들도 대부분 알고 있을 것이다. 그렇다면 현재 주가에 이 사실이 이미 반영되어 있다고 보아야 한다. 그래서 사람들의 생각과는 달리 실제로는 나쁜 기업이 좋은 주식이 된다. 하지만 사람들은 나쁜 기업을 매우 싫어하므로, 그 기업의 펀더멘털이 개선되어도 무시하기 일쑤다. 사람들은 나쁜 기업이 좋은 기업으로 바뀌었다는 컨센서스(consensus)가 나온 뒤에야 비로소 관심을 기울이게 된다.

10장에서는 스타일(style) 투자를 살펴보면서 스타일이 순환하는 이유를 알아본다. 성장주 펀드매니저들은 장기적으로 성장주의 수익률이 더 높다고 말하고, 가치주 펀드매니저들은 장기적으로 가치주의 수익률이 더 높다고 말한다. 그러나 내가 조사한 바로는 장기적으로 둘의 수익률은 똑같다. 다만 스타일 순환을 이용해서 투자하면 큰 이득을 얻을 수 있다.

끝으로 11장에서는 소음을 걸러내는 체크리스트를 요약해서 제시한다.

인정하건대 나도 편향적일 수 있다. 나는 대형 증권사에 근무하므로 이 책에 실린 내 견해가 편향적이라고 비판하는 사람들도 있을 것이다. 이들은 증권시장이 고질적으로 기울어진 운동장이며 정보가 너무 많아서 소화할 수 없다고 사람들이 믿어야 내가 이득을 얻는다고 주장할 것이다. 그러나 첫째, 나는 전문가라고 해서 정보와 소음을 구분할 수 있다고 생각하지 않는다. 그래서 '2장. 소음은 직접 투자를 조장한다'는 개인 투자자는 물론 재무설계사, 포트폴리오 매니저, 신탁자산 관리자들에게도 도움이 되도록 저술했다. 둘째, 나는 이미 투자관을 정립했기 때문에 직장으로 대형 증권사를 선택했다. 투자 전략과 고객에 대한 나의 관점은 직장에서 주입된 것이 아니다. 내가 내 관점을 바탕으로 직장을 선택했다. 지난 5년 동안 투자업계에는 큰 변화가 있었지만 나의 투자관은 전혀 바뀌지 않았다.

1990년대 강세장을 경험하면서 자신이 똑똑하다고 생각하는 투자자가 많아졌으나 사실은 착각이었다. 개인이든 전문가이든 내가 만나본 투자자 중에서 소음과 핵심 정보를 제대로 구분하는 사람은 거의 없었다. 제대로 구분하는 사람들은 대개 매우 따분한 투자자다. 사소한 정보에도 과잉 반응하는 데이 트레이더가 아니고, TV를 시청하면서 투자 아이디어를 얻는 사람도 아니다.

이들은 TV 출연자의 인상적인 말이나 대화방의 비밀 정보에서는 핵심 정보가 나오지 않는다는 사실을 잘 안다. 핵심 정보는 흔치 않지만, 발견하면 몇 분이나 며칠이 아니라 몇 년 동안 초과수익을 안겨준다는 사실을 이해한다. 이들은 시간 외 거래를 하는 대신 늦지 않게 잠자리에 든다. 분 단위로 주가 차트를 추적하는 대신 자녀나 손주들과 시간을 보낸다. 호가 흐름을 지켜보는 대신 개울에서 낚시를 즐긴다. 현명하게 투자했다면 오늘 나오는 뉴스는 투자 실적에 영향을 거의 미치지 않는다는 사실을 알기 때문이다. 이들은 전략 계획을 수립해서 끝까지 지킨다.

나는 여러분이 이 책을 즐기길 바라지만 내 조언을 따르는 사람은 거의 없을 것이다. 시장에 상존하는 소음은 매우 강력하고 교활하기 때문이다. 소음을 퍼뜨리는 자는 너무도 많지만, 절대 이들의 유혹에 넘어가면 안 된다. 이 책에서 문장 하나만 기억하고자 한다면 다음 문장을 기억하기 바란다.

“투자 정보가 증가할수록 주목할 정보는 감소한다.”

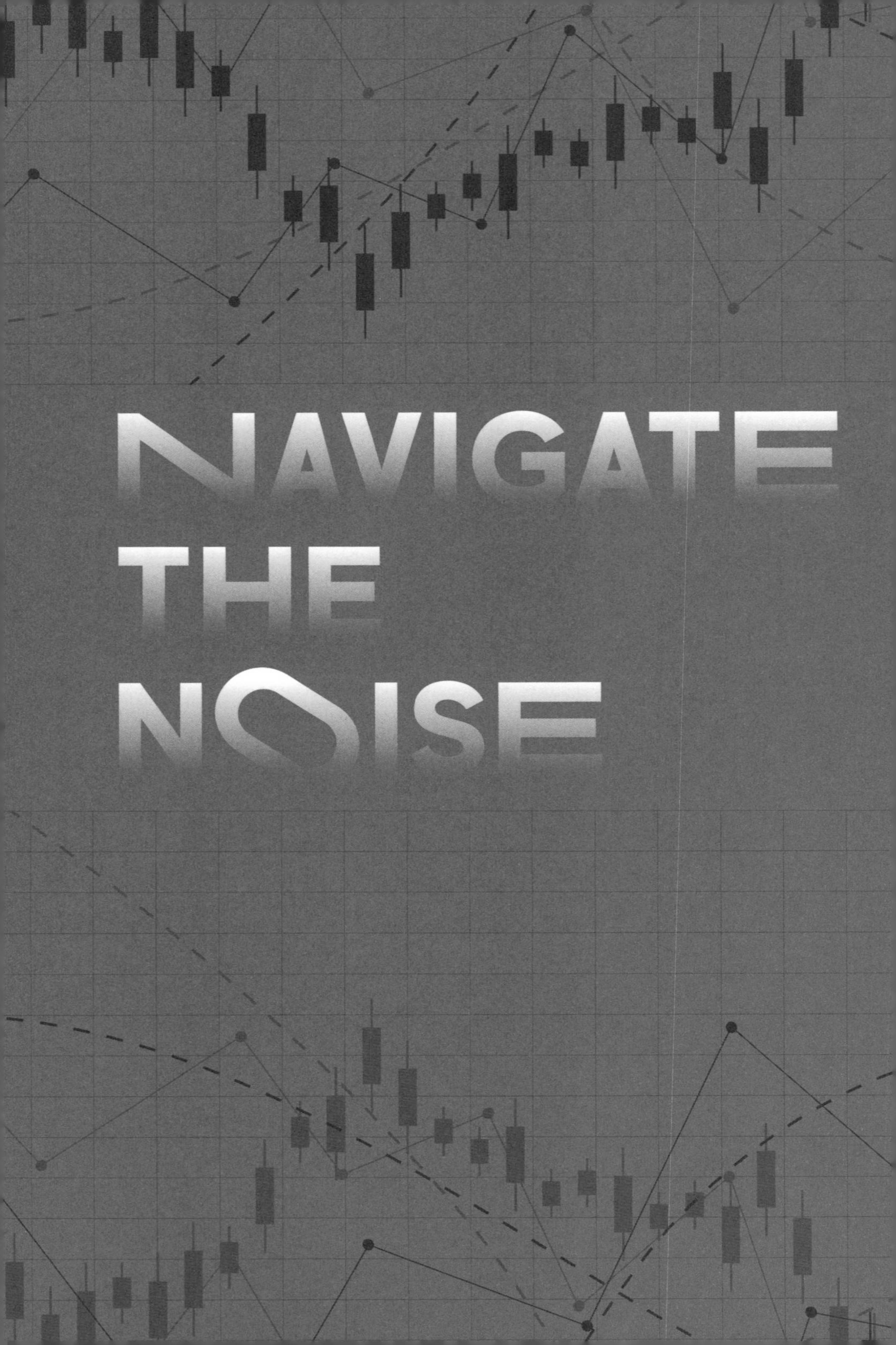
NAVIGATE
THE
NOISE

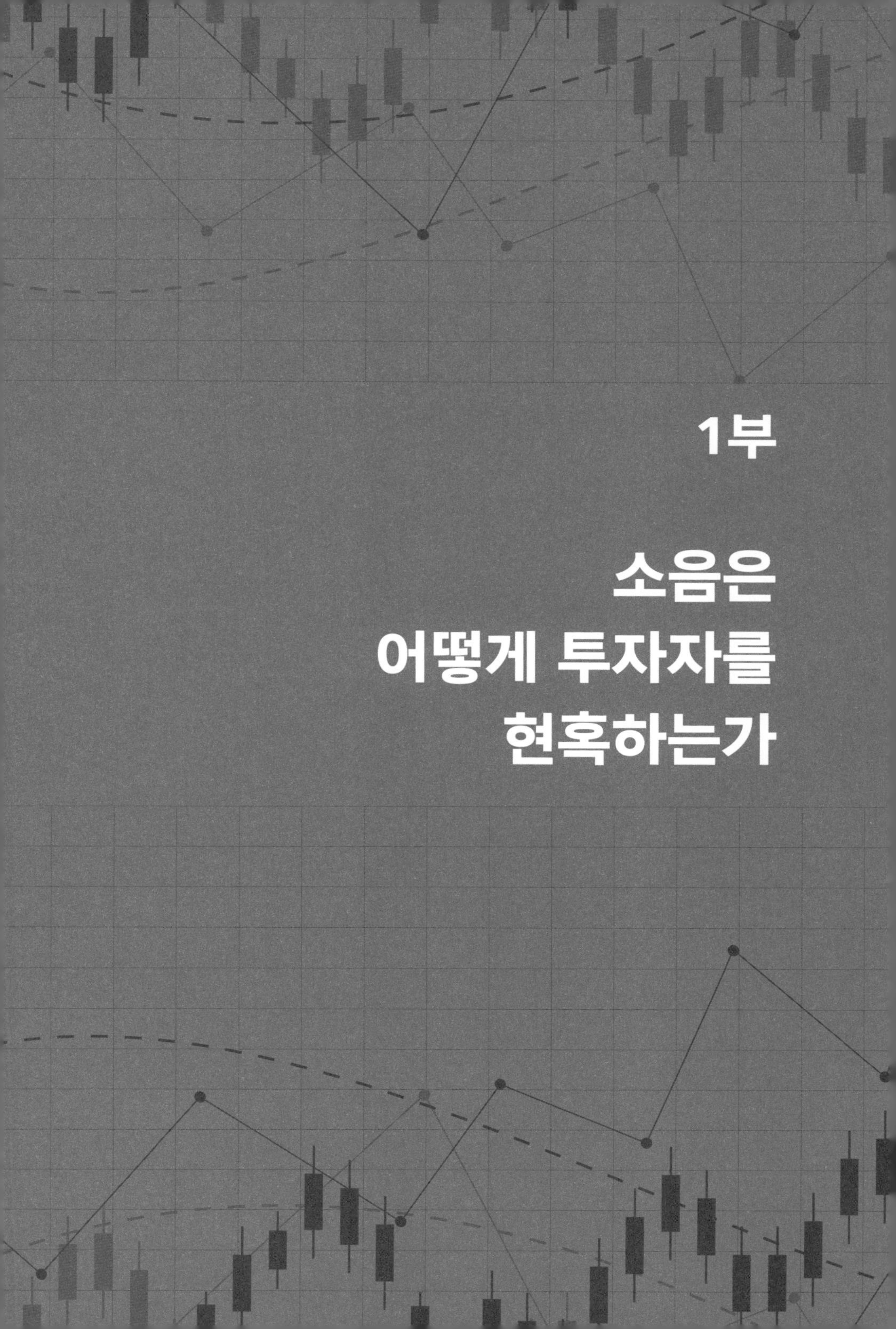

1부

소음은 어떻게 투자자를 현혹하는가

1장

소음이 당신의 돈을 노린다

NOISE

소음(물리학): 신호의 선명도를 지속적으로 떨어뜨리는 방해물.
- 아메리칸 헤리티지 영어사전

인터넷과 정보화가 발달하면서 우리는 과거보다 현명하고 합리적인 판단을 내릴 수 있게 되었다. 예를 들어 온라인 쇼핑몰을 이용하면 오프라인 매장을 방문할 때보다 시간과 노력, 비용이 절약되기 때문에 더 효과적이고 효율적인 쇼핑이 가능하다. 음반을 인터넷으로 구매해보면 이런 사실이 뚜렷해진다. 음반 정보는 쉽게 입수되고 어디에서 사든지 같은 상품이다. 한 인터넷 쇼핑몰은 가격이 15달러이고 무료 배송인데 다른 곳은 가격이 14달러이고 배송료가 5달러라면 선택은 분명하다. 식료품, TV, 자동차를 살 때에도 가격과 애프터서비스 정도만 다를 뿐이다. 온라인 매장이든 오프라인 매장이든 같은 선택 기준이 적용되니 소비자들이 그토록 가격에 민감해진 것도 놀랄 일이 아니다.

그러나 홍수처럼 쏟아지는 투자 정보도 이렇게 유용한지는 의문이다. 사람들 대부분은 유용하다고 말할 것이다. 풍부한 정보 덕분에 개인과 전문가 사이의 정보 격차가 축소되었기 때문이다. 특정 집단만 독점적으로 정보를 이용하면서 누리던 이점이 이제는 사라졌다. 정보의 장벽이 무너졌다는 말이다. 이제 인터넷, 금융 잡지와 뉴스레터, TV와 라디오를 통해서 대부분 개인과 전문가가 투자 정보에 똑같이 접근할 수 있다.

정보 격차가 사라졌다는 말은 잊어라

투자 전문가만 얻을 수 있는 정보가 있다고 흔히 생각하지만 실상은 그렇지 않다. 개인이든 전문가든 항상 투자 정보에 똑같이 접근할 수 있다. 여기서 정보는 합법적 정보를 가리킨다. 내부 정보, 주가 조작, 선택적 공시 등은 공정 경쟁을 저해하므로 불법이다.

합법적인 투자 정보는 개인과 전문가 누구나 항상 이용할 수 있었다. 물론 정보 입수가 항상 쉬웠던 것은 아니지만 시간을 들이면 누구나 가능했다. 컴퓨터, 재무 데이터베이스, 호가 단말기 등이 등장하기 전에는 전문가들 역시 큰 노력을 기울여야 정보를 입수했다. 인터넷으로 연결된 정보 시대가 열렸어도 개인과 전문가 사이에 높은 장벽이 존재한다는 고정관념은 여전히 남아 있다. 그러나 이제는 누구든 정보를 입수하기가 쉬워졌다.

사실 정보 격차가 사라졌는지, 개인도 전문가와 똑같은 정보 수집 도구를 갖게 되었는지는 중요하지 않다. 관건은 이런 정보가 수익률 제고에 실제로 도움이 되는가다. 다시 말해서 정보 덕분에 실제로 수익률이 상승하고 있는가? 실제로 수익률이 상승하는 투자자도 있겠지만, 내 짐작에 가용 정보는 증가했어도 대다수 투자자의 수익률은 상승하지 않고 있다.

투자 정보를 입수하기가 쉬워졌고 정보의 출처도 훨씬 증가했다. 내가 보기에는 바로 여기에 문제가 있다. 가용 정보가 증가할수록 핵심 정보와 소음을 잘 구분해야 정보의 가치를 높일 수 있다. 정보 출처가 증가할수록 가장 적합한 정보를 찾기까지 오랜 시간이 걸린다. 정보를 이해하고 소화하는 데 걸리는 시간이 길어질수록 그 정보의 한계 효용은 감소한다. 정보의 양이 일정 수준을 넘어서면 한계 효용은 마이너스가 될 수도 있다. 정보를 입수하기 쉬워진 것이 문제가 아니다. 정보가 지나치게 증가하면 투자에 오히려 걸림돌이 될 수도 있다는 점이 문제다. 이제는 중요한 과제를 정확하게 분석하고 나서 그 과제에 적합한 정보를 찾는 일에 더 많은 시간을 들여야 한다.

투자 초보자든 전문가든 정보를 입수하기는 갈수록 쉬워지고 있다. 전문가들이 늘 우세한 것은 단지 전문가이기 때문이지, 정보 접근 면에서 특권을 누리기 때문이 아니다. 뉴스 전파 방식이 포고문 발표에서 대중매체 보도로 발전했을 때에도 전문가의 우위는 사라지지 않았다. 그런데도 개인과 전문가 사이에 커다란 정보 격차가 여전히 존재한다고 믿는 사람이 많은 듯하다. 나는 정보 격차가 완전히 사라지기는 불가능하다고 생각한다. 이 사실을 받아들여야 더 현명하게 투자할 수 있다. 중은 제 머리를 깎지 않는다. 중요한 소송에서 변호사 없이 직접 변론에 나설 사람은 거의 없을 것이다. 그러나 금융시장이 갈수록 복잡해지는데도, 재산 관리에 전문가의 조언이 필요 없다고 생각하는 사람은 증가하고 있다.

전문가들은 개인에 대해 지속적으로 우위를 차지하지만 개인과 마찬가지로 넘치는 정보에 시달리고 있다. 포트폴리오 매니저들은 실적 때문에 큰 압박을 받으므로 소음과 정보를 구분하는 일이 더 중요해진다.

높은 정보 접근성이 새로 나타난 현상이라고 생각하는 사람들도 있겠지만, 정보 접근성은 끊임없이 개선되고 있다. 정보 시대라서 정보를 입수하기가 쉬워진 것은 아니다. 과거 어느 시점을 기준으로 삼든 그 이전에는 정보를 입수하기가 더 어려웠고 그 이후에는 더 쉬워졌다. 관리가 포고하는 방식으로 뉴스를 전달하는 사회가 아니라면, 시간이 흐를수록 정보를 입수하기는 더 쉬워질 것이다.

경제신문과 전화가 널리 보급되기 전에는 개인 투자자가 적시에 정보를 얻으려면 직접 거래소를 방문해야 했다. 전문가들은 대개 심부름꾼을 보냈다. 이후 신문과 시세 테이프가 등장하자 개인들은 주식 중개인에게 전화하거나 증권사를 방문했다. 은퇴한 이들은 증권사 영업장에 앉아 몇 시간씩 시세를 확인했고, 일부 증권사는 고객들이 편히 앉아서 시세판을 응시할 수 있도록 의자를 극장처럼 배치하기도 했다. 요즘은 시세 화면이 개인화되어 자신의 컴퓨터에서 관심 종목의 시세만 확인할 수 있다.

시세 테이프는 정보 확산 기술의 발전 과정을 보여주는 매우 훌륭한 사례다. 시세 테이프는 전신·텔레타이프 기술을 기반으로 개발되었다. 시세 테이프 기계에서는 시세가 적힌 종이테이프가 계속 흘러나왔고 이는 한 번에 한 사람만 읽을 수 있었다. 이 기술은 마침내 전자 스트리밍 시세로 발전했고, 이후 증권사 영업장에 공동 시세판이 등장해 많은 사람이 동시에 응시할 수 있게 되었다. 이어서 스트리밍 시세가 TV 화면 하단에 등장했고 웹사이트에도 나온다. 그러나 1970년대에 호가 단말기가 널리 보급되자 스트리밍 시세도 구시대의 유물이 되었다. 한때 첨단 기술이었던 스트리밍 시세가 더 발전하자 투자 정보는 값싼 일용품이 되었다.

정보가 일용품이 된 것은 인터넷 때문만은 아니다. 앞에서도 언급했지만 정보는 계속해서 일용품에 가까워졌다. 인터넷은 정보 확산 과정의 최신 단계일 뿐이다. 발전 과정을 요약하면 조랑말 속달 우편에서 전보, 전화, 라디오와 TV, 컴퓨터, 시분할(timesharing) 시스템(원거리 사용자 다수가 동시에 이용하는 시스템), PC, 인터넷으로 이어졌고 갈수록 정보를 이용하기가 쉬워졌다. 집에서 우리가 이용할 수 있는 정보 출처를 생각해보자. 수백 개 TV 채널, 잡지, 신문, 라디오, 인터넷 사이트, 게다가 구전(口傳)도 있다.

인터넷이 실제로 이런 변화를 가져왔을까? 물론 그렇다. 그러나 어느 세대나 어느 시점에는 일종의 산업혁명을 체험한다고 믿게 된다. 인터넷은 우리 세대가 체험하는 산업혁명인 셈이다. 다시 말하지만 인터넷은 정보 확산 과정의 최신 단계에 불과하다. 우리는 인터넷 덕분에 과거보다 많은 정보를 얻지만 미래에는 더 많은 정보를 얻게 될 것이다. 그렇게 생각하면 현재도 과거와 그다지 다르지 않다.

개인 투자자의 실적이 좋았던 이유

비전문가들은 업종을 불문하고 자신이 전문가 이상으로 많이 안다고 믿는다. 이런 역설에 관해서는 2장에서 논의하겠지만 여기서 잠깐 짚어보려 한다.

1990년대 후반에 이어진 특이한 강세장 덕분에 일부 개인 투자자는 좋은 실적을 얻었다. 그래서 원래 전문가들이 개인보다 유리하다는 나의 말에 반대하는 사람도 있을 것이다. 자신이 펀드매니저보다 낫다고 믿고 직접 개별 종목을 매매하려고 펀드를 환매하는 개인이 증가하고 있다. 1998~1999년에 기록한 실적이 좋았으므로 이들의 펀드 환매가 타당한 것처럼 보인다.

이렇게 직접 투자한 개인들이 시장을 초과하는 실적을 냈어도 이는 실력보다는 운 때문이었다고 볼 수 있다. [그림 1.1]에서 보듯이 1999년 S&P500에 포함된 기술주는 70% 가까이가 초과 실적을 기록했지만, 기술주를 제외한 종목 대다수는 미달 실적을 기록했다. 즉,

[그림 1.1] 경제 업종별 초과 실적 종목의 비중(1999년 S&P500지수 대비)

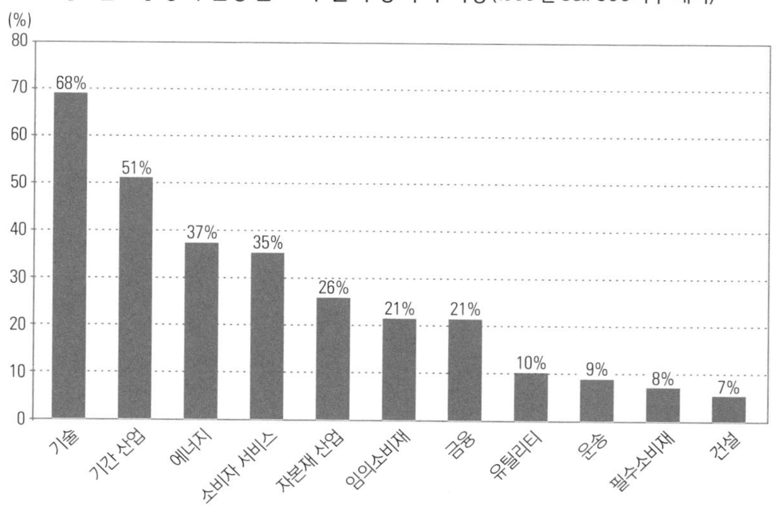

* 자료: 메릴린치 정량 전략(Merrill Lynch Quantitative Strategy) 데이터

기술주는 대부분 초과 실적을 기록했으므로, 기술주에 투자하기만 했어도 초과 실적을 얻을 확률이 매우 높았다. 1999년 개인과 데이트레이더들은 주로 기술주에 집중적으로 투자했으므로 실적이 전반적으로 매우 좋았다. 그러나 이들이 얻은 실적이 종목 선택 실력 덕분이라고 말하기는 어렵다. 기술주 대부분이 초과수익을 냈으므로, 종목 선택 시도는 시간 낭비였을 것이다. 차라리 기술주를 한 무더기 매수하거나 기술주 펀드에 가입해두고서 한가로이 골프 치러 다니는 편이 나았을 것이다.

기술주에 대한 집중투자는 올바른 전략이었다. 나는 개인들의 기술주 전략 선택을 과소평가하지 않는다. 그러나 집중투자에 따르는 위험을 제대로 이해하고 투자한 개인은 거의 없었을 것이다. 기술주가 초과 실적을 낼 때는 분산투자에 관심을 두는 개인이 거의 없었지만, 이후 기술주가 미달 실적을 내자 모두가 분산투자에 관심을 두게 되었다.

정반대 사례로 1999년에 필수소비재 종목을 선택했다면 미달 실적을 기록할 확률이 매우 높았다. 1999년 S&P500에 포함된 필수소비재 종목의 92%가 미달 실적을 기록했기 때문이다. 그런데도 당시 선정한 필수소비재 종목이 초과 실적을 기록했다면 이는 십중팔구 종목 선택 실력 덕분이었다. 그러나 1999년에 필수소비재 비중을 높게 가져간 개인들은 틀림없이 실적이 저조했다.

반면 펀드매니저 같은 전문가들에게는 분산투자와 원금 보전 등 수탁자 책임(fiduciary duty: 위탁자나 수익자의 최대 이익을 위해 합리적이고 사려 깊게 행동해야 하는 의무)이 있다. 이들은 기술주뿐만 아니라 다양한 분야에 폭넓게 투자해야 한다고 생각했다. 실제로 특정 업종에 대한 과도한 집중투자가 금지된 펀드가 많았고, 기술주 투자가 전혀 허용되지 않는 펀드도 있었다. 지나고 나면 항상 명확하게 보이는 법이다. 만일 펀드매니저가 자금의 80%를 기술주에 투자했는데 기술주가 미달 실적을 기록했다면 어떻게 되었을까? 지난 몇년 동안 영웅이 되었던 펀드매니저들은 바보가 되었을 것이다.

1999년 투자를 경험하고 나서 자신이 펀드매니저보다 낫다고 생각하는 개인이 많아졌다. 내가 전해 들은 바로는, 자신의 펀드매니저가 기술주에만 투자해야 하는데 그러지 않는다고 한탄하는 펀드 투자자가 많았다.

정보 판매업자들은 개인이 전문가보다 낫다고 생각하는 분위기에 곧바로 편승해 개인들에게 직접 매매를 강하게 부추겼다. 이런 직접 매매가 실제로 개인들에게 유리했는지, 아니면 개인보다도 정보 판매업자들에게 더 유리했는지 역시 2장에서 논의하기로 한다. 이후 일부 개인은 깨달았지만 기술주에만 투자하는 과정에서 예상보다 훨씬 큰 위험을 떠안고 있었다. 1999년에 개인 대부분이 얻었던 큰 수익이 2000년에는 큰 손실로 바뀌었다. 반면 수개월 전까지만 해도 조롱당하던 펀드매니저들은 손실을 축소하거나 수익을 기록했다.

소음은 양만 많고 핵심은 없는 정보

인터넷이 포문을 연 정보화 시대에 우리는 더 많은 정보를 얻을 수 있지만, 이것이 꼭 투자에 유리한 것은 아니다. 단순히 정보를 많이 얻는 것보다는 투자 성과를 극대화할 유용한 정보를 얻는 것이 투자자들에게 이상적이다. 그러나 이 시대에 정보의 양은 대폭 증가했으나 질은 그만큼 개선되지 않았다. 설상가상으로 인터넷 덕분에 사기꾼들도 투자 조언을 제공할 수 있게 되었다. 그 결과 정보의 흐름은 증가했지만 정보의 질은 낮아졌다.

양만 많고 핵심이 없는 정보는 시간 낭비와 부실한 의사결정을 낳을 수 있다. 정보를 분석하는 과정에 더 큰 노력이 들어가기 때문이다. 이상적으로는 보고서 하나만 읽고 나서 투자해 큰 수익을 올리고, 남는 시간에 다른 일을 할 수 있어야 한다. 그러나 우리는 불필요한 정보의 홍수에 휩쓸리기 일쑤다. 그래서 새 정보의 시대가 열렸는데도 예전보다 투자 여건이 더 어려워졌다.

이렇게 양만 많고 핵심이 없는 정보는 소음이다. 두통약 광고가 잘 보여주듯이, 아이들이 소리 지르고 전화 벨이 울리며 TV 소리가 요란하면 아무런 생각도 하기 어렵다. 운전자는 길을 잃으면 라디오 볼륨을 낮춘다. 소음 탓에 집중력이 떨어지면 길을 찾기 어렵기 때문이다. 투자자들 역시 소음에 휩싸이면 중요한 사실에 집중하기 어렵다. 가용 정보가 증가할수록 투자자들이 받는 압박과 혼란도 증가하는 듯하다.

정보의 양이 증가한 만큼 질도 개선되었다면 투자 실적이 개선되었어야 마땅하다. 그러나 실적은 개선되지 않았다. 지금까지 정보, 미디어, 과대 선전의 시대는 확실히 투자에 이롭지 않은 듯하다. 전보다 더 많은 사실과 기업 정보를 다루는 일이 흥미로울지는 모르지만, 실적이 개선되지 않는다면 더 많은 정보를 다룰 이유가 어디 있는가.

적시 정보가 모두 핵심 정보는 아니다

흔히 투자자들은 적시 정보(timely information)가 핵심 정보라고 착각한다. 그러나 정보의 적시성은 질과 전혀 무관하다. 정보는 질을 높일 때보다 낮출 때 더 빨리 생성된다. 예를 들어 사실 여부와 편집의 일관성을 확인하는 과정을 생략하면 정보를 훨씬 빨리 전파할 수 있다. 내가 작성하는 보고서도 준법감시팀의 승인 과정을 생략하면 고객들에게 더 빨리 배포할 수 있다. 정보 확산 측면에서 볼 때, 가장 먼저 전파되는 정보가 반드시 가장 좋은 정보는 아니다.

지연된(delayed) 데이터와 진부한(stale) 데이터는 반드시 구분해야 한다. 1주일이나 1개월 전에 발생한 사건에 대한 보고서가 오늘 발간되었다면, 그 보고서는 오늘 사건과 관련해서 독특한 통찰이나 역사적 관점을 제공할 때만 유용성이 있다. 이 주장에는 독자 대부분이 동의할 것이다.

그러나 요즘은 분 단위, 초 단위, 또는 주가 변동이나 수정 사항 발생 시점마다 정보를 얻으려고 사람들이 몰려든다. 이런 움직임에는 시장의 '실시간' 데이터를 따라가지 못하면 투자 수익률이 하락한다는 가정이 숨어 있다. 사람들은 시장 선도자들이 실시간 데이터를 면밀하게 주시한다고 믿는다. 그러나 시장 선도자가 절벽에서 가장 먼저 뛰어내리는 레밍(나그네쥐: 집단 자살로 유명)이라고 가정해보라. 그의 행동을 통찰로 간주해야 할까, 어리석음으로 간주해야 할까?

내 경험을 돌아보면 적시 정보는 대개 소음에 불과했다. 이 말이 매우 이상하게 들릴 수도 있다. 요즘 투자자들은 적시 정보가 유용하다고 생각하는데도 나는 최신 정보를 무시하려고 하니 말이다. 시장이 정보를 신속하게 반영한다면, 지연되고 진부한 데이터로 어떻게 시장에서 앞서갈 수 있겠는가. 그런데 '지연된'과 '진부한'은 의미가 다르다. 다음 사례가 유용할 것이다.

나는 이른바 'EPS 서프라이즈 모형(EPS Surprise Model)'이라는 종목 선정 모형을 사용한다. 애널리스트들의 이익 추정치를 근거로 구성한 모형이다. 나는 1989년 6월부터 이 모형을 사용하고 있으며, 1986년 초까지 백테스트(backtest: 과거 데이터를 이용해서 모형의 유의성을 사후적으로 검증)를 했다. 이 모형으로 구성한 '매수' 포트폴리오는 전체 시장에 대해 지속적으로 초과 실적을 기록했고, '매도' 포트폴리오는 지속적으로 미달 실적을 기록했다. 단지 매수 포트폴리오만으로도 (즉, 매도 포트폴리오의 헤징 효과를 무시하고도) 위험을 축소하면서 초과 실적을 기록했다. 과거 실적으로 미래 실적을 알 수 있는 것은 절대 아니지만, 과거 실적으로 평가하면 이 모형은 종목 선택 능력이 탁월했다. 매수 포트폴리오는 지난 14년 중 11년 동안 벤치마크 대비 초과 실적을 기록했고, 매도 포트폴리오 역시 지난 14년 중 11년 동안 미달 실적을 기록했다. [그림 1.2]는 벤치마크 대비 이 모형의 과거 실적을 나타낸다. 이 모형에 관한 상세한 내용은 9장에서 다루기로 한다.

[그림 1.2]에서 나타나듯이 탁월한 실적이 나왔는데도 이 모형에서 사용하는 데이터가 월 1회만 갱신된다는 사실에 의문을 제기하는 사람이 있다. 이 모형은 월말 이익 추정치를 사용하며, 월중 발표되는 추정치 수정분은 사용하지 않는다. 그래서 왜 실시간 이익 추정치를 무시하고 지연되고 진부화된 데이터를 사용하느냐고 묻는 사람이 종종 있다.

[그림 1.2] EPS 서프라이즈 모형의 실적 비교(1986~2000)

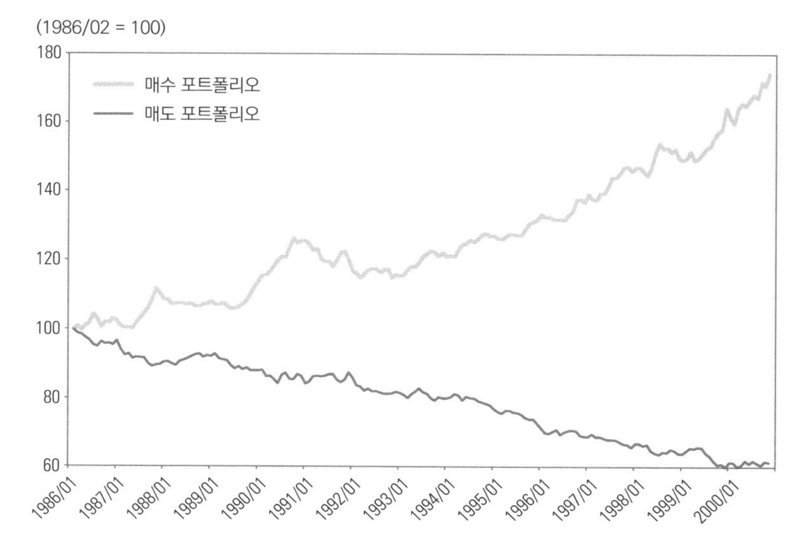

이렇게 월말 데이터를 사용하는 우리 모형을 자신의 투자 전략에 매우 효과적으로 적용한 투자자가 있었다. 그러나 그는 욕심을 부렸다. 월말 데이터를 사용해서 매우 좋은 실적을 내고 있었는데도, 적시 데이터가 더 좋은 데이터이므로 이를 추가로 사용하면 실적이 더 개선되리라는 착각에 빠진 것이다. 그는 우리 모형을 수정해 실시간으로 최신 이익 추정치 데이터를 추가 입력했고 결국 막대한 손실을 보았다.

이유는 두 가지였다. 첫째, 거래 비용이 급증했다. 정보 흐름이 급증한 탓에 어느 정보가 소음이고 어느 정보가 핵심인지 판단하기 어려웠기 때문이다. 그 결과 거래 건수가 훨씬 증가했다. 핵심 정보보다도 소음에 의한 거래가 더 많았으므로 거래 비용이 급증해 실적이 악화했다. 둘째, 투자 판단 건수가 증가하면서 판단을 잘못하는 확률도 증가했다. 처음에는 잘 측정한 추정치를 사용하는 절제된 투자 전략으로 성공했으나, 나중에는 소음에 반응하는 무작위 고빈도 트레이딩 전략으로 변경해 실패하고 말았다.

소음은 통찰을 흐린다

실시간 이익 추정치를 사용하면, 실제로는 통찰력 있는 애널리스트들의 추정치를 무시하게 될 수도 있다. 나는 실시간 이익 추정치를 그다지 긍정적으로 평가하지 않는다. 통찰력 없는 애널리스트가 남들의 추정치를 따라가는 모습으로 비치기 때문이다.

예를 들어 A사에 대한 통찰력이 탁월한 애널리스트가 있다고 가정하자. 그는 1월 1일에 1년 추정치를 전망하고 나서 연중에는 추정치를 절대 변경하지 않는다. 게다가 이 추정치가 그대로 적중한다고 가정하자. 이 애널리스트는 A사의 이익을 단 한 번 추정했고, 중간에 변경하지 않았으며, 정확하게 맞혔다. 나는 이런 사람이 매우 훌륭한 애널리스트라고 생각한다.

그러나 이렇게 통찰력이 탁월한 애널리스트의 추정치가 실시간 데이터베이스에서는 누락될 수 있다. 연중에 업데이트하지 않으므로 진부한 데이터로 간주되기 때문이다. 반면 통찰력이 부족한 애널리스트의 추정치는 실시간 데이터베이스에 십중팔구 남는다. 빈번하게 업데이트하기 때문이다. 연말에는 모든 애널리스트의 추정치가 똑같아질 수 있는데, 그러면 실제로 가치를 창출한 애널리스트는 누구일까? 1년 전에 정확한 추정치를 제시한 애널리스트일까, 아니면 여러 요소를 분석하면서 추정치를 계속 수정한 애널리스트일까?

더 중요한 사실이 있다. 이익 추정치와 추천 등급(매수, 매도, 보유)을 끊임없이 변경한 애널리스트들이 십중팔구 TV나 신문 인터뷰를 더 많이 했을 것이고 증권사의 아침 방송에도 더 많이 출연했을 것이다. A사에 대한 통찰력이 탁월한 애널리스트가 TV에 출연해서 인터뷰하는 장면을 상상해보자.

리포터: 연초에 우리 프로그램에 출연했을 때 당신이 제시한 A사의 이익 추정치는 1달러였고 추천 등급은 매수였습니다. 이후 변경 사항이 있나요?

통찰력 있는 애널리스트: 없습니다. A사는 그 업종에서 여전히 매우 유망한 종목입니다.

리포터(믿기 어렵다는 듯이): 변경 사항이 전혀 없나요?

통찰력 있는 애널리스트: 전혀 없습니다. 그 기업의 사업은 예상대로 진행되고 있습니다.

그다지 흥미를 끄는 인터뷰가 아니고 시청률도 틀림없이 좋지 않을 것이다. 차라리 통찰력이 부족한 애널리스트와 인터뷰하면 훨씬 더 흥미를 끌 수 있고 시청률도 좋을 것이다. 다만 통찰력 있는 애널리스트가 처음에 예측한 대로 A사의 이익이 실제로 1달러가 나왔고 우리가 이 사실을 안다는 점을 기억해두자.

리포터: 연초에 우리 프로그램에 출연했을 때 당신이 제시한 A사의 이익 추정치는 0.75달러였고 추천 등급은 보유였습니다. 이후 변경 사항이 있나요?

애널리스트: 변경 사항이 많습니다. 지난 분기에 이 기업은 어닝 서프라이즈(시장의 기대를 초과하는 이익)를 기록했습니다. 예상보다 강한 주문 추세와 해외 시장의 성장세를 고려해서 우리는 이익 추정치를 0.85달러로 높였습니다. 아울러 추천 등급도 매수로 높였습니다. 이제 A사는 그 업종에서 매우 유망한 종목입니다.

두 번째 애널리스트의 인터뷰가 더 흥미롭다. 그러나 그 스토리는 통찰력 있는 애널리스트가 이미 연초에 밝힌 내용이다. 두 번째 애널리스트는 앞으로 추정치를 한 번 이상 올리게 된다(우리는 A사의 실제 이익이 1달러임을 안다). 두 번째 애널리스트는 A사에 관한 지식이 풍부해 보이므로 이 주식에 대한 흥미를 높여준다. 그러나 투자 실적 면에서는 연초에 통찰력 있는 애널리스트의 말에 귀 기울이는 편이 더 유리했을 것이다.

이 사례는 지나치게 단순해 보일지 모르지만, 실제로 빈번하게 발생하는 사건과 매우 유사하다. 분석에 실시간 데이터를 추가하면 흥미가 추가되지만 소음도 추가된다. 이 사례에서 통찰력 있는 애널리스트의 인터뷰는 따분해 보이고 추정치를 계속 수정한 애널리스트의 인터뷰는 흥미로워 보이는데, 이는 소음이 유발하는 착각일 뿐이다.

정보 판매업자와 정보 사용자는 목표가 다르다

정보 판매업자의 목표와 정보 사용자의 목표가 매우 다를 때가 있다. 정보는 시간이 흐를수록 동질재가 되어가므로 정보 사용자의 관심을 끌려는 정보 판매업자들 사이의 경쟁이 치열해지고 있다. 그래서 정보 판매업자들은 자신이 제공하는 정보를 차별화해야 한다.

언론인 대니얼 쇼어(Daniel Schorr)는 리포터들이 실제 사건과 이른바 의사 사건(pseudo event: 꾸며낸 사건)[1]을 구별해야 한다고 지적했다. 그에 의하면 사건 중에는 뉴스 가치가 있는 사건도 있지만 연출되거나 과대 선전되는 의사 사건도 있다. 쇼어는 정당들이 당 대회 관련 뉴스 흐름을 자신에게 유리한 방향으로 통제하려 한다고 말했다.

마찬가지로 투자자 역시 사건과 의사 사건을 구별해야 한다. 금융 시장에서 나오는 정보 흐름이 실제로 중요한 사건이라고 단순하게 생각해서는 안 된다는 말이다. 정보 출처 중에는 (악의는 아닐지라도) 사람들의 관심을 끌려고 의사 사건을 만들어내는 곳도 많다. 투자 정보의 출처가 객관성을 유지하는 사례는 드물다. 어느 출처나 경쟁자보다 자신이 더 중요하고 타당하다고 입증하고 싶어 한다.

한 출처의 정보를 다른 출처의 정보와 구별하는 방법은 두 가지다. 정보는 실제로 정확하고 유용하며 통찰력이 풍부할 수 있다. 우리는 정보의 품질에 초점을 두어야 한다. 그러나 앞에서도 지적했듯이 질 높은 정보가 항상 사람들의 관심을 끄는 것은 아니다. 오히려 과장된 저질 정보가 사람들의 관심을 끌 수 있다. 예컨대 흥미 위주 미디어의 자극적인 표제가 추구하는 목표는 정확한 보도가 아니라 독자 수 증가다. 그리고 야간 뉴스 광고에서는 대개 시청자들을 유인할 만한 자극적인 뉴스 보도를 강조한다. 정보 사용자들은 정확한 정보를 원하겠지만, 정보 판매업자들이 추구하는 목표는 사용자, 독자, 시청자 수를 늘리는 것이다.

나의 일화를 소개하겠다. 여러 해 전 아내와 나는 휴일에 파티를 열기로 하고 사람들을 초대했다. 그런데 파티 전날 밤 뉴욕 일대에 심한 겨울 폭풍이 몰아쳤다. 이튿날 나는 집 주변을 차로 돌아다니면서 도로 상태를 점검했다. 우리가 초대한 손님들이 도로 상태가 운전하기에 안전한지, 파티가 예정대로 진행되는지 전화로 물을 터였기 때문이다. 오후 중반이 되자 도로 상태는 깨끗했고 하늘이 개어 햇

별이 풍부하게 쏟아진 덕분에, 젖었던 도로도 전반적으로 말랐다. 우리가 초대한 16쌍 중 14쌍이 파티에 참석했다. 그런데 파티에 참석하지 않은 2쌍이 설명한 불참 이유가 뜻밖에도 똑같았다. 케이블 TV 날씨 채널에서 뉴욕의 도로가 매우 미끄러워서 운전하기에 위험하다고 말했다는 것이다.

아마 사람들 대부분은 날씨 채널이 전문가들을 고용하므로 매우 정확하고 편견 없는 날씨 정보를 제공한다고 생각할 것이다. 그러나 날씨 채널이 시청자들에게 판매하는 상품은 날씨 하나뿐이며, 시청자들의 관심을 끌려고 수많은 채널과 치열한 경쟁을 벌여야 한다. 만일 파티 당일에 기상 캐스터가 "어젯밤에는 뉴욕 날씨가 나빴지만 지금은 맑고 화창합니다"라고 말했다면, 내 친구들은 십중팔구 곧바로 채널을 돌리거나 TV를 끄고 우리 파티에 참석했을 것이다. 그러므로 기상 캐스터는 아마 이렇게 말했을 것이다. "어젯밤에는 뉴욕 날씨가 나빴습니다. 그 여파로 도로 상태가 위험해지지 않았을까요? 채널을 고정하십시오. 광고 후 도로 상태가 운전하기에 안전한지 자세히 알려드리겠습니다." 내 짐작에는 이렇게 꾸민 광고 때문에 내 친구들이 날씨 채널을 계속 시청했을 것이다. 친구들은 이렇게 과장된 보도를 바탕으로 판단한 탓에 중요한 사교 모임을 놓치고 말았다.

이 사례의 요점은 정보 사용자인 내 친구들이 자신의 목표가 정보 판매업자인 케이블 TV 날씨 채널의 목표와 일치한다고 생각했다는 점이다. 이런 생각 때문에 내 친구들은 부실한 판단을 내렸다. 날씨 채널 경영진의 목표는 내 친구들이 그 채널을 계속 시청하게 유도해 광고를 더 판매하는 것이었다. 반면 내 친구들의 목표는 뉴욕 도로 상태에 관한 정확한 정보를 얻는 것이었다.

투자 전략가 대부분은 자산배분의 적정 기준으로 주식 60%, 채권 30%, 현금 10%나 주식 65%, 채권 35%를 추천할 것이다. 이는 과거 사례 분석에서 나온 숫자로서, 투자자 대부분이 안도감과 매력을 느끼는 위험과 수익의 조합이다. 실제 자산배분은 개인이나 펀드의 위험 수용도와 자산·부채 구성에 따라 달라질 수 있다.

광범위한 투자자에게 적합한 자산배분 기준이 주식 65%, 채권 35%라면 뉴스의 비중도 주식 정보 65%, 채권 정보 35%가 되어야 합리적이지 않을까? 나는 TV, 경제신문, 업계 정기 간행물, 투자 웹사이트를 통해서 많은 투자 정보를 얻는다. 그러나 투자 정보는 거의 모두 주식 정보이고, 채권 정보는 거의 없다.

앞에서 언급했듯이 질 높은 정보가 항상 흥미로운 것은 아니며, 채권이 주식만큼 흥미로운 것도 아니다. 정부 채권, 연방기관 채권, 담보부 채권에 관한 토론이 일부 투자자에게는 흥미롭겠지만, 유전공학회사나 인터넷회사의 기업공개만큼 흥미롭지는 않을 것이다. 사다리 전략, 총알 전략, 바벨 전략이 채권 투자자들에게는 흥미롭겠지만, 나스닥지수의 등락에 따라 매일 바뀌는 기술회사 CEO의 재산 규모만큼 흥미롭지는 않을 것이다.

대중매체는 독자와 시청자들이 채권보다 주식에 관한 이야기를 선호한다고 주장한다. 옳은 말이다. 그러나 뉴스에서 주식을 주로 다루는 것은 금융시장에서 주식이 더 중요해서가 아니라(전 세계적으로 채권시장의 규모가 주식시장보다 크다) 주식이 더 흥미로워서 정보 판매업자들에 유리하기 때문이다. 즉, 투자자들에게 유리하든 말든, 정보 판매업자들에 유리하기 때문에 주로 주식 정보를 제공하는 것이다.

그러면 실제로 정보 판매회사의 경영진은 정확하고 정직한 보도보다 정보 사용자들을 붙잡아 두는 정보에 더 관심이 많을까? 그동안 편집부와 사업부 사이에는 항상 갈등이 있었는데, 이런 갈등이 대중매체 전반으로 더 확산한 듯하다. 뉴스 보도에 의하면, 한 방송국의 예능사업부는 높이 평가받는 TV 앵커의 명성을 이용해서 새 프로그램의 '현실성'을 높이려고 했다. 그 앵커는 예능사업부의 시도 때문에, 높이 평가받는 언론인으로서의 자기 지위가 훼손된다고 생각했다. 뉴스는 예능사업부가 앵커에게 요구한 내용과 뉴스사업부의 앵커 동료들이 제기한 비판을 비교해서 보도했다.[2] 투자자 대부분은 투자 정보를 사용할 때 이런 문제를 고려하지 않는 듯하다. 투자 정보는 모두 뉴스이며 흥미 요소는 없다고 생각하는 듯하다.

투자자들은 기업에서 직접 나오는 정보도 회의적 관점으로 보아야 한다. 요즘 기업들은 IR(Investor Relations: 투자자 홍보) 부서에 노련한 직원들을 채용한다. 이들은 기업 관련 모든 사건을 긍정적 뉴스로 만들려고 노력한다. [그림 1.3] 은 1990년대와 2000년에 어닝 서프라이즈가 발생한 S&P500 기업들의 비중을 나타낸다. 여기에는 이례적으로 강했던 미국 경기도 틀림없이 영향을 미쳤을 것이다. 그러나 어닝 서프라이즈의 배후에 노련한 IR 부서 직원들도 있었을 것이다. 일부 기업이 월스트리트 애널리스트들의 이익 추정치를 유도해 어

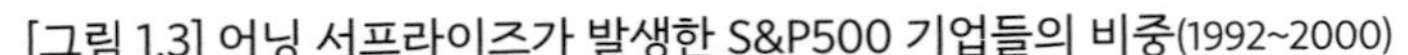
[그림 1.3] 어닝 서프라이즈가 발생한 S&P500 기업들의 비중(1992~2000)

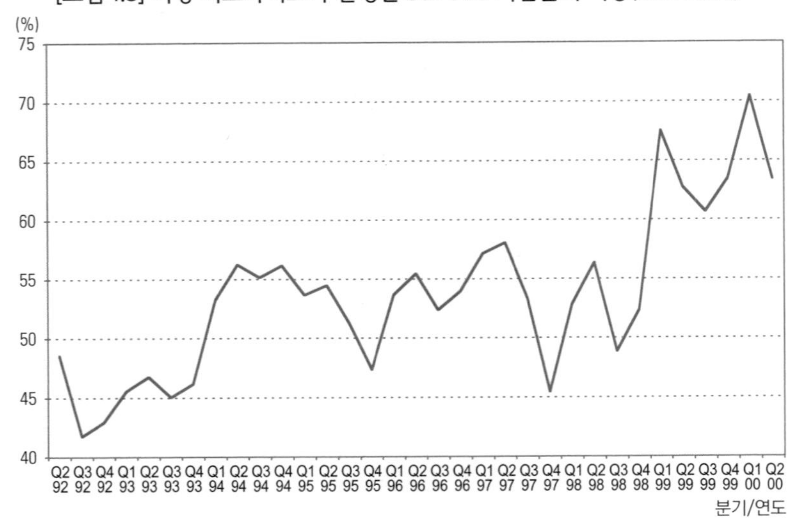

닝 서프라이즈를 만들어낸 것으로 밝혀지더라도 놀랍지 않다. 사람들의 기대 수준을 낮추면 어닝 서프라이즈가 더 쉽게 나온다.

월스트리트 애널리스트들과 번번하게 소통하는데도 분기마다 어닝 서프라이즈가 나오는 기업이 있는데, 투자자들이 이런 기업을 의심하지 않는다는 사실이 정말 놀랍다. 이렇게 계속 어닝 서프라이즈를 만들어내는 기업은 둘 중 하나에 해당하는 듯하다. 투자자들이 어닝 서프라이즈를 좋아하므로 실적에 대한 애널리스트들의 기대 수준을 낮추었거나, 아니면 경영진에게 사업 현황을 모니터링하는 적절한 수단이 없는 것이다.

나는 사업 전망에 대해 투명하고 일관된 정보를 제공하라고 기업들에 조언한다. 어느 기업이나 자사 주식이 초과 실적을 내길 바라지만 결국은 주가의 변동성도 걱정해야 한다. 투자자와 자본을 끌어들이려면 주가 흐름이 좋아야 하고 그 흐름에 일관성도 있어야 한다. 어닝 서프라이즈를 만들어내면 뉴스가 나올 때마다 주가가 뛰어오르더라도, 이런 주가 흐름이 주식의 장기 변동성이나 위험을 높여 기업의 자본비용을 끌어올릴 수 있다. 일부 기업은 소음을 일으키면서 어닝 서프라이즈를 만들어내는 단기 전략을 선택하지만 이 선택이 언젠가 역풍을 불러올 수도 있다.

정보 시대에 사는 우리는 투자 정보에 대해 더 비판적으로 바뀌어야 한다. 지난 10~15년 동안 정보 판매업자들 사이의 경쟁이 매우 치열해진 탓에 정확하고 편견 없는 정보를 찾기가 어려워졌다. (인쇄물, TV, 웹사이트 등) 어느 매체든 자신의 정보가 미래 실적에 절대적으로 중요하다고 투자자들이 믿게 해야 돈을 벌 수 있다. 그래서 거래 대부분에서 매수자가 위험을 부담하듯이, 정보도 사용자가 위험을 떠안게 된다.

정보와 소음은 구분하기 어렵다

이렇게 정보 흐름이 증가한 탓에 투자자들이 문제에 직면하고 있는데도 투자자들의 정보 구분 능력을 언급하는 사람이 거의 없다는 사실이 놀랍다. 진정한 투자 정보와 소음을 구분하기는 쉽지 않다.

내가 아는 포트폴리오 매니저는 여러 해 전 병가로 집에서 쉬는 날 케이블 TV 경제 프로그램을 보면서 처음으로 그런 경험을 했다. TV

를 시청하던 그는 자신이 보유한 종목에 관한 이야기를 듣고 즉시 부하 트레이더에게 전화해서, 그 종목이 뉴스에 어떤 반응을 보이는지 확인하라고 말했다. 매우 정상적으로 거래되는 종목을 포트폴리오 매니저가 그토록 걱정하자 트레이더는 재미있어했다. 잠시 후 포트폴리오 매니저는 다시 트레이더에게 전화해서 두 번째 종목에 대해서도 걱정했다. 트레이더는 이번에도 별다른 일이 없다고 대답하면서 바이러스의 영향일지 모르니 푹 쉬라고 권유했다. 잠시 후 매니저가 다시 전화하자 이번에는 트레이더가 전화를 끊었다. 이 이야기가 주는 교훈이 있다. 노련한 펀드매니저라도 정보의 출처를 알지 못해서 정보의 정확성과 중요도를 판단할 수 없으면 진정한 정보와 소음을 구분하기 어렵다는 것이다.

투자자들이 정보와 소음을 구분하지 못한 탓에, 보도 오류에서 비롯된 소음에 따라 거래한 사례가 있다. 어떤 TV 방송국에서 한 증권사가 종목 코드 MACC인 주식의 추천 등급을 높였다고 보도했다. 그런데 정확한 종목 코드는 AMCC였다. MACC는 시가총액이 1,700만 달러에 불과한 사모펀드의 종목 코드였다. 반면 AMCC는 당시 시가총액이 약 200억 달러였던 어플라이드 마이크로 서킷 코퍼레이션(Applied Micro Circuits Corporation)의 종목 코드였다. MACC는 분석을 담당하는 월스트리트 애널리스트가 한 사람도 없었지만 AMCC는 16명이나 있었다. 그런데도 방송을 시청하던 투자자들은 방송국의 보도가 정확한지 확인하지도 않고 MACC를 매수하기 시작했다.

MACC는 하루 거래량이 대개 수백 주에 불과했고 거래가 전혀 없

[그림 1.4] MACC 주식의 일간 거래량

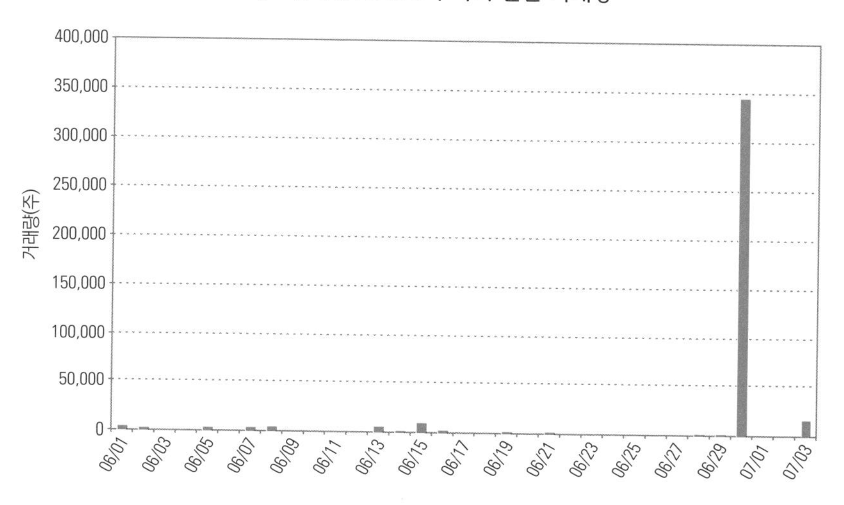

는 날도 있었다. 그러나 방송국의 보도 오류가 발생한 날에는 무려 34만 4,000주나 거래되었다([그림 1.4] 참조). 주가가 거의 두 배로 급등하자 방송국은 오류를 깨닫고 정정 보도를 했고, 주가는 거의 절반 수준으로 하락해 원래 가격으로 돌아갔다. 짐작건대 34만 4,000주를 거래한 사람들은 기본적 분석은커녕 기술적 분석 차트조차 보지 않고 소음에만 이끌려 매매 주문을 넣었을 것이다. 정보가 정확한지 확인하지 않았고 담당 애널리스트가 있는지조차 알아보지 않았을 것이다. 단 몇 초면 정보인지 소음인지 구분할 수 있었는데 말이다.

채팅방 활동을 추적해도 투자자들이 소음에 따라 거래하는 사례를 발견할 수 있다. 채팅방에서는 기업에 대해서 말하는 사람이 월스트리트 애널리스트인지, 장난하는 12세 어린애인지, 아니면 주가를 조작하는 사람인지 구별하지 않는 듯하다. 한 노련한 나스닥 트레이더는 가끔 채팅방을 지켜보면서 데이 트레이딩을 한다고 내게 말했다. 그는 매일 아침 채팅방에서 오가는 대화만 보아도 그날 데이 트레이더들의 움직임을 예측할 수 있었다. 트레이더들의 생각을 빤히 들여다보았으므로 더 좋은 가격에 거래했다. 개인과 전문가 사이의 정보 격차가 해소되었다고 믿는 사람들은 이 나스닥 트레이더에게서 현실이 그렇지 않다는 점을 배워야 한다. 그는 사람들이 소음에 어떻게 반응하는지 잘 이해해 유리하게 활용한 사례다.

이제는 평범한 분야에서도 정보가 과장되고 있다는 사실을 투자자들은 충분히 인식해야 한다. 대중매체는 시장이 주요 경제 통계를 당연하다는 듯이 받아들이고 있으므로 이 통계가 이미 가격에 반영된 것이 틀림없다고 논평하기도 한다. TV에서는 국채 선물 거래장에 나가 있는 리포터를 즉시 불러내지만, 리포터는 채권시장에서 아무런 반응이 없다는 말만 한다. 그렇다면 투자자는 시장이 실제로 그 통계를 당연하게 받아들였는지, 아니면 처음부터 그 통계에 전혀 관심이 없었는지 의심해보아야 한다. 즉, 대중매체가 주요 통계에 관한 시장의 반응을 조사해 통찰을 제공하고 있는지, 아니면 아무도 관심 없는 통계로 소음을 만들어내고 있는지 판단해야 한다는 말이다.

이 책에서는 여러 장에 걸쳐 진정한 투자 정보와 소음을 구분하는 다양한 기법들을 살펴본다. 이들 기법에는 공통점이 있다. 가용 정보 대부분을 무시하고, 투자 과정을 서둘러 진행하지 않으며, 매매 빈도를 낮춘다는 점이다.

소음에 치르는 대가는 비싸다

투자자들은 수익률을 계산할 때 흔히 거래 비용을 무시한다. 대개 주식 매도 가격에서 매수 가격을 차감하는 방식으로 수익률을 계산한다. 그러나 이 방식으로 계산하면 거래에 관련된 비용이 누락된다. 우리는 중개 수수료, 매수·매도 호가 차이, 주문 처리 비용, 시장 충격 비용, 그리고 특히 정보 수집 및 분석 비용도 고려해야 한다. 중개 수수료는 거래 비용의 일부에 불과하다.

소음에 치르는 대가는 매우 비싸질 수 있는데 이유는 두 가지다. 첫째, 소음이 많으면 거래 빈도가 높아지는 경향이 있다. 둘째, 정보 수집에도 비용이 들어가지만, 정보와 소음을 구분하는 과정에도 기회비용이 발생한다. 두 가지 이유를 자세히 살펴보자.

앞에서 내 종목 선정 모형을 변형해서 소음을 입력한 투자자의 사례에서 보았듯이, 소음에 휩쓸리면 사람들은 상황이 실제보다 더 빠르게 변화한다고 착각하는 경향이 있다. 이런 인식 탓에 변화하는 시장을 따라잡으려고 더 자주 매매하게 된다. 반면 소음을 무시하고 진정한 투자 정보에만 관심을 기울이면 매매 빈도는 감소한다. 소음에 반응하지 않는 투자자들은 상황이 그다지 빠르게 변화하지 않으므로 탁월한 투자 기회가 왔을 때에도 매매할 시간이 충분하다고 생각한다.

거래 비용에서 큰 비중을 차지하는 요소가 이른바 시장 충격 비용이다. 이 비용을 측정하는 방법에는 논란이 있지만 널리 사용되는 단순한 방법은 가상 포트폴리오와 실제 포트폴리오의 차이를 측정하는 것이다. 시장 충격 비용은 일반적으로 군중 심리에 휩쓸려 소음에 따라 매매할 때 커진다. 나쁜 실적이 발표되어 모두가 주식을 팔려고 하면 매도 주문이 매수 주문을 압도하면서 주가가 급락한다. 이때 시장가 매도 주문을 내면 가상 포트폴리오의 실적이 실제 포트폴리오보다 훨씬 좋게 나온다. 주가가 30달러일 때 시장가 매도 주문을 내더라도, 어닝 쇼크의 크기와 주식의 유동성에 따라 주문 체결 가격은 27, 25, 23달러가 될 수 있기 때문이다.

앞에서 언급한 통찰력 있는 애널리스트라면 위와 같은 사례에 어떻게 대응했을까? 통찰력 있는 애널리스트는 컨센서스(consensus: 담당 애널리스트들의 추정치를 종합해서 산출한 수치)가 나오기 몇 달 전에 이 회사의 문제점을 파악하고, 매수자가 여전히 많은 상태에서 주식을 매도했을 것이다. 이때 적절한 방식으로 매도 주문을 냈다면 시장 충격 비용이 미미하거나 마이너스가 되었을 수도 있다. 요컨대 소음에 따라 매매하면 시장 충격 비용이 커져서 포트폴리오의 실적을 크게 해칠 수 있다.

소음이 증가하면 유용해 보여서 사들이는 정보가 늘어나므로 비용도 증가한다. 정보의 예로 호가 서비스, 리서치 서비스, 뉴스레터, 데이터베이스, 다양한 소프트웨어 구독료 등이 있다. 흔히 기관투자가들은 데이터베이스 구독료만으로도 수십만 달러를 지출한다.

요즘 대표적인 소음 트레이더는 모멘텀 투자자로서, 규모가 큰 기관은 첨단 장비에 막대한 비용을 지출한다. 이들은 호재에 주식을 사서 보유하다가 악재의 첫 전조가 보이자마자 모두 처분하거나 대폭 줄인다. 이들이 소음을 더 빨리 분석해서 다른 소음 트레이더보다 앞서는 유일한 방법은 남들보다 더 크고 좋은 컴퓨터 시스템을 갖추는 것이다. 정교한 음성 메일과 이메일, 실시간 데이터베이스, 모든 정보를 끊임없이 분석하는 거대한 컴퓨터는 소음 트레이더에게 필수 장비다.

소음 트레이더의 반대편 끝에 있는 사람이 전통적인 가치투자자다. 이들은 소음에 따라 매매하지 않으므로 소음을 분석하는 컴퓨터가 필요 없다. 장기 보유한다고 생각하므로 실시간 데이터 분석도 필요 없다. 평균 보유 기간이 3~5년이라면 매매 주문 시점이 5분 늦어져도 상관없다.

그렇다고 가치투자자가 모멘텀 트레이더보다 똑똑하다는 뜻은 아니다. 양쪽 집단 어디에나 성공하는 사람과 실패하는 사람이 있다. 요컨대 가치투자자가 모멘텀 트레이더보다 컴퓨터에 지출하는 비용이 적고 포트폴리오 회전율도 낮다는 말이다.

정보는 일단 입수하고 나면 기회비용이 발생한다. 진정한 정보인지 소음인지 구분해야 하기 때문이다. 이 기회비용은 측정할 방법이 없다. 그래도 나는 그 정보에서 얼마나 많이 배웠는지를 기준으로 기회비용을 측정한다. 내가 특정 경제신문을 구독하지 않는다고 말하면 놀라는 사람이 많다. 시장 흐름을 따라가려고 하지 않는다고 말해도 충격받는 사람이 많다.

내가 이렇게 말하는 이유는 두 가지다. 첫째, 나는 신문에서 통찰을 얻는 경우가 드물다. 당신이 구독하는 수많은 데이터와 정보 모두에서 배우고 통찰을 얻는다고 생각한다면, 당신은 더 박식한 사람에게 투자를 맡기는 편이 낫다. 당신을 무시하는 말이 아니다. 다만 전문 지식을 구별하지 못하는 사람은 어느 분야에서나 초보자라는 뜻이다. 둘째, 나는 굳이 시장을 따라가려고 애쓰지 않는다. 시장을 빠짐없이 따라잡으려고 노력할수록 소음에 따라 매매하기 쉽기 때문이다. 시장에서 주요 사건을 충분히 이해할 수 있다면 일부 사소한 사건은 모르고 지나쳐도 상관없다고 생각한다. 비유하자면 나무보다 숲을 더 보려고 한다.

소음이 더 흥미롭다

소음에 귀 기울이면 투자가 더 흥미롭고 짜릿해진다. 소음의 중심인 거래소 입회장은 소음의 변화에 반응하는 흥분한 트레이더들로 항상 활기가 넘친다. 트레이더들은 소리를 지르면서 이리저리 뛰어다니다가 가끔 다치기도 한다. TV 리포터들은 가능하면 입회장에서 애널리스트와 인터뷰하려고 한다. 스튜디오처럼 조용한 장소보다 역동적인 배경을 화면에 담을 수 있기 때문이다. 이런 흥분을 느끼고 싶어 하는 투자자가 많다.

솔직히 말해서 소음은 흥미롭다. 소음은 우리를 흥분시킨다. 우리는 최근 선정한 종목으로 돈을 벌었다고 자랑하기도 하고, 새로 등장한 인기 종목에 관해서 알려주기도 한다. 우리가 빈번한 매매를 좋아하는 것은 더 재미있기 때문이다. 장기적으로는 잘 분산된 포트폴리오를 계속 보유하는 편이 실적에 유리하다. 그런데도 사람들이 그렇게 하지 않는 것은 재미가 없기 때문이다.

유감스럽게도 소음은 투자를 취미 활동으로 변질시킨다. 취미로 항공기 모형을 조립하는 사람도 있고 여행이나 골프를 즐기는 사람도 있지만, 이제는 취미로 주식 투자를 하는 사람이 늘어나고 있다. 내 편견일지 모르지만 재산 증식을 취미처럼 다루어서는 안 된다. 아무리 흥미롭더라도 나는 소음 대신 더 높은 수익을 원한다.

세이렌의 노래를 무시하라

뮤지컬과 영화 〈토미(Tommy)〉에 등장하는 배우들은 세상과 단절하려고 눈은 눈가리개로 덮고, 귀에는 마개를 꽂으며, 입은 코르크로 막는다. 이 작품은 성공 투자의 조건을 매우 훌륭하게 비유적으로 표현했다. 앞으로 여러 장에 걸쳐 진정한 정보와 소음을 구분하고 걸러내는 기법들을 다루게 된다. 이런 기법들이 성공 투자에 필요한 눈가리개, 귀마개, 코르크 마개인 셈이다.

투자에서 소음은 세이렌(Seiren)의 노래에 해당한다. 신화에 나오는 세이렌의 노래처럼 소음은 커다란 기대를 안겨주는, 거부할 수 없는 유혹이다. 그러나 그 유혹에 굴복하면 기대했던 보상은 징벌로 돌변한다.

2장

소음은 직접투자를 조장한다

아이러니하게도 우리는 다른 사람들의 사업을 우리가 더 잘 이해한다고 생각하면서도, 우리 사업을 자신이 더 잘 이해한다고 말하는 사람들을 만나면 몹시 방어적인 태도를 보인다. 개인적으로 나는 대부분 기업의 CEO보다 내가 더 나은 CEO가 되리라 생각하고, 우리 지역 국회의원보다 내가 더 나은 국회의원이 되리라 생각하며, 뉴욕 닉스 농구팀 코치보다 내가 더 나은 코치가 되리라 생각한다. 그러나 꿈꾸는 것과 행하는 것은 다르다. 의학 지식이 풍부하다고 생각하더라도 내 탈장을 내가 치료할 생각은 없다.

무슨 일이든 자기 손으로 하려는(Do-It-Yourself, DIY) 사람이 증가하고 있다. 주택 개량부터 영양 및 건강 관리, 법적 문제에 이르기까지 전문가의 조언이 필요 없다고 생각하는 사람이 증가한다. 그 결과 지난 10년 동안 미국에서 가장 성공한 소비자 지향 기업은 성장하는 DIY 추세에 편승한 기업들이었다.

어떤 일은 전문가의 도움이 없어도 적당히 할 수 있다. 세부 훈련을 받지 않고서도 집에 페인트칠을 적당히 하고, 책꽂이를 설치하며, 정원을 가꾸거나 맛있는 음식을 요리할 수 있다. 그리고 조금 훈련을 받으면 차를 적당히 정비하거나 피륙 한 필로 가운을 적당히 만들 수 있다. 그리고 많은 훈련을 받으면 남들에게 이런 서비스를 제공하는 사업을 할 수 있다.

앞 문단에서 핵심 단어는 '적당히'이다. DIY 프로젝트의 품질이 전문가 수준에 도달하기는 어렵다. 우리 대부분은 직장과 기타 책임이 있어서 DIY 프로젝트에서 최고 품질에 도달할 정도로 시간과 노력을 기울일 수 없기 때문이다. 물론 예외도 있다. 내 친구는 취미가 건축인데 품질이 탁월하다. 그는 아내의 도움만 받으면서 두 번째 집을 통째로 개조하고 있다. 그러나 이 프로젝트가 끝나려면 10년 넘게 걸릴 것이다. 달성하려는 품질 목표를 고려할 때, 그가 취미 삼아 손수 개조 작업에 투입할 수 있는 시간은 한정되기 때문이다.

특정 분야에서는 전문가의 도움이 필요하다는 점을 사람들은 모두 인정한다. 그러나 불가피한 경우에만 전문가의 조언을 받는 사람이 증가하는 듯하다. 사람들은 전통적 방식보다 새로운 방식을 선호하는지도 모르겠다. 예를 들면 미국에서는 대체의학 이용자가 증가하고 있다. 대체의학 일부는 실제로 전통 의학보다 유용할지도 모른다. 그러나 일부는 약효가 광고에 못 미치거나 전혀 없을 수도 있다.

DIY(직접투자) 추세는 투자 분야에서도 나타나고 있다. 투자자 일부는 1장에서 설명한 소음을 보거나 듣거나 읽고 나서 즉시 자신이 전문가라고 믿는다. 직접투자자들 역시 자신이 전문가라고 생각할지 몰라도 실제로는 전문가가 아닐 수 있다. 물론 남들이 내 분야를 더 잘 안다고 말해서 내 마음이 상했는지도 모른다. 그러나 소음에 이끌려 직접 투자해서 성공할 수 있을지는 매우 의심스럽다.

직접투자라는 유혹

1장에서 지적했듯이 직접투자를 조장하는 소음을 생산하면 이득을 얻는 사람이 많다. 직접투자가 인기를 얻으면 책 판매, 뉴스레터 구독자 수, TV 시청률, 웹사이트 조회 수, 신문 구독자 수 등이 모두 증가할 수 있기 때문이다. 출판사, 잡지사, TV 프로그램 제작사 등이 사람들을 설득해서 직접투자를 하게 만들면 더 많은 투자자가 이들의 서비스를 원하게 된다.

이들 매체는 직접투자에도 도움이 필요하지만 전문가들의 도움은 필요 없다고 주장한다. 대체의학 제품 판매회사들이 치료에는 의학이 필요하지만 전통 의학은 필요 없다고 주장하는 것과 마찬가지다(즉, 전통 의학 대신 대체의학을 이용하라는 말이다). 마찬가지로 일부 정보 판매업자들은 자신의 웹사이트, 책, TV 프로그램, 잡지의 정보가 전통적인 월스트리트 애널리스트나 펀드매니저보다 낫다고 주장한다(즉, 형편없는 월스트리트 애널리스트들의 정보보다 더 유용한 자신의 정보를 이용하라고 권유한다). 그러나 만병통치약이 광고하는 약효를 경계해야 하듯이, 직접투자에 성공할 수 있다는 정보 판매업자들의 광고도 경계해야 한다.

〈뉴욕타임스(The New York Times)〉 기사에 의하면 펀드의 대안으로 맞춤형 포트폴리오를 이용하는 투자자가 증가하고 있다.[1] 기존 펀드에 불만이 있던 투자자들이 자신의 투자 목적에 더 적합한 맞춤형 포트폴리오를 구축할 수 있다고 한다. 어떤 투자자는 전에는 펀드에 편입된 종목이 모두 마음에 들지 않았지만 이제는 맞춤형 포트폴리오를 이용해 원하는 종목을 선택하게 되었다고 말했다.

이 기사에서 투자자 맞춤형 포트폴리오 설계를 지원한다고 밝힌 기업이 6개였다. 가까운 장래에 이런 서비스를 제공할 계획이라고 밝힌 기업도 여럿 있었다. 그러나 이 대목에서 생각해야 하는 문제가 있다. 이런 기업 중 어느 기업이 적합한지 어떻게 판단할 수 있는가? 그리고 한 번에 구축하는 맞춤형 포트폴리오는 개별 종목을 연속적으로 편입하는 맞춤형 포트폴리오와 어떤 차이가 있는가? 이들의 주장에도 불구하고 투자에서 풀어야 하는 문제는 기존 펀드나 맞춤형 포트폴리오나 전혀 다르지 않다.

그러나 1장에서 논의했듯이 소음은 세이렌의 노래여서 유혹을 견뎌내기 어렵다. 그러므로 여전히 직접투자를 고집한다면 대부분 투자자가 고려해본 적 없는 다음 문제들도 생각해야 한다. 나는 투자에 성공하는 확실한 기법이 있다고 말하지 않는다. 내가 비난하는 사람들처럼 잘못을 저지르고 싶지 않기 때문이다. 그러나 다음 정보를 이용하면 맹목적으로 직접투자를 권하는 소음을 더 잘 견뎌낼 수 있을 것이다.

나는 전문가들에게 투자에 성공하는 비결이 있다고 주장하지 않는다. 과학에서 그렇듯이 투자에서도 새로운 이론이 개발되면 기존 이론은 구식이 된다. 한때는 의사들도 피를 뽑으면 많은 질병이 치료된다고 생각했다. 초과 실적을 달성하는 확실한 전략을 아는 전문가는 어디에도 없다. 그러나 경험이 많아서 초심자들이 흔히 범하는 실수를 되풀이하지 않는다.

2장이 끝날 때까지도 여전히 지인에게 투자에 성공하는 확실한 기법이 있다고 믿으며 그 사람을 따라 직접 투자할 작정이라면, 두통이 올 때에도 만병통치약을 복용하기 바란다.

과거 실적이 미래 실적을 보장하는 것은 아니다

1장에서는 개인들이 스스로 펀드매니저보다 낫다고 생각하는 이유를 살펴보았는데 여기서 다시 요약해보겠다. 1999년에는 기술 업종 주식 대부분이 초과 실적을 기록했다. 개인들도 대부분 기술 업종에 집중투자했으므로 매우 좋은 실적을 얻었다. 그러나 2000년 나스닥이 폭락했으므로 그동안 개인들이 얻은 실적은 실력이 아니라 운이었음이 밝혀졌다. 기술 업종의 실적이 부진해지자 직접투자를 하던 개인들의 포트폴리오도 미달 실적을 기록했다. 심지어 1998~1999년에 스타로 인정받던 주식이 2000년에는 쓰레기가 되기도 했다. 그런 주식의 종목명 중에는 매우 유명한 의사 이름도 있었다.

반면 1998~1999년에는 펀드매니저들의 실적이 부진했다. 기술 업종에 집중투자하지 않았기 때문이다. 이들에게는 수탁자 책임이 있으므로 분산투자를 했다(만일 1998~1999년 기술 업종의 실적이 부진했다면, 기술 업종에 집중투자한 펀드매니저들은 바보 취급을 당했을 것이다). 그러나 1~2년 탁월한 실적을 얻은 개인들은 자신이 전문가보다 투자를 잘한다고 믿었다. '과거 실적이 미래 실적을 보장하는 것은 아니다'라는 말은 모든 투자자에게 적용된다. 2장에서는 왜 이 말이 옳은지 살펴보기로 하자.

실적: 위험을 감수한 대가인가, 실력인가?

펀드매니저의 수탁자 책임이 아무리 중요해도 미달 실적의 변명거리가 되지는 못한다. 실적표에는 포트폴리오의 절대 수익률만 올라가며, 초과 실적을 내려면 과도한 위험을 떠안아야 한다는 사실을 펀드매니저들은 잘 안다. 원하면 이들은 자신의 전문 영역을 벗어난 종목을 포트폴리오에 담을 수도 있다(소형 가치주가 초과수익을 내고 있으면, 대형 성장주 펀드매니저가 소형 가치주를 편입하기도 한다).

그러나 고객들과 합의한 투자헌장 때문에 과도한 위험을 떠안거나 전략을 변경하지 못하는 펀드매니저도 있다. 그리고 과도하게 위험을 감수해도 단기적으로만 보상받을 뿐, 고객에게는 이롭지 않다는 사실을 이해하는 펀드매니저도 있다. 떠안은 위험이 커지면 수익률의 변동성도 커지므로, 과도한 위험으로 얻은 초과 실적은 흔히 미달 실적으로 바뀐다. 위험과 수익률의 관계는 금융의 기본인데도 일부 유명한 투자자조차 이를 무시하는 듯하다. 투자자들은 과도한 위험 감수와 실력을 혼동하지 않도록 조심해야 한다.

위험조정 수익률(risk adjusted return)이 저조하면 수탁자 책임은 변명거리가 되지 못한다. 바로 이 위험조정 수익률이 위험도가 다른 포트폴리오들의 수익률을 동일한 기준으로 쉽게 비교하는 척도다. 이런 척도가 없다면 원금 보존 추구형 펀드의 실적이 공격적 성장형 펀드의 실적보다 좋은지 나쁜지 판단하기 어려울 것이다. 위험조정 수익률이 낮으면 요컨대 자산 운용 능력이 부족하다는 의미가 된다.

전문가든 비전문가든 투자자들은 실적이 잘 나오면 자기 실력 덕분이라고 믿고 싶어 한다. 내 생각에 지속적으로 초과수익을 내는 사람은 (헤지펀드, 공격적 성장형 펀드 등) 과도한 위험을 감수하는데 운이 좋은 사람이거나 지극히 희귀한 실력자다. 투자 실적이 잘 나오면 우리는 자신이 매우 희귀한 실력자라고 믿고 싶어 한다. 그러나 이어서 설명하겠지만, 실적이 좋은 투자자 대부분은 대개 운이 좋거나 과도한 위험을 떠안은 사람들이다.

세상에 공짜 점심이 있을까?

[그림 2.1]은 내가 정기적으로 추적하는 약 40개 투자 전략의 위험·수익 분포도다. 가로축은 1987년부터 2000년 6월까지 12개월 단위 수익률로 측정한 전략의 변동성을 나타낸다. 이 변동성은 수익률의 표준편차로 측정했다. 위험을 표준편차로 측정하는 방식의 장단점은 6장에서 논의하기로 하고, 여기서는 수익률의 변동성(비일관성)으로 위험을 측정한다고 이해해두자. 세로축은 기간의 12개월 수익률 평균을 나타낸다. 두 축이 교차하는 곳에 큰 점으로 표시한 S&P500이 기준점이다. 이 투자 전략에는 S&P500 종목만 포함되기

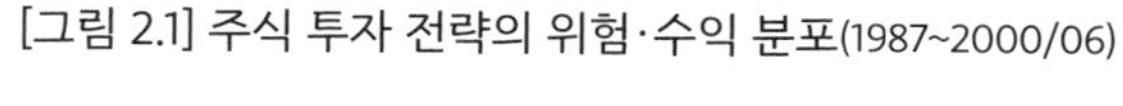
[그림 2.1] 주식 투자 전략의 위험·수익 분포(1987~2000/06)

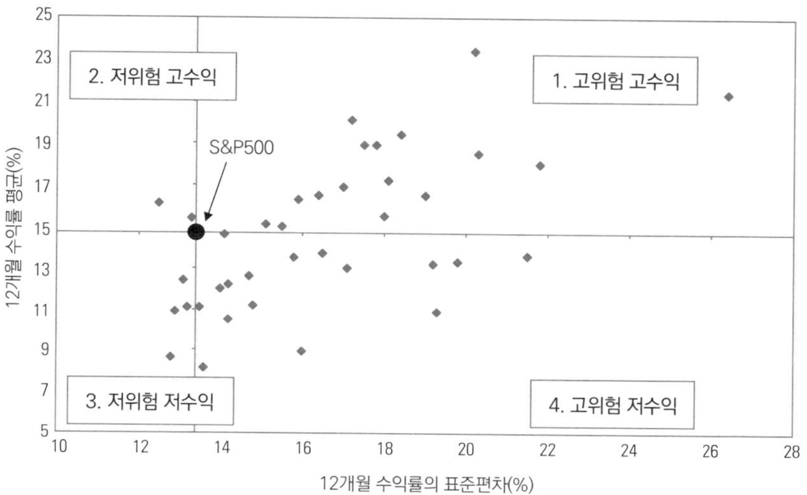

때문이다.

분포도의 4개 사분면은 S&P500 대비 위험·수익 조합을 나타낸다. 14년 투자 실적이 S&P500보다 확실히 좋았던 전략이 [그림 2.1]의 제2사분면(좌측 상단)의 전략들이다. 이 기간 내내 이 전략을 사용했다면, S&P500보다 더 낮은 위험(좌)으로 더 높은 수익률(상)을 얻었을 것이다. 제1사분면(우측 상단)은 S&P500보다 더 높은 위험(우)으로 더 높은 수익률(상)을 얻은 전략들이다. 이들 전략은 과거의 초과 실적으로 투자자를 유혹하지만, 실적에 일관성이 부족해서 실망을 안겨줄 위험이 있다.

제3사분면(좌측 하단)은 S&P500보다 더 낮은 위험(좌)으로 더 낮은 수익률(하)을 얻은 전략들이다. 단지 수익률이 낮다는 이유로 이들 전략을 나쁘게 평가할 것은 없다. 주식에 내재하는 위험을 꺼리는 투자자들에게는 적합한 전략이 될 수 있기 때문이다(예컨대 원금 보존 추구형 전략). 공매도 전략도 제3사분면에 포함되는데, 필연적으로 미달 실적이 나오기 때문이다. 그래도 위험이 낮아서 미달 실적이나마 일관되게 기록한 것은 공매도 전략이 보유한 뛰어난 특성이다. 제4사분면(우측 하단)은 가장 나쁜 전략으로서, S&P500보다 더 높은 위험(우)으로 더 낮은 수익률(하)을 얻었다. 위험을 더 떠안고서 더 낮은 실적을 얻으려는 사람은 없으므로 불합리한 전략이다. 당신이 좋아하는 펀드가 이 분포도의 어디에 속하는지 알아보는 것도 흥미로울 것이다.

분포도에서 보듯이 S&P500보다 더 낮은 위험으로 더 높은 수익률을 낸 전략은 둘뿐이다. 추가로 위험을 떠안지 않으면서 초과 실적을 내는 전략은 거의 없다.[2] 그런 전략은 존재하더라도 찾아내기가 매우 어려울 것이다.

누군가 어떤 전략이 '장기간에 걸쳐 초과 실적을 기록했다'라고 주장하면 의심해야 한다. 이런 전략에 따르는 위험도 설명하는 경우는 거의 없기 때문이다. [그림 2.1] 에서 보듯이 S&P500 대비 초과 실적을 기록한 전략은 18개다. 위험을 더 감수해서 초과 실적을 내는 전략은 생각보다 많아서 매우 쉽게 찾을 수 있다. 어려운 것은 더 적은 위험으로 초과 실적을 내는 전략을 찾아내는 일이다. 시장 대비 초과 실적을 낸 전략의 수는 절반을 약간 밑돌았지만(18/39 = 46%), 더 적은 위험으로 초과 실적을 낸 전략은 둘뿐이었다. 전략을 무작위로 선택할 때 초과 실적을 낼 확률은 약 46%다. 그러나 더 낮은 위험으로 초과 실적을 낼 확률은 겨우 5% 남짓이다.

이제 초과 실적을 내는 데 낮은 위험이 그토록 중요한 이유가 궁금할 것이다. 초과 실적만 내면 되지, 왜 위험을 걱정해야 하는가? 여기에는 세 가지 이유가 있다. 첫째, 5, 6, 7장에서 논의하겠지만, 제대로 인식하지 못하면서 과도한 위험을 떠안으면 어리석은 판단을 내려 실적을 그르치기 쉽다. 앞에서도 언급했지만 변동성 높은 전략을 따르면 더 빈번하게 매매하는 경향이 있다. 진정한 정보와 소음을 구분하기 어렵기 때문이다.

둘째, 분포도를 자세히 보면 일부 전략은 위험이 S&P500보다 50~100%나 더 높다. 시장의 등락 탓에 밤잠을 설친다면 그렇게 높은 위험이 불편하기 때문이다. 6장에서 논의하겠지만 위험 수용도는 측정하기 어려워서, 자신의 위험 수용도를 평가하기는 거의 불가능하다.

셋째, 위험을 더 감수해서라도 더 높은 수익률을 얻고자 했다면, 금리가 비교적 저렴한 단기 자금 대출로 S&P500 인덱스펀드에 투자했을 때 대부분 전략보다 좋은 실적을 낼 수 있었다. 개별 종목을 신용으로 매수하는 대신 S&P500 선물을 매수했다면, 많은 사람이 직장을 떠나 전업 데이 트레이더가 되지 않고서도 공격적으로 투자할 수 있었다. 게다가 정보 서비스 이용료와 비싼 거래 비용 등도 지불할 필요가 없었을 것이다.

데이터마이닝: 뜻밖의 발견인가, 빛 좋은 개살구인가?

장기간에 걸쳐 초과 실적을 내는 전략들은 흔히 데이터마이닝(data mining)을 통해서 개발된다. 데이터마이닝은 방대한 데이터를 정밀하게 분석해서 유용한 정보를 찾아내는 작업을 가리킨다. 여기에서는 기존 가설을 입증하기보다는 대개 데이터 사이의 상관관계 탐색에 주력한다. 요즘은 컴퓨터의 성능이 매우 뛰어나고 데이터가 풍부해서, 초과 실적이 기대되는 전략들을 비교적 짧은 시간 안에 찾아낼 수 있다. 앞의 분포도에서도 보았듯이 S&P500 대비 초과 실적을 기록한 전략이 거의 50%였으므로, 서투른 데이터 분석가조차 초과 실적 전략을 찾아낼 확률이 높다. 노련한 데이터 분석가라면 틀림없이 찾아낼 것이다.

데이터마이닝으로는 특정 전략이 효과를 내는 이유를 절대 알지 못한다. 효과가 있었다는 사실만 알 뿐이다. 데이터마이닝 과정 대부분에는 경제 이론이나 금융 이론을 적용하지 않는다. 오히려 도출된 데이터에 맞춰 이론을 구성하는 식이다. 전략은 효과만 있으면 그만이지, 이유는 관심 없다고 말하는 사람도 있다. 그러면 FDA가 신약을 심사하거나 엔지니어가 항공기를 설계할 때에도 이런 기법을 사용하면 어떻게 될까? 적절한 검사를 할 수 없다면 실적만으로는 그다지 의미가 없다.

흔히 데이터 분석가들은 자신이 데이터 분석가라는 사실을 깨닫지 못한다. 채권과 외환 시장의 데이터를 분석해서 한때 크게 성공했던, 매우 유명한 거대 헤지펀드의 예를 들어보겠다. 세계적으로 유명한 경제학자들을 보유한 이 헤지펀드는 '순수 정량 분석'을 가장해 개발한 전략으로 성공을 거두었지만, 성과가 나오는 근거를 제대로 조사하지 않았다. 단지 전략이 과거에 효과적이었으므로 미래에도 효과적이리라 생각했다. 그러나 모든 데이터마이닝 전략이 그렇듯이 이 전략도 마침내 무너졌다. 흥미롭게도 이 헤지펀드 경영진은 시장이 규칙에서 벗어난 탓에 펀드가 실패했다고 주장했다(즉, 과거에 탁월한 실적이 나온 것은 자신의 천재성 덕분이었고, 전략이 실패한 것은 시장의 잘못 때문이었다는 말이다[3]).

데이터 분석가들은 투자의 성배, 즉 부자로 만들어줄 전략을 발견했다고 자주 주장한다. 유레카! 그러나 금맥을 발견했다고 믿기 전에 그 전략이 빛 좋은 개살구가 아닌지 확인해야 한다. [그림 2.1] (69쪽)의 분포도에서 보았듯이 데이터를 충분히 분석하면 누구나 초과 실적 전략을 발견할 수 있다. 관건은 낮은 위험으로 초과 실적을 내는 전략을 발견하느냐다.

투자의 성배를 발견했다는 데이터 분석가의 주장에 대해 한 논객이 흥미로운 문제를 제기했다. 초과 실적 전략을 발견했다고 주장하기 전에 몇 번이나 발견에 실패했는지 의심스럽다는 것이다. 논객은 날카롭게 지적한다. "확실히 초과 실적을 내는 전략인지 판단하려면, 이들이 백테스트한 다른 전략이 몇 개인지를 먼저 알아야 한다. 데이터 분석가는 99개 전략의 백테스트에 실패하고 나서 초과 실적 전략 하나를 발견했을지도 모른다."[4] 그리고 실적을 개선하려고 끊임없이 수정한 전략들을 경계해야 한다고 말한다.

투자서 두 권에서 강조한 인기 전략 두 개를 살펴보자. 한 저자는 주가매출액배수(Price to Sales Ratio, PSR)가 낮은 주식에 투자하는 전략이 최고라고 주장했고,[5] 다른 저자는 주가수익성장배수(Price Earning to Growth Ratio, PEG)가 낮은 주식에 투자하는 전략이 최고라고 주장했다.[6]

[그림 2.2]는 S&P500에 속한 저PSR 50종목으로 구성한 포트폴리오의 실적을 나타낸다. 이 포트폴리오는 동일 비중 방식으로 구성해 매월 리밸런싱(rebalancing: 비중 재조정)했고, 동일 비중 S&P500지수와 대비해서 실적을 측정했다.[7] 이 차트에서 곡선이 상승하는 기간은 전략이 시장(S&P500)을 초과하는 실적을 냈고, 곡선이 하락하는 기간은 미달 실적을 냈으며, 곡선이 수평인 기간은 실적이 시장과 같았

[그림 2.2] 저PSR 전략의 S&P500 대비 실적(1986~2000)

다는 뜻이다.

미국 의회도서관 온라인 목록에 의하면 저PSR 전략을 추천한 책이 출간된 해는 1997년이었다. 전반적으로 저PSR 전략이 초과 실적을 낸 기간은 1991년 말~1998년 중반이다. 그 이후에는 실적이 대폭 악화해 누적 실적이 1991년 수준으로 내려갔다. 그러므로 책 출간 이후 이 전략은 약 3년 동안 심각한 미달 실적을 기록했다.

[그림 2.3] 도 비슷한 차트로서 S&P500에 속한 저PEG 50종목을 동일 비중으로 구성한 포트폴리오의 실적을 나타낸다. 미국 의회도서관 온라인 목록에 의하면 저PEG 전략을 추천한 책이 출간된 해는 1996년이었다. 저PSR 전략과 마찬가지로 저PEG 전략도 책 출간 전에는 초과 실적을 냈으나 출간 후에는 미달 실적을 기록했다. 이 책에서는 저PEG 전략이 비전문가도 쉽게 따라 할 수 있는 전략이므로

[그림 2.3] 저PEG 전략의 S&P500 대비 실적(1986~2000)

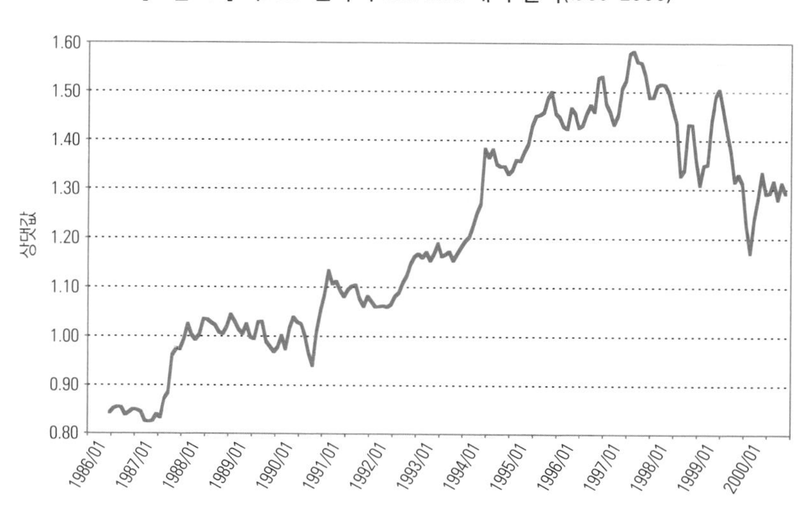

전문가의 조언이 필요 없다고 주장했다. 저자는 어떤 바보라도 이 전략을 따라 할 수 있다고 말했다. 이 말은 사실이겠지만 나는 이 전략을 따라 한 사람이 많지 않기를 바란다.

이들 사례를 제시한 것은 두 책의 저자를 망신 주려는 의도가 아니다. 대개 저자들은 미래에 효과가 있을 전략이 아니라 과거에 효과가 있었던 전략을 추천한다는 점을 밝히려는 것이다. 투자 입문서들은 미래가 아니라 과거를 바라보는 경향이 있다. 책이 많이 팔리길 바라는 저자라면 과거에 실적이 비참했던 전략을 논할 리가 없다. 그러므로 초과 실적 전략을 발견했다는 주장은 의심해야 하며, 특히 초과 실적이 나오는 근거를 뒷받침하는 경제 이론이 없다면 더 의심해야 한다. 항상 초과 실적을 내는 전략은 거의 없으므로 언제 어떤 이유로 미달 실적이 나오기 쉬운지 철저히 이해해야 한다. 이런 특성들은 8, 9, 10장에서 살펴보기로 한다.

그 책을 읽고 따라 하는 투자자가 너무 많아진 탓에 이들 전략이 효과를 상실했다고 주장하는 사람도 있을지 모른다. 실제로 그렇다면 저자들은 처음에 왜 그 책을 썼을까? 통찰력 있는 소수만 읽고 따라 하길 바랐을까? 장담할 수는 없지만 저자들은 데이터마이닝으로 전략을 발견했을 것이다. 데이터마이닝으로 발견한 전략들은 대부분 시간이 흐르면 현실 문제와 위험이 증가하면서 효과가 사라진다.

[표 2.1]은 3년(1차 3개년) 동안 초과 실적을 낸 전략이 그다음 3년(2차 3개년) 동안에도 초과 실적을 낼 확률을 나타낸다. 다시 말해서 어떤 전략이 3년 동안 초과 실적을 기록했다면 그다음 3년 동안에도

[표 2.1] 전략이 계속 초과 실적을 낼 확률(1987~1999년 데이터 기준)

	2차 3개년 초과 실적 비율(%)	2차 3개년 미달 실적 비율(%)
1차 3개년 초과 실적	47	53
1차 3개년 미달 실적	62	38

* 자료: 메릴린치 정량 전략 데이터

초과 실적을 반복했을 확률이다. 대부분 전략이 데이터마이닝으로 발견되므로 이는 중요한 고려 사항이다. 누군가 초과 실적 전략을 발견했다고 발표하고 나서 (미달 실적 전략을 발견했다고 발표할 사람이 어디 있겠는가) 3년 후에도 이 전략이 초과 실적을 낼 확률은 얼마나 될까?

이를 분석하기 위해서 우리 팀은 앞에서 논의한 약 40개 전략의 S&P500 대비 실적을 조사했다. 먼저 1차 3개년(1987~1989) 실적을 2차 3개년(1990~1992) 실적과 비교했다. 다음에는 1988~1990년 실적을 1991~1993년 실적과 비교했으며 이 방식으로 계속 진행했다. 다양한 기간에 걸쳐 다양한 전략의 실적을 비교했으므로 비교한 것이 300개가 넘었다.

[표 2.1]은 네 가지 구획으로 나뉜다. 표의 위쪽(47%, 53%)은 1차 3개년에 초과 실적을 낸 전략의 비중이다. 그리고 표의 왼쪽(47%, 62%)은 2차 3개년에 초과 실적을 낸 전략의 비중이다. 1차 3개년과 2차 3개년에 모두 초과 실적을 낸 전략은 좌측 상단(47%)에 들어간다. 잠재적으로 가치 있는 전략이지만 위험성은 고려하지 않았다는 점을 기억하기 바란다. 1차 3개년에 초과 실적을 냈으나 2차 3개년

에는 부진했던 전략은 우측 상단(53%)에 들어간다. 최근의 단기 성과만 보고 미래에도 성과가 좋을 것이라고 주장하는 사람들이 흔히 이런 전략을 소개한다. 1차 3개년에는 부진했으나 2차 3개년에 초과 실적을 낸 전략은 좌측 하단(62%)에 들어간다. 이런 전략은 단기 성과가 부진한 탓에 흔히 무시당한다. 그러나 이후 다시 초과 실적을 내기 시작할 때 다시 인기를 얻곤 한다. 마지막으로 두 기간 모두 부진했던 전략은 우측 하단(38%)에 들어가는데, 이런 전략은 멀리하는 편이 현명하다.

결과가 다소 충격적일 것이다. 1차 3개년에 부진했던 전략이 2차 3개년에 초과 실적을 낼 가능성이 더 크니 말이다. 그래도 현실을 받아들이자. 어떤 시점에서든 과거 3년간 초과 실적을 낸 전략은 이후 3년간 초과 실적을 낼 확률이 47%밖에 되지 않는다. 따라서 처음 3년간 부진했던 전략을 선택하면 나중에 더 나은 성과를 올릴 수 있다. 62%가 이후 3년간 초과 실적을 내기 때문이다. [표 2.1]은 과거 성과가 미래 성과를 보장하지 않는다는 사실을 명확히 보여준다.

이와 관련한 과거 사례로 유명한 '다우의 개' 전략이 있다. 다우의 개 전략은 다우존스산업평균지수에서 매년 12월 31일 배당수익률이 가장 높은 10종목을 사서 1년간 보유하는 방법이다. 이 전략은 과거 성과가 매우 훌륭하다. 그러나 그 이유를 연구한 사람은 드물다. 단지 '이 전략이 앞으로도 계속 효과적일 것'이라고 가정할 뿐이다. 이 전략이 효과적인 것은 가치투자에 바탕을 둔 역발상 전략이기 때문이다. 저PER 투자 전략과 같은 가치투자 전략이 초과 실적을 낼 때, 다우의 개 전략 또한 초과 실적을 내는 경향이 있다.

가치투자는 미국에서 1990년 말~1995년 초에 환상적인 수익률을 기록했다. 하지만 1994년 말에 주목받기 시작했다. 눈치 빠른 독자들은 짐작하겠지만, '다우의 개'를 포함한 가치투자 전략은 이후 5년간 성과가 계속 부진했다.

그러면 정말 중요한 것은 무엇일까? 책이나 세미나에서 최근 어떤 전략이 초과 실적을 올렸다고 홍보한다면, 우리는 그 전략으로 좋은 실적을 내기 어렵다는 사실을 깨달아야 한다. 사실은 지난 3년간 초과 실적을 낸 전략은 피하는 편이 더 현명하고, 오히려 과거에 부진했던 전략을 고려하는 편이 낫다. 투자 전문가든 일반인이든, 모든 상황에서 확실하게 초과 실적을 내는 전략 따위는 없다는 사실을 깨달아야 한다. 한편 위험 회피 방법론은 간과하는 사람이 많다.

빛 좋은 개살구의 사례

다음 전략의 통계를 살펴보자. 이 전략은 1987년부터 1999년까지 13년 중 10년 동안 S&P500보다 수익률이 높았다. S&P500의 수익률은 연 15.6%였지만 이 전략의 수익률은 연 33.3%에 달했다. 그러나 변동성을 보면 S&P500은 15%였지만 이 전략은 30.6%였다. 다시 말해서 S&P500보다 2배 더 위험하지만 수익률은 2배 이상 높았다. 또 회전율이 매우 낮아서 평균 보유 기간은 12개월이었고 매년 한 번씩만 리밸런싱을 했다.

[표 2.2] 전략 X와 S&P500의 실적 비교(1987~1999)

	전략 X(%)	S&P500(%)
1987	22.0	2.0
1988	36.1	12.4
1989	-32.9	27.3
1990	-10.3	-6.6
1991	58.2	26.3
1992	23.1	4.5
1993	114.0	7.1
1994	-27.5	-1.5
1995	44.8	34.1
1996	27.2	20.3
1997	73.4	31.0
1998	61.8	26.7
1999	42.7	19.5
총수익률	1,775.2	526.7
연 수익률	33.3	15.6

* 비고: 총수익률에는 2000년 8월까지의 실적이 포함됨.

[표 2.2]는 전략 X와 S&P500의 수익률을 비교한 것이다. 상당히 매력적인 투자 전략으로 보이지 않는가? 만약 내가 마케팅을 담당한다면 이 전략의 이름을 '부유층용 자기회귀 비선형 동적 최적화 모형(Rich's Autoregressive Nonlinear Dynamic Optimization Model)'으로 지을 것이다. 그리고 이 모형이 특허를 받았고 실적이 엄청날 거라고 주장할

것이다.

내가 이름을 이렇게 지은 이유는 무엇일까? 첫 글자만 따서 보면 'R-A-N-D-O-M', 즉 무작위다!

이 전략에 들어가는 종목들은 완전히 무작위로 선정했다. 이름은 그럴듯하게 붙였지만 말이다(터무니없는 말장난이다). 우리는 난수를 이용해서 S&P500 종목을 무작위로 선정하고 나서 연말마다 매수해 1년 동안 보유했다. S&P500 종목을 시가총액 순서로 열거하고서 1~500의 난수를 생성해 해당 종목을 매수했다. 난수 366이 나오면 S&P500 시가총액 366위 종목을 사는 식이다. 이 전략에는 아무 경제 논리도 없으므로 단순 무작위다. 그런데도 이 백테스트 결과를 보라. 성과가 아주 훌륭하다!

독자 중 일부는 이 전략에 매료되어 미래에도 뛰어난 실적을 내리라 생각할 수도 있다. 그래서 [그림 2.4]에 랜덤 모형의 실적을 나타냈고, 아울러 랜덤 모형 시뮬레이션 결과 9개를 더 보탰다. 결론적으로 말하면 이 전략에서 나온 초과 실적은 순전히 운이었다. 하지만 내가 살짝 틀어서 표현했다면 훌륭한 모형을 개발한 것처럼 주장하고 [표 2.2]의 실적을 보여주면서 당신에게 확신을 심어줄 수도 있었다. 랜덤 모형이 극단적인 사례처럼 보일지 몰라도 전략의 성과에 운이 얼마나 크게 작용하는지를 명확하게 보여준다. 그러므로 단순히 성과가 탁월한 전략이라고 판단하는 대신, 그렇게 탁월한 성과가 나온 이유를 신중히 조사해보아야 한다.

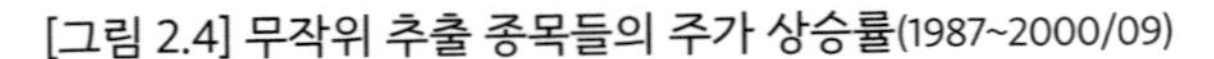
[그림 2.4] 무작위 추출 종목들의 주가 상승률(1987~2000/09)

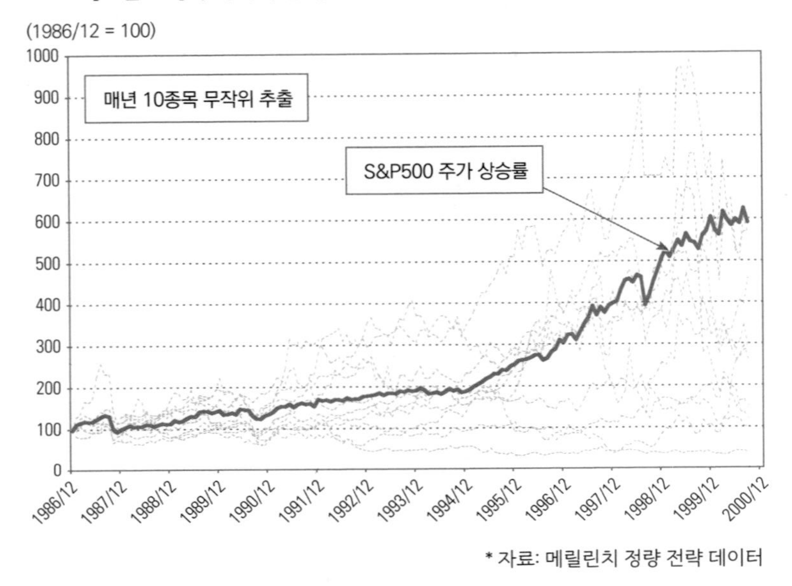

* 자료: 메릴린치 정량 전략 데이터

투자 전략 테스트하기

뮤추얼펀드에 가입하거나 직접투자를 실행하기 전에 고려해야 할 요소가 많다. 책이나 잡지, 신문 등을 보면서 관심 펀드의 전략이나 자신이 실행하려는 전략이 적절한지 판단해야 한다. 최근 초과 실적을 낸 전략은 곧 수익률이 낮아질 가능성이 크므로 그 전략을 충분히 이해해야 한다.

나는 메릴린치 동료들과 함께 투자 전략의 강·약점을 효과적으로 진단하는 시스템을 개발했다. 독자들이 믿든 말든, 우리는 17개 통계를 4개 카테고리로 나누어 테스트했다. 4개 카테고리는 '수익률, 위험, 회전율, 기업 규모와 스타일'이다.[8] 먼저 수익률, 위험, 회전율을 살펴보자. 기업 규모와 스타일은 10장에서 다루겠다.

수익률과 위험

투자할 때는 가장 먼저 그 전략의 투자 수익률을 고려해야 한다. 그러나 과거 실적은 미래 실적을 알려주지 않는다는 사실을 기억하자. 방금 논의했듯이 과거 3년간 초과 실적을 올린 전략이 이후 3년간에도 초과 실적을 올릴 확률은 50% 미만이다. 따라서 투자자는 최고 수익률, 최저 수익률, 평균 수익률을 충분히 이해해야 한다.

최고 수익률과 최저 수익률보다는 과거 12개월 평균 수익률부터 살펴보는 편이 낫다. 그리고 주기적으로 데이터를 입수한다면 수익률의 중앙값과 최빈값(mode)도 계산할 수 있다. 평균 수익률만 사용하는 것은 매우 위험하다. 평균 수익률은 극단적으로 높거나 낮은 수익률에 왜곡되므로 그 전략의 수익률을 대변하지 못할 때가 많다.

[표 2.3]에 두 전략의 수익률을 요약해놓았다. 이 표에서 기간 2를 제외하면 두 전략은 수익률이 똑같다. 전략 2는 기간 2에 수익률이 100%였지만, 전략 1은 같은 기간 수익률이 4%였다. 특정 연도 실적 때문에 전략 2의 평균 수익률은 전략 1보다 거의 7배나 높지만, 중앙값은 두 전략이 똑같다. 여기서 기간 2에 전략 2가 전략 1보다 수익률이 높았던 이유를 반드시 파악해야 한다. 두 수익률의 차이는 유의미할까, 아니면 우연에 불과할까?

전략 2의 평균 수익률 21.8%를 대표 수익률로 간주하기도 쉽지 않

[표 2.3] 가상 수익률 통계

기간	전략 1(%)	전략 2(%)
1	2	2
2	4	100
3	6	6
4	-2	-2
5	3	3
평균	2.6	21.8
중앙값	3.0	3.0

다. 수익률이 6%를 초과한 기간이 한 번뿐이기 때문이다. 그리고 두 전략의 중앙값이 동일한 것은 우연히 한 기간의 수익률이 높았기 때문이다. 그런데도 평균 수익률을 사용한다면 전략 2에 대한 기대치가 지나치게 높아질 것이다.

수익률의 안정성과 일관성도 고려해야 할 요소다. 두 번째 기간에는 전략 1의 수익률이 전략 2보다 안정적이었다. 6장에서 자세히 다루겠지만, 우리는 높은 수익과 심리적 안정감 중 어느 쪽을 더 중시하는지 고려해봐야 한다. 대개 이 두 가지는 상충 관계이므로, 누군가 두 가지 모두 달성할 수 있다고 주장한다면 비판적으로 바라보아야 한다.

전략의 안정성을 시험하는 방법 하나는 그 전략의 '최저 수익률'을 3개월이나 12개월 단위로 조사하는 것이다. 여기에는 중요한 이유가 두 가지 있다. 먼저 최저 수익률이 너무 위험해 보이면 발생 빈도에 상관없이 그 전략을 피해야 한다. 최저 수익률은 발생 빈도가 낮아서 괜찮다고 합리화하는 사람도 있다. 그리고 최저 수익률보다는 최고 수익률의 가능성이 더 크다고 맹신하기도 한다.[9] 그런데 이런 주장의 근거는 무엇인가?

투자자는 자신이 수용할 수 있는 최저 수익률을 설정하고 나서, 이 전략이 최저 수익률을 얼마나 자주 밑도는지 조사해보아야 한다. 예를 들어 투자 대상으로 주식과 국채 중 하나를 선택한다고 가정하자. 이때 적합한 테스트는 국채보다 주식의 수익률이 높은 빈도를 조사해보는 것이다. 위험 회피 성향이 극도로 커서 원금 보존을 추구하는 투자자라면 각 전략에서 손실 발생 빈도를 조사하는 편이 현명하다. 장기적으로는 초과 실적을 내는 전략이더라도 1년만 큰 수익을 내고 4년 동안 손실을 내는 방식이라면, 원금 보존을 추구하는 투자자에게는 적합하다고 보기 어렵다.

매매 회전율

얼마나 자주 거래하는지 보여주는 매매 회전율은 투자 전략을 테스트할 때 쉽게 간과되곤 한다. 어떤 투자 전략이 높은 수익률을 올리는 것처럼 보여도, 매매 회전율이 높으면 그에 따라 거래 비용이 증가하면서 투자자들의 실질 수익이 감소한다. 앞에서 말했듯이 소음으로 인해 매매 회전율이 높아지기도 하는데 이렇게 높아진 매매 회전율은 거래 비용뿐만 아니라 세금 부담까지 증가시킨다.

다행히 이제 투자자들이 매매 회전율의 중요성을 깨달은 듯하다. 일부 펀드는 매우 공격적인 매매 전략을 구사해 매우 높은 수익을 올리기도 했다. 이런 펀드가 안겨주는 수익은 평균보다 높지만 비용과 세금으로 빠져나가는 수익도 많다. 미실현 자본이득이 많은 펀드를 강세장 정점 부근에서 매수하는 투자자도 간혹 있다. 시장이 하락세로 접어든 2000년 중반에 투자자들이 펀드를 환매하자, 이런 펀드는 환매 자금을 마련하려고 주식을 매도해 자본이득을 실현했다. 이런 펀드에 뒤늦게 가입한 사람들은 이중고를 겪었다. 펀드의 순자산가치가 떨어졌을 뿐 아니라 막대한 세금 부담까지 떠안았기 때문이다.

세금에 대한 관심이 높아지면서 상장지수펀드(ETF)와 세금우대펀드가 출현했다. 폐쇄형 펀드와 유사하게 ETF는 업종이나 산업, 국가 등을 벤치마크로 삼는 포트폴리오로서, 일반 주식처럼 거래소에서 매매되는 상품이다. 이런 ETF에 투자하면 ETF를 사고팔 때만 세금을 부담한다. 그러나 전통적인 뮤추얼펀드에 투자하면, 펀드를 매수할 때 세금을 부담하고 회전율에 따라서도 세금을 부담한다. 펀드 매수는 투자자가 결정하지만 회전율은 그렇지 않다.

매우 유용한 회전율 지표 세 가지는 평균 보유 기간, 평균 보유 종목 수, (전체 자산 기준) 연간 평균 거래 횟수다. 먼저 평균 보유 기간은 대개 월 단위로 측정하는데, 보유 기간이 길수록 좋은 이유가 두 가지다. 먼저 포트폴리오에 주식을 오래 보유하면 거래 비용이 감소한다. 또한 주식을 오래 보유하면 매매 차익을 자본이득으로 인정받아 세금을 절감할 수 있다(대개 자본이득에는 경상소득보다 낮은 세율이 적용된다. 물론 세율이 똑같은 적도 간혹 있었다).

최적 평균 보유 종목 수를 제시하기는 어렵다. 그러나 분산투자에는 비교적 많은 종목이 필요하다. 대부분의 학계 연구에서는 무작위로 선택한 종목이 15개 이상이면 잘 분산되었다고 말한다. 핵심은 '무작위로 선택한 주식'이다. 한 산업에서 15개 종목을 선택했다면 잘 분산되었다고 할 수 없다. 평균 보유 종목 수가 심하게 바뀐다면, 이는 회전율이 높고 운용 전략에 일관성이 없다는 뜻이다.

마지막으로 연간 평균 거래 횟수는 적어야 한다. 횟수가 적을수록 거래 비용과 세금 부담이 감소하기 때문이다.

전략의 성과를 측정하는 벤치마크

대개 전략이나 펀드의 성과는 S&P500이나 광범위 시장지수와 비교해서 측정한다. 투자자는 자신의 전략이나 펀드의 성과를 측정할 때 벤치마크를 신중하게 선택해야 한다. 예를 들어 기술주 펀드라면 S&P500, 나스닥 종합지수, S&P기술업종지수 중 어느 것과 비교해야 하는가? 가치투자 전략이나 펀드라면 S&P500과 S&P/바라 가치주지수(Barra Value Index) 중 어느 것과 비교해야 하는가?

반드시 적합한 벤치마크와 비교해야 한다. [표 2.4]에 나온 기술주 펀드 4종의 1999년 성과를 보자. S&P500과 비교하면 4개 펀드 모두 수익률이 더 높았다. 이 결과를 보고 4개 펀드가 투자를 잘했다고 생각할 수도 있겠지만, 나스닥과 비교하면 이야기가 달라진다. 기술주

[표 2.4] 일부 기술주 펀드의 1999년 실적

펀드·지수	1999년 수익률(%)
기술주 펀드 1	89.4
기술주 펀드 2	30.9
기술주 펀드 3	158.0
기술주 펀드 4	144.9
나스닥지수	102.1
S&P500	21.0

* 자료: 블룸버그 데이터

위주로 구성된 나스닥의 수익률을 초과한 펀드는 2개뿐이다.

지금 우리가 업종 펀드나 업종지수에 투자할 수 있다면, 업종 대비 초과 실적을 올리지 못한 펀드에 투자할 이유가 있겠는가? 기술주 펀드 1과 2의 전략은 투자 가치가 없는 종목을 편입한 것과 다름없다는 사실을 깨달아야 한다. 물론 일부 투자자는 이런 사실을 깨닫지 못했을 것이다. 펀드가 전체 시장 대비 초과 실적을 올렸기 때문이다. 또 기술 업종이 전체적으로 초과 실적을 냈기 때문에, 함량 미달의 펀드매니저도 신뢰를 얻었을 것이다.

벤치마크 선택이 잘못되면 투자 결정도 잘못될 수 있다. 그랬다면 기술주 펀드 1이나 2에 계속 투자하면서 상당한 비용을 지불했을 것이고, 기술업종지수보다 성과가 계속 부진했을 것이다. 우리는 위험·수익 특성이 벤치마크보다 우수한 전략이나 펀드를 찾아내야 한다.

표본 외 테스트로 전략을 확인하라

흔히 데이터마이닝 전문가들은 전략을 시험할 때 기본 규칙을 위반한다. 이들은 표본 외 테스트(Out-of-sample testing)를 전혀 하지 않는다. 표본 외 테스트라는 용어가 복잡하게 들릴지는 모르나 개념은 매우 간단하다. 전략이 일관성 있게 초과 실적을 내는가를 확인하는 테스트다. 거듭 말하지만 초과 실적을 '내는' 전략은 찾기 쉬우나, 초과 실적을 '일관되게 내는' 전략은 찾기 어렵다. 표본 외 테스트는 그런 일관성을 시험하는 가장 쉬운 방법이다.

주식 선정 전략 테스트에 사용 가능한 데이터가 1970년부터 2000년까지 있다고 가정하자. 흔히 연구원들은 전체 기간에 걸쳐 전략의 매수, 중립, 매도 결정을 시뮬레이션한다. 마이닝 전문가들은 전략 수백 개를 이런 방식으로 시뮬레이션한다. 보통은 전체 기간에 걸쳐 최상의 성과를 내는 전략을 채택할 것이다. 결국 30년에 걸친 데이터로 테스트한 셈이다. 꽤 엄격하게 테스트한 것 같다. 정말 그런가? 아니다!

어떤 전략이 연속되지 않은 기간에도 지속적으로 초과 실적을 낸다면 더 유의미한 결과가 된다. 따라서 전체 기간을 하나로 묶는 대신 여러 기간으로 나누어 테스트하는 것이 더 엄격한 방식이다. 예를 들어 1970~1975년 성과가 가장 좋았던 전략을 찾은 후, 이 전략의 1975~1980년 성과를 확인하는 것이다. 아니면 1970~1980년 데이터를 적용하고 나서 1990~2000년에도 같은 결과가 나오는지 확인해

보라. 이 방법을 표본 외 테스트라 부르는데, 흔히 종목 선정 모형을 연구할 때 완전히 간과된다.

표본 외 테스트가 중요한 것은 이를 수행해야 예견 오류(look-ahead bias)에서 벗어날 수 있기 때문이다. 예견 오류란 연구에 사용한 주식의 정보를 실제로는 그 시점에 얻을 수 없어서 포트폴리오 운용에 활용하지 못한다는 뜻이다. 예를 들어 어떤 전략의 1970~2000년 실적이 최고로 밝혀졌더라도 1975년에는 이 사실을 알 수 없었다. 1975년에는 1970~1975년 데이터만 입수할 수 있었기 때문이다. 투자를 1975년에 시작했다면 이후 실적을 전혀 알 수 없으므로 이 분석은 예견 오류다. 어째서 1975년에는 XYZ 전략의 우수성을 깨닫지 못했을까? 당시에는 1975년 이후 25년간의 데이터를 이용할 수 없었기 때문이다. 그래서 1975년에는 XYZ 전략이 부실해 보였을 수도 있다.

누군가 과거 성과 그래프를 보여주면서 훌륭한 종목 선정 전략을 발견했다고 주장한다면 먼저 표본 외 테스트를 거쳤는지 확인해봐야 한다. 통계를 지나치게 중시하는 것처럼 들리겠지만 그럴수록 성과를 개선하기 쉽다.

'장기 보유할 핵심 종목'이 파멸을 부른다

일부 투자자는 핵심 종목을 장기 보유하는 전략이 좋다고 말한다. 그러나 일화적 증거에 의하면 사람들은 이른바 '장기 보유할 핵심 종목'을 보유하려 하지 않는다. 당시에는 파멸을 부르는 종목처럼 보이기 때문이다.

'장기 보유할 핵심 종목'이란 주가가 장기간 지속적으로 상승할 것으로 사람들이 믿는 종목이다. 이런 종목 선정에는 과거 주가 차트가 흔히 사용된다. 따라서 회사의 펀더멘털 대신 과거 주가 흐름이 사용된다. 그러나 여기에는 앞에서 언급한 예견 오류가 들어 있다. 과거 주가 차트를 보면 현재의 우리는 과거 실적을 알 수 있다. 그러나 5~10년 전 투자자들은 알 수 없었다. 당시 투자자들은 '장기 보유할 핵심 종목'을 왜 알 수 없었을까? 당시에는 그 종목이 지금처럼 인기주가 아니라 소외주여서 전혀 고려할 대상이 아니었기 때문이다.

예를 들어 1990년대 말에는 한 음료회사가 장기 보유 주식으로 간주되었다. 이전 10년 동안 주가가 대폭 상승했으므로 장기 보유해도 안전한 종목이라고 사람들이 생각했던 것이다. 그러나 이 회사의 파란만장한 역사를 기억하는 사람은 거의 없었고, 1980년대 중반에 기피 대상이 되었던 이유도 알지 못했다. 이 회사가 새로운 음료를 출시했지만 크게 실패했고 영화 스튜디오를 구입했다가 실적이 대폭 악화하자 투자자들은 회사의 성장성을 의심해 이탈했다. 그래서 1980년대 말에 소외된 이 주식이 1990년대 말에는 장기 보유 주식이 된 것이다. 그 주식이 장기 보유 종목으로 인식되자 이번에는 전혀 다른 이유로 1980년대보다 실적이 더 나빠졌다. 현재 이 주식은 다시 역발상 투자에 적합한 종목이 되었다.

장기 보유할 핵심 종목으로 불리는 주식들은 대개 지금까지 초과 실적을 낸 주식이다. 과거의 주가 상승을 보면 좋은 주식이라고 이야기하겠지만 그렇다고 해서 미래에도 초과 실적을 낸다는 법은 없다. 3장에서는 소음이 투자자들의 인식에 미치는 영향을 논할 것이다.

노련한 투자자의 전략도 먹히지 않을 때가 있다

일부 자칭 노련한 투자자는 단기 실적에 상관없이 장기간 초과 실적을 내는 전략을 추구한다고 주장한다. 이런 전략이 방법론 면에서는 훌륭해 보일 수도 있으나 불안할 때도 많을 것이다. 아래 사례를 보자.

내가 아는 애널리스트가 고객들에게 주식 선정 모형을 제시했다. 이 모형은 1980년대 말 동안 백테스트했고 1991년부터 실시간 데이터를 사용했다. 백테스트와 실시간 데이터 덕분에 이 모형은 시간 지평 12년 중 10년 동안 S&P500 대비 초과 실적을 기록했다. 게다가 위험도 S&P500보다 낮았다. 그러나 1998~1999년에는 이 모형의 성과가 처참할 정도로 부진했다.

이 모형은 장기 실적을 추구하는 노련한 투자자를 대상으로 개발되었지만 일부 투자자에게 비난받았다. 2000년 중반이 되자 이 모형을 따르는 포트폴리오의 자산 규모가 대폭 감소했다. 이른바 '노련한' 투자자들이 다른 전략을 선택했기 때문이다. 추측건대 이탈한 투자자들은 장기 실적은 나빴어도 1998~1999년 실적이 좋았던 전략으로 바꿨을 것이다.

회사는 모형 개발자에게 그 모형이 여전히 유용하다고 생각하는지 물었다. 투자자들은 이 모형을 무시하기 시작했고, 개발자는 모형에 관심을 기울이지 않았다. 당연히 2000년에는 이 모형이 초과 실적을 올렸다.

이 이야기의 교훈은 우리 대부분이 스스로 노련하다고 생각하지만 실제로 노련한 사람은 드물다는 사실이다. 단기 실적에 휘둘리지 않는 사람이 드물기 때문이다.

검증을 통과한 투자 전략을 실행할 때, 일부 기간에 실적이 부진하더라도 놀랄 필요가 없다. 이때 이 전략의 결점을 잘 이해한다면 가장 먼저 할 일은 과거 전략이 안 먹히던 시점의 경제 환경과 현재 환경을 비교해보는 것이다. 예를 들어 저평가 종목에 집중하는 가치투자 전략은 경기 후퇴기에 흔히 실적이 나쁘다. 따라서 경기 후퇴기에 가치투자 전략을 실행한다면 실적이 부진한 편이 오히려 정상이다.

이렇게 과거 경제 환경과 비교해서 현재 실적이 부진한 이유를 파악할 수 있다면, 현재 단기적으로 실적이 부진하더라도 이 전략을 계속 실행해야 한다. 다른 전략을 선택해서 적절한 시점에 실행하기는 매우 어렵기 때문이다. 앞에서 언급했듯이 단기 실적을 보고 내리는 판단은 빗나가기 쉽다. 그래서 그 전략이 효과를 나타내기 직전에 포기할 가능성이 크다. 결국 이 전략 저 전략으로 갈아타더라도 실적은 계속 부진할 것이다(남의 떡이 더 커 보이는 법이다).

만약 현재 경제 환경이 과거 실적이 나빴던 시기의 환경과 다르다면 다음으로 할 일은 자기성찰이다. 투자자인 내가 문제인가, 아니면 전략이 문제인가? 전반적으로는 전략이 잘 작동하지만 투자자가 최종 단계에서 종목 선정을 제대로 하지 못했을 수도 있다. 모형이 추천한 종목을 통째로 매수하지 않았다면 종목 선정에서 실수했을 가능성이 크다는 말이다.

실적이 부진한 원인이 전략에 있는지 종목 선정에 있는지를 확인하기는 어렵지 않다. 전략이 추천한 전체 포트폴리오의 실적과 내가 선정한 종목들의 실적을 비교하면 된다. 내가 선정한 종목의 수익률이 전체 포트폴리오보다 높다면 나는 실제로 종목을 잘 선정해서 전략보다 실적을 개선한 셈이다. 그러나 내가 선정한 종목의 수익률이 더 낮다면 내가 전략을 제대로 실행하지 못한 것이다. 즉, 실적 부진의 원인이 내게 있다.

사람들은 쉽게 소음에 휘말리므로, 멀쩡한 기존 전략을 포기하고 현재 초과 실적이 나오는 전략으로 갈아타고 싶어 한다. 그러나 투자하기 전에 조심스럽게 분석하면 전략을 빈번히 교체하려는 유혹을 느끼지 않을 것이다.

'이번 장은 시간 낭비였다. 나는 전략을 사용하지 않고 단순히 개별 종목에 투자한다'라고 생각한다면 행운을 빈다. 나는 매달 포트폴리오 매니저를 수백 명 만난다. 그러나 직관적으로 종목을 선정해서 장기적으로 성과를 올린 매니저를 한 사람도 보지 못했다. 성공하는 전문가들은 모두 투자하기 전에 회사를 열심히 분석해 정보를 얻는다.

소음을 걸러내는 가장 확실한 방법 하나는 잘 이해하는 투자 원칙을 따르는 것이다. 원칙 없이 월스트리트의 소음을 따르는 행위는 앞에서 언급한 랜덤 모형을 흉내 내는 것과 같다. 그런 전략으로도 단기간은 초과 실적을 올릴 수 있지만 이런 성과는 단지 운에 불과하다. 그런 운은 라스베이거스에서 기대하고, 투자할 때는 치밀한 투자 원칙을 따르기 바란다.

3장

소음은 투자자의 기대를 조종한다

지금까지 우리는 소음이 얼마나 골치 아픈 존재이며 포트폴리오의 성과에 얼마나 부정적인 영향을 미치는지 논의했다. 또 투자의 성배를 찾았다는 주장을 의심해야 하는 이유도 구체적으로 다루었다. 이번 장에서는 소음이 월스트리트 전문가들의 의견에 미치는 영향을 논하고자 한다. 간단히 말해서 뿌린 대로 거둔다는 이야기다.

2장에서는 다양한 이유로 소외된 기업에 관해 설명하면서, 그런 기업들은 시간이 지나면 다시 투자자들의 관심을 끌게 된다고 말했다. 이렇게 투자자의 관심을 끄는 주식들은 과거 니프티 피프티(Nifty-Fifty: 멋진 50종목)처럼 '장기 보유할 핵심 종목'이라고 불렸는데, 불행히도 몇 년간 실적이 부진하자 다시 역발상 투자 대상이 되었다. 이렇게 주식의 인기가 떨어졌다가 다시 올라가는 일은 늘 벌어지는 현상일까, 아니면 특수한 사례일까? 정답은 '늘 일어나는 현상'이다. 가장 중요한 점은 시장에 떠도는 소음이 계속 그러한 악순환을 만들어낸다는 점이다.

주가를 움직이는 것은 인식인가, 현실인가?

노련한 투자자들은 주식시장이 미래 사건을 반영한다고 종종 말한다. 사건을 확인하고 나서 투자하면 너무 늦는다는 말이다.

주식시장이 미래 사건을 미리 반영한다는 말은 주가가 현실보다는 인식을 바탕으로 움직인다는 뜻이 된다. 현시점에서 미래 사건은 아직 일어나지 않았다. 따라서 주가 흐름은 미래 사건에 대한 사람들의 인식 변화를 반영하는 것이지, 실제로 일어날 사건을 반영하는 것이 아니다. 시장이 미래 사건을 정확하게 반영할 수 있다면, 우리가 변동성이나 위험을 걱정할 필요가 없을 것이다.

이익 추정치 수명주기

이익 추정치 수명주기(Earnings Expectations Life Cycle)[1]는 투자자들이 주식을 바라보는 과정을 역동적으로 묘사하려고 내가 개발한 이론이다. 이것은 투자자의 인식과 기대치(예상)가 바뀌는 과정을 나타낸다. 우리가 선호하는 종목이든 아니든, 모든 주식의 이익 추정치는 이 수명주기를 따른다. 물론 종목에 따라서는 이 수명주기 일부를 건너뛸 수도 있고 진행 속도가 달라질 수도 있다. 다음 과정으로 넘어가기 전에 일종의 축소판 주기를 거칠 수도 있다. 나는 이 이론을 스타일 투자에 초점을 맞춘 졸저 《순환 장세의 주도주를 잡아라(Style Investing)》[2]에서 소개했다. 이 책에서는 이 이론을 투자 소음과 연관시켜 볼 것이다.

이익 추정치 수명주기는 [그림 3.1]과 같으며 다음 과정을 거친다.

[그림 3.1] 이익 추정치 수명주기

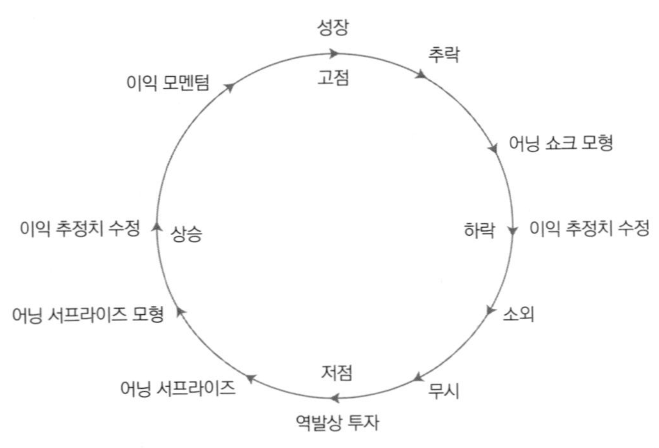

* 자료: 메릴린치 정량 분석 데이터

1단계. 역발상 투자

역발상 투자자들은 이익 추정치가 나쁜 주식에 투자한다. 투자자 대부분은 이런 주식이 매력이 없거나 위험하다고 평가한다.

2단계. 어닝 서프라이즈

이익 추정치가 나쁜 기업들이 갑자기 긍정적인 정보를 제공하기 시작하면서 투자자들이 관심을 두게 된다. 해당 주식에 대한 애널리스트 보고서도 늘어나기 시작한다.

3단계. 어닝 서프라이즈 모형

애널리스트 이익 추정치와 실제 보고이익의 차이가 큰 종목을 찾는 모형이 어닝 서프라이즈 종목을 선정한다. 전통적 어닝 서프라이즈 모형은 실제로 이익이 발표될 때까지 기다리므로, 실제 사건은 2단계에서 발생해도 이 모형은 3단계에서 종목을 선정한다.

4단계. 이익 추정치 수정

어닝 서프라이즈에 이어 애널리스트들의 이익 추정치가 상승함에 따라 시장 컨센서스도 상향 조정되기 시작한다. 일부 애널리스트는 상향 조정을 늦추는데, 이번 어닝 서프라이즈가 실제로 본격적인 펀더멘털 개선 신호인지 의심하기 때문이다.

5단계. 이익 모멘텀

이익 추정치와 보고이익이 계속 상승하면서 전년 대비 실적도 개선되기 시작하면 모멘텀 투자자들도 주식을 매수하기 시작한다.

6단계. 성장

강력한 이익 모멘텀이 장기간 이어지는 주식은 이제 시장에서 성장주로 불리게 된다. 그러나 이런 성장주는 4단계와 5단계에서 유능한 성장주 투자자가 발견한 신규 종목이 아니고, 경영 환경이 완전히 바뀐 진정한 성장주도 아니다. 그런데도 이제 투자자들은 이 주식이 우량주라는 주장에 두말없이 동의한다. 이익 추정치가 고점에 달했으므로 수명주기상 실망 위험이 최대가 되는 지점이기도 하다. 역발상 투자자들은 바로 이때 가장 적극적으로 주식을 매도한다.

7단계. 추락!

사람들이 실적에 실망한다. 주가가 폭락한다. 이익 추정치와 주가가 함께 가라앉는다.

8단계. 어닝 쇼크 모형

3단계에서 언급한 모형으로서, 실제 이익이 추정치보다 낮을 것으로 예상되는 기업들을 매도 후보군에 올려놓고 관찰한다.

9단계. 이익 추정치 수정

실망스러운 실적 탓에 시장 컨센서스가 점차 하락한다. 일부 애널리스트는 이 실적 부진이 근본적인 문제가 아니라고 믿으면서 대응을 늦춘다.

10단계. 소외

장기간 실망스러운 실적을 낸 뒤 이 기업은 시장에서 소외당한다. 인수합병, 구조조정, 파산 관련 루머가 주가에 일시적으로 영향을 줄 수는 있지만, 이 단계에 있는 주식들은 투자자의 관심에서 멀어져간다.

11단계. 무시

투자자들의 관심이 사라져서 기업 분석 보고서도 실익이 없으므로 리서치 부서의 투자 유니버스에서 제외된다. 이렇게 해서 분석 정보가 부족해지면 새로운 이익 추정치 수명주기가 시작될 수도 있다.

실제로 이런 수명주기를 거친 기업이 매우 많다. 가까운 사례가 인터넷 주식이니 인터넷 산업의 수명주기를 살펴보자. 수명주기가 정확하게 일치하지는 않지만 비슷하다는 점은 알 수 있다.

1단계: 1990년대 초중반에는 벤처 투자자들이 잠재력이 커 보이는 신생 인터넷 기업에 투자했다. 당시 투자 대중은 이름도 들어보지 못한 기업이 대부분이었다. 당시 주식을 발행한 기업 중에는 시스코, 델 등 마침내 기술 분야의 선도자가 된 기업이 많았다. 그러나 투자자 대부분은 관심이 없었다.

2단계: 일부 인터넷 기업이 신주를 공모했다. 이 주식들은 높은 수익률로 사람들의 관심을 끌기 시작했다. 그러나 전문가들은 이런 기업의 인기가 일시적 유행에 그칠 것으로 생각했으므로 투자 대상으로 진지하게 고려하지 않았다.

3단계: 이런 종목 중 일부가 초과 실적을 올리면서 시가총액이 대폭 증가해 벤치마크 지수에 포함되었다. 전문가들도 이런 종목을 매수하기 시작했다. 이런 종목이 실적 평가 기준(벤치마크)에 포함되었기 때문이라고 그들은 말한다. 그러나 사람들 대부분은 이런 종목을 여전히 하찮게 생각했다.

4단계: 인터넷 기업들이 계속 초과 실적을 내자 더 많은 사람이 관심을 기울이기 시작했다. 아마추어 투자자들이 인터넷주의 초과 실적에 더 관심을 보이자 펀드회사들은 기술주 펀드를 더 많이 만들어냈다. 개인 투자자들 사이에서는 데이 트레이딩이 인기였다. 기업공개도 증가했다.

5단계: 광풍이 불기 시작했다. 사람들은 성장하는 업종이 인터넷뿐이라고 주장하면서 다른 업종은 아예 거들떠보지도 않았다. 사람들은 모든 인터넷 기업을 지원하려면 엄청난 인프라 수요가 발생한다고 믿었으므로 다양한 기술주를 사들였다. 인터넷과 조금이라도 연관이 있는 회사라면 어떤 하드웨어나 소프트웨어를 생산하든 주가가 하늘로 치솟았다. 통신과 미디어 주가까지 치솟은 것을 보면, 1600년대 네덜란드 튤립 거품이 매우 심해서 다른 꽃까지 가격이 폭등했던 사실이 떠오른다. 그런데도 기업공개 건수는 계속 증가했다. 인터넷 기업들의 가치는 비정상적으로 고평가되었고, 이미 주식을 공개한 기업들은 재차 삼차 증자했다. 이런 기업들은 주식 발행을 통해서 추가 현금을 얼마든지 조달할 수 있다고 믿었으므로 현금을 현명하게 사용하려고 애쓸 필요가 없었다. 월스트리트에서는 기술주 담당 애널리스트의 급여가 인상되기 시작했다. 과거 수많은 금융거품과 마찬가지로 이 거품도 다른 나라로 퍼져나가기 시작했다.

6단계: 모두가 열광했다. 벤처 투자자들은 서로 투자하겠다고 경쟁했고 TV와 라디오 리포터들은 나스닥지수가 다우지수나 S&P500지수보다 더 대표적인 시장지수라고 언급했다. 나스닥은 기술주로만 구성되어 경제 전체를 대표하지 못하는데도 말이다. 기술 업종의 시가총액이 S&P500의 30% 이상, 나스닥의 75% 이상을 차지하지만 실제로 경제에서 차지하는 비중은 5~6%에 불과하다는 사실을 사람들은 간과했다. S&P500 기업들의 이익이 평균 25~30% 늘어나고 있는데도, 기술주가 유일한 성장 산업이라는 생각이 투자자들 사이에서 우세했다. 비즈니스 잡지들은 어느 회사가 가장 고도화된 기술을 보유했는가를 놓고 설전을 벌였다. 실리콘밸리에서는 신생 기업들이 (임차료, 사무용 비품, 심지어 커피머신까지) 모든 것을 스톡옵션으로 지불한다는 소문이 떠돌았다. 마치 미 달러화가 스톡옵션에 밀려난 듯했다. 사람들은 직장을 그만두고 데이 트레이더가 되었다. 통신 업종 애널리스트의 연봉이 2,500만 달러로 인상되었다는 소문이 돌았다. 기술 애널리스트와 투자은행 간부에 대한 스카우트 전쟁이 빈발했다.

7단계: 거품이 꺼지기 시작했다. 취약한 인터넷 기업들은 기술주가 아니라 유통주라고 조롱당했다. B2C 기업은 B2B 기업에 주도권을 빼앗겼고, B2B 기업은 인프라 기업에 밀려났으며, 인프라 기업은 기억장치 제조 기업에 쫓겨났다. 기업들이 시장을 주도하는 기간이 갈수록 짧아지자 투자자들도 빠르게 자신감을 상실하는 모습이었다. 도쿄 증권거래소에 상장된 인터넷주 일부는 상장 당일부터 하한가를 맞으면서 수일 혹은 수 주간 거래가 정지되었다.

8단계: 바닥이 계속 깊어졌다. 이른바 비즈니스 모델이 더 빠른 속도로 무너졌다.[3] 인터넷 대기업들의 주가가 하락하기 시작했는데도 사람들은 이를 일시적인 현상이라고 생각하면서 이런 종목들을 여전히 '장기 보유할 핵심 종목'이라고 불렀다(파멸로 가는 길이었다). 실패한 데이 트레이더와 인터넷 기업가들이 내게 이력서를 보내기 시작했다.

9단계: 나스닥이 2000년 한 해에 약 30% 하락했다. 반면 유틸리티처럼 따분한 주식들은 30% 이상 상승했다. 포트폴리오 매니저들은 기술 업종을 낙관하면서 곧 반등이 시작될 것으로 기대했다. 투자자들은 하이일드 채권(정크본드)에 대해 걱정했는데, 하이일드 채권의 약 25%를 기술회사들이 발행했기 때문이다. 아이러니하게도 반년 전까지만 해도 신경제(new economy)를 옹호하던 평론가들이 이제는 신경제를 가장 강력하게 비판했다. 그러나 사람들은 여전히 기술주에 관심을 집중했다. 이는 아직 수명주기가 본격적인 하락세로 접어들지 않았다는 뜻이다.

10단계: 1983년 기술주가 작은 거품을 일으켰다가 사라지고 나서 기술주가 다시 사람들의 관심을 끌기까지는 거의 8년이 걸렸다.[4] 이런 흐름을 누가 알 수 있었을까?

이 사례가 다소 극단적으로 보일 수도 있지만 비슷한 사례는 과거에 많았다. 사람들이 1970년대에 에너지 업종을 보던 관점은 1980년대나 1990년대에 보던 관점과 매우 달랐다. 에너지 업종은 한때 대단한 인기를 끌었으나 이후 15년 이상 소외당했다. 1970년대에 소외당하던 소비재 업종은 1980~1990년대에 관심을 끌었다가 1990년대 말에는 다시 관심을 잃었다. 금융 업종은 1980년대 말 연속 금융위기 탓에 비인기주가 되었으나 1990년대에는 다시 인기를 끌었다. 그리고 2000년에는 모두가 근시안적으로 기술 업종에 집중했지만, 아무도 쳐다보지 않던 유틸리티 업종이 더 상승했다.

이익 추정치 수명주기는 개별 종목뿐만 아니라 자산군에도 잘 들어맞는다. 대개 대중매체가 머니 마켓 펀드(MMF)의 수익성이 높다고 강조할 때가 주식이나 채권을 주목해야 할 때였다. 더 가까운 사례를 들면, 채권이 주식보다 더 위험하다고 주장하면서 주식 투자를 강조하는 기사가 등장한 직후, 채권 수익률이 주식 수익률을 뛰어넘었다.[5]

인기와 실적의 상관관계

역사상 처음으로 2000년에 CNBC의 투자등급이 CNN의 투자등급을 능가했고, 바로 이 시점에 채권과 현금성 자산의 수익률이 주식 수익률을 초과했다. 이것은 유의미한 정보일까?

신종 미디어의 시대에서 유의할 점은 쏟아지는 관심에 비례해서 소음도 증가하며 이런 소음은 미래 실적과 아무 상관도 없다는 사실이다. 어떤 종목의 인기가 높아질수록 사람들이 그 종목과 관련해서 TV, 라디오, 인쇄 매체에 들이는 시간이 늘어난다. 즉, 이익 추정치 수명주기에서 인기가 상승할수록 소음도 증가한다. 반대로 이익 추정치 수명주기에서 인기가 하락하면 소음도 감소한다.

이렇게 소음은 계속 증가하면서 투자자를 낭떠러지까지 몰아가므로 매우 위험하다. 2000년 3월에 나스닥이 정점을 찍고 나서 실적이 악화한 이후에도 월스트리트와 미디어는 여전히 기술주를 집중적으로 다루었다. 리츠(REITs)와 유틸리티 업종은 수익률이 월등히 높았는데도 금융 매체들은 기술주보다 많이 다루지 않았다. 채권과 현금성 자산이 2000년 대부분 기간에 주식보다 실적이 좋았는데도 금융 매체들은 그다지 관심을 보이지 않았다.

인기 주식에 투자해도 높은 성과가 보장되지 않는다는 사실을 깨달아야 한다. 2장에서 말했듯이 인기 주식들은 이후 실적이 나빠지는 사례가 많다. [그림 3.2]는 S&P500에서 개인 투자자 보유 비중이 가장 높은 주식(혹은 기관 보유 비중이 가장 낮은 주식) 50개의 시장 대비

[그림 3.2] 개인 투자자 보유 종목의 시장 대비 실적(1986~2000)

수익률을 보여준다.[6] 즉, 개인 투자자들에게 가장 인기 있는 주식과 전문가들에게 가장 인기 있는 주식의 상대 수익률이다. 차트의 곡선은 전체 시장 대비 포트폴리오의 실적을 나타내는데, 곡선이 상승하는 기간에는 초과 실적을 냈지만 곡선이 하락하는 기간에는 미달 실적을 기록했다.

이 그림을 보면 개인 투자자들이 선호하는 종목은 초과 실적 종목이 아니다. 실제로 이런 종목들은 15년 동안 수익률이 시장보다 낮았다. 즉, 2000년 실적이 1986년 실적에도 못 미쳤다. 지난 10년 동안 인기 주식이 올린 수익률은 시장 수익률 수준이었다. 생각만큼 나쁜 실적은 아니라고 볼 수도 있지만 비인기 주식보다는 여전히 나쁜 실적이다.

[그림 3.3] IBM 담당 애널리스트의 수(1976~2000)

* 자료: I/B/E/S 데이터

[그림 3.3]은 인기도와 수익률의 상관관계가 마이너스임을 보여준다. 이 차트는 월스트리트에서 IBM 주식을 분석하는 애널리스트의 수다. IBM이 시장을 대표하는 기업이라서 이 주식을 분석해 보고하는 애널리스트가 많을 것으로 생각할 수도 있지만, 차트를 보면 이런 생각이 틀렸음을 알게 된다.

[표 3.1]은 IBM을 분석하는 애널리스트의 수와 주식의 실적을 비교한 자료다. IBM의 주가가 상승하고 나서야 이 주식을 담당하는 애널리스트가 늘어나는 모습이다(1982~1988년을 보라). 그러나 애널리스트의 관심은 오래가지 않는다. 주가가 하락하면 담당 애널리스트의 수도 감소한다(1988년과 1993년을 비교해보라).[7]

[표 3.1] IBM 담당 애널리스트의 수와 IBM의 실적(1976~1999)

연도	애널리스트의 수	IBM 총수익률(%)
1976	28	25.1
1977	26	-2.0
1978	25	13.9
1979	21	-9.6
1980	22	11.3
1981	23	-11.1
1982	32	77.9
1983	36	30.9
1984	32	4.5
1985	39	30.6
1986	40	-20.3
1987	41	-0.8
1988	42	9.6
1989	42	-19.4
1990	37	25.7
1991	33	-17.6
1992	24	-40.0
1993	26	15.8
1994	28	32.3
1995	25	25.7
1996	23	67.7
1997	26	39.3
1998	28	77.5
1999	31	17.6

* 자료: I/B/E/S, 블룸버그 데이터

인기주가 비인기주로 바뀌는 이유

흔히 투자자들은 인기주의 수익률에 실망한다. 누군가에게 추천 받아 투자하면 그 종목은 곧 하락하기 일쑤다. 마치 "하락 종목을 알고 싶으면 내가 사는 종목을 보세요"라고 말하는 듯하다.

왜 이런 일이 생길까? 왜 투자자들은 다른 사람들이 수익을 낼 때 자기만 수익을 내지 못하는 기분일까? 여기에는 몇 가지 이유가 있다. 심리학 연구에 따르면 사람들은 자신의 성공은 과장해서 떠들고 실패에 대해선 침묵한다. 그러므로 친구들이 주식시장에서 얻은 수익에 대해서는 신나게 떠들어댔을 것이나 손실에 대해서는 침묵했을 것이다. 그리고 투자자들은 자신의 투자 실패를 인정하려 하지 않으므로, 이익이 난 주식은 금방 팔아치우고 손실이 난 주식은 장기간 보유하는 경향이 있다. 따라서 친구가 큰 수익을 냈다고 떠들어대더라도 실제로는 평가손이 막대할 수도 있다. 요컨대 칵테일파티에서 떠들어대는 성과는 전혀 믿을 수 없다.

우리 리서치 팀이 연구한 결과에 따르면, 지난 5년 동안 인기 있던 주식이 그 이후 5년간 실적이 좋을 가능성은 작았다.[8] 우리는 PER로 주식의 인기를 측정했는데, 연말을 기준으로 저PER 주식들은 비인기주로 분류하고 고PER 주식은 인기주로 분류했다. PER과 인기로 미래 수익률을 예측할 수 있는지를 시험하려고, 고PER의 이익이 훨씬 빠르게 증가하면서 높은 수익을 내는지 5년 동안 조사했다.

[표 3.2]는 네 가지 확률, 즉 인기주가 인기주를 유지할 확률, 비인

[표 3.2] PER과 이후 EPS 증가율: 5년 상대 실적 비교(1986~1999)

기간 초 PER	이후 5년 EPS 증가율(%)				
	<5.0	5.0~9.9	10.0~14.9	15.0~19.9	>20.0
<10.0	-10	29	38	62	93
10.0~14.9	-44	-8	30	75	111
15.0~19.9	-69	-36	6	67	90
20.0~29.9	-89	-55	-24	7	90
>30.0	-81	-54	-46	4	39

* 자료: 메릴린치 정량 전략 데이터

기주가 비인기주를 유지할 확률, 인기주가 비인기주로 바뀔 확률, 비인기주가 인기주로 바뀔 확률을 보여준다. 첫째 열의 각 행은 기간 초 PER을 나타낸다. '<10.0'은 기간 초 PER이 10 미만이라는 뜻이다. 그리고 첫째 행에서 '<5.0'은 5년 EPS 증가율이 5% 미만인 경우를 가리킨다. 그 아래에 있는 '-10'은 5년 수익률이 S&P500의 5년 수익률보다 10% 포인트 낮다는 뜻이다.

놀랍게도 많은 저PER주(비인기주)가 대다수 고PER주(인기주)보다 수익률이 훨씬 높았다. 기간(5년) 초 PER이 10배 이하인 기업들은 EPS 증가율이 5%를 넘기면 대개 대폭 초과 실적을 냈다. 다시 말해 이 주식들은 기대치가 낮아서 실망을 안겨주는 사례가 적었고, 따라서 주가 폭락 가능성도 작았다.

그러나 고PER 기업들은 EPS 증가율이 높아도 주가 상승률이 낮은 경향이 있었다. PER이 30배 이상인 주식들은 EPS 증가율이 극도로 높은 경우(연 20% 이상)에만 초과 실적을 달성했다. 즉, 이 주식에 대한 기대치가 너무 높아서, 충족시키거나 그 이상의 성과를 내기 어렵다는 뜻이다.

만일 PER이 주식의 인기를 측정하는 실용적인 지표라면, [표 3.2]는 인기주를 피하고 비인기주를 택하라는 의미다. EPS 증가율에 상관없이 PER이 높아질수록 주가 상승 여력은 감소하기 때문이다. 예를 들어 EPS 증가율이 20% 이상인 인기주는 EPS 증가율이 똑같은 비인기주보다 성과가 부진했다.

[표 3.2]에 있는 평균 수익률보다 더 중요한 것은 각 셀에서 '이기는 주식'을 뽑을 확률이다. 평균은 평균에 불과하다. 비인기주의 수익률이 더 높더라도 [표 3.2]로는 그런 사례가 얼마나 되는지 알 수 없다. 10번 중 1번만 그런 일이 발생한다면 의미가 퇴색되지 않겠는가.

[표 3.3]은 주식의 인기를 측정한 이후 5년간 S&P500 대비 초과 실적을 올린 주식의 비율을 나타낸다. PER이 30배를 초과하는 주식 중에서는 초과 실적을 낸 주식이 약 60%였으나, PER이 10배 미만인 주식 중에서는 약 40%였다.

따라서 실제로 초과 실적을 낼 확률은 인기주가 더 높았다. 그러나 [표 3.2]와 [표 3.3]을 장기 기대수익률 형태로 나타낸다면, 그 결과는 확실히 비인기주에 유리하다. [표 3.4]는 [표 3.3]에 나온 과거 확률분포에 [표 3.2]의 수익률 분포를 결합해서 만들었다. 각 셀의 수익률은 발생 확률을 곱해서 산출했다. 이렇게 계산한 기대수익률이

[표 3.3] PER과 이후 EPS 증가율: 기업 분포(1986~1999)

기간 초 PER	이후 5년 EPS 증가율(%)				
	<5.0	5.0~9.9	10.0~14.9	15.0~19.9	>20.0
<10.0	61	16	10	4	8
10.0~14.9	47	20	16	7	9
15.0~19.9	33	19	22	13	13
20.0~29.9	27	11	23	17	22
>30.0	25	5	10	12	49

* 자료: 메릴린치 정량 전략 데이터
* 비고: 반올림 오차에 의해서 행의 합계는 100%가 아닐 수 있음

[표 3.4] 5년 가중평균 기대수익률(1986~1999)

PER	가중평균 기대수익률(%)
<10.0	12.2
10.0~14.9	-2.2
15.0~19.9	-7.9
20.0~29.9	-17.0
>30.0	-3.7

* 자료: 메릴린치 정량 전략 데이터

꼭 정확하다고 보기는 어렵지만, 흔히 간과되는 고PER 인기주의 위험을 잘 보여준다.

인기도와 실적 사이에는 역의 상관관계가 존재하는 듯하다. 비인

기주(저PER)의 기대수익률은 인기주(고PER)보다 높아 보인다. 결국 [표 3.4]와 같은 결과가 나오는데도 사람들은 왜 소음에 귀를 기울일까?

이익 추정치 수명주기로 보는 '좋은' 투자자와 '나쁜' 투자자

앞에서 다룬 이익 추정치 수명주기 이론을 적용하면 '좋은' 투자자와 '나쁜' 투자자를 쉽게 정의할 수 있다. 좋은 투자자는 이익 추정치가 상승하는 주식을 보유하는 사람이고, 나쁜 투자자는 이익 추정치가 하락하는 주식을 보유하는 사람이다. 여기 제시한 데이터를 보면 인기 고PER주는 이익 추정치 수명주기의 12시 근처에 있고 비인기 저PER주는 6시 근처에 있다.

[그림 3.4]와 [그림 3.5]가 보여주듯이 좋은 투자자는 수명주기의 6시에서 12시까지의 사이, 즉 이익 추정치가 증가하는 구간에서 보유한다. 나쁜 투자자는 12시에서 6시까지의 사이, 즉 이익 추정치가 감소하는 구간에서 주식을 보유한다.

이익 추정치 수명주기로 보는 성장투자와 가치투자

성장투자와 가치투자를 둘러싼 논쟁은 10장에서 자세히 논의하겠

[그림 3.4] 이익 추정치 수명주기에서 좋은 투자자가 주식을 보유하는 기간

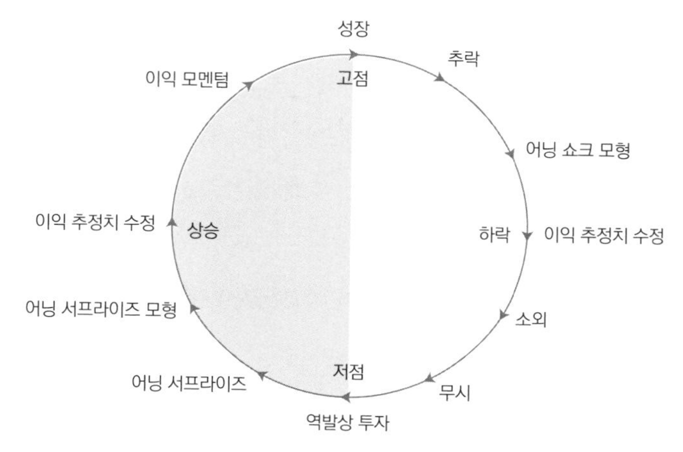

* 자료: 메릴린치 정량분석 데이터

[그림 3.5] 이익 추정치 수명주기에서 나쁜 투자자가 주식을 보유하는 기간

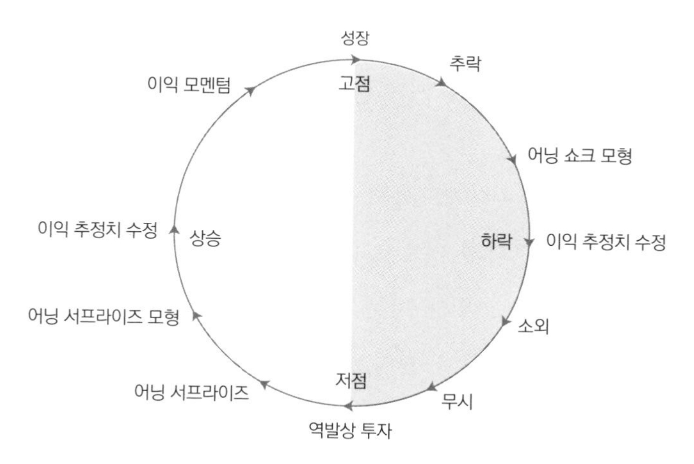

* 자료: 메릴린치 정량분석 데이터

지만 여기서도 간략하게 다뤄보겠다. 성장투자자와 가치투자자 모두 소음 탓에 큰 실수를 저지르기 쉽기 때문이다.

[그림 3.6]을 보면 대부분 성장투자자는 이익 기대치가 높다. 이들은 이익 추정치 수명주기에서 정상으로 가는 중간 지점에서 주식을 보유하는 경향이 있다. 대개 성장주 분석에는 즉시 이용할 수 있거나 '가시화된' 데이터를 사용한다. 예를 들어 (성장투자에 속하는) 모멘텀 투자가 지난 몇 년간 인기를 끌었다. 이 전략은 즉시 이용 가능한 투자 정보에 크게 의존한다.

그러나 [그림 3.7]에서 보듯이 대부분 가치투자자는 이익 기대치가 낮다. 성장투자자들은 인기주를 찾아다니지만 가치투자자들은 비인기주를 찾아다닌다. 가치투자자들은 회사 분석에 필요한 정보를 찾기 어려울 때도 있다.

소음이 실수를 유발하는 과정

[그림 3.4]부터 [그림 3.7]까지 겹치면 [그림 3.8]이 된다. 그러면 이익 추정치 수명주기가 넷으로 나뉘고 9시부터 시계 방향으로 좋은 성장투자, 나쁜 성장투자, 나쁜 가치투자, 좋은 가치투자가 된다.

[그림 3.8]을 보면 투자자들이 소음에 휩쓸려 실수하는 이유를 이해할 수 있다. 성장투자자는 주식을 지나치게 오래 보유하는 경향이 있고, 가치투자자는 지나치게 서둘러 주식을 사는 경향이 있다. '싸게 사서 비싸게 팔라'는 말이 쉽지, 실행하기는 어렵다. 가치투자자

[그림 3.6] 이익 추정치 수명주기에서 성장투자자가 주식을 보유하는 기간

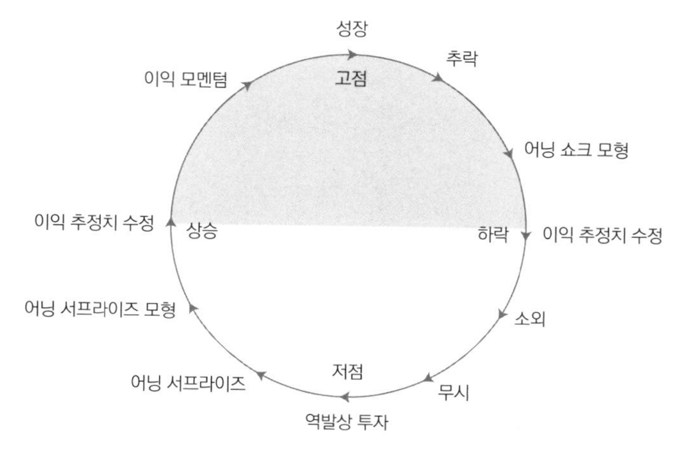

* 자료: 메릴린치 정량분석 데이터

[그림 3.7] 이익 추정치 수명주기에서 가치투자자가 주식을 보유하는 기간

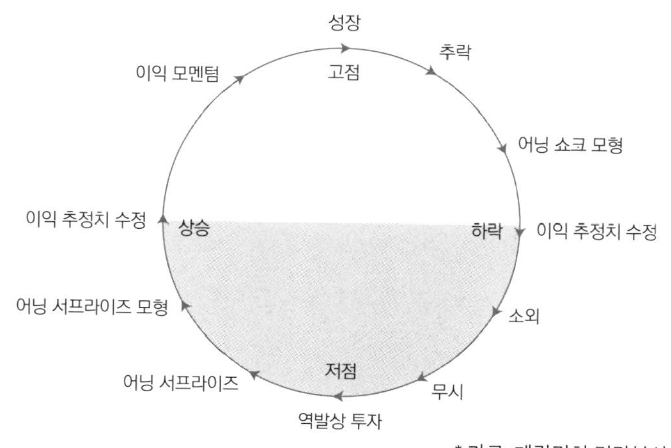

* 자료: 메릴린치 정량분석 데이터

[그림 3.8] 좋은·나쁜 성장투자와 가치투자

* 자료: 메릴린치 정량분석 데이터

는 싸게 사기가 어렵고, 성장주 투자자는 비싸게 팔기가 어렵다.

소음과 성장투자자

성장투자자는 유망한 성장주를 찾지 못할까 봐 걱정하지만, 이익 추정치 수명주기를 이용하면 쉽게 찾을 수 있다. 주식이 이익 추정치 수명주기의 9시를 향해 가면 애널리스트들의 이익 추정치가 상향 조정되고 주식의 상대 강도와 모멘텀이 축적된다. 이익 증가율, 매출 증가율, 이익률, 시장점유율 추정치도 곧바로 이용할 수 있다. 실제로 성장주를 사기는 어렵지 않다.

그러나 이익 추정치 수명주기를 보면 성장주 투자의 성패는 주식 매수가 아니라 매도에서 갈린다. 인기주를 고점에서 판 사람이 얼마나 될까? 대부분 성장투자자는 성장주를 찾기는 쉽지만 고점에서 팔기가 어렵다고 말할 것이다.

성장투자에서 매도가 어려운 이유는 무엇일까? 성장주가 이익 추정치 수명주기의 12시에 접근할 때 가장 긍정적인 뉴스가 쏟아지고 가장 많은 관심이 쏠린다는 점이다. 펀더멘털 분석은 소홀히 하면서 과거 실적이 좋았다는 이유로 소음에 휩쓸려 주식과 사랑에 빠지면, 악재가 쏟아져도 못 보기 쉽다. 따라서 성장투자자들은 소음에 휩쓸려 적절하게 매도하지 못하는 탓에 실적이 나빠지기 쉽다.

소음과 가치투자자

가치투자자들은 주식을 지나치게 오래 보유하게 될까 봐 걱정한다. 이들은 고평가된 주식을 포트폴리오에서 뽑아내면서도, 장기 보유에 대해 성장투자자들보다 더 걱정한다. 그러나 이익 추정치 수명주기에 의하면 가치투자자의 걱정은 기우에 불과하다. 가치주를 지나치게 오래 보유하면 포트폴리오가 성장 지향형으로 바뀔 수도 있으나 실적이 악화하지는 않을 것이다.[9]

이익 추정치 수명주기에 의하면 가치투자자들은 주식을 지나치게 서둘러 사는 탓에 실적이 나빠진다. 가치투자자는 모든 악재가 이미 주가에 반영되었다고 생각하지만 이후에도 주가는 상당 기간 하락할 수 있다. 이들은 때때로 주식을 일찍 사는 편이 좋다고 말하지만 최소한 바닥 근처에서 사야 한다. 주식을 지나치게 서둘러 사면 실적 부진 기간이 길어질 수 있다.

'일찍 사되, 바닥에 사라'라는 말은 인기주를 사서 오래 보유하라는 말보다 훨씬 신중한 말처럼 들린다. 그러나 이익 추정치 수명주기에 의하면 둘 다 좋은 방법이 아니다. 매수한 주식이 곧바로 20% 하락했다가 40% 상승했다면, 40% 상승했다가 20% 하락한 경우와 다를 바 없다. 둘 다 수익률이 12%다.

왜 가치투자자는 주식을 지나치게 일찍 살까? 부정적 소음이 많아서일 것이다. 성장투자자는 주식을 지나치게 오래 보유하는데, 이는 기업 전망에 관한 호재들이 장기 보유를 부추기기 때문이다. 가치투자자들이 주식을 지나치게 서둘러 사는 것은 기업에 관한 악재가 많기 때문이다. 이들은 악재가 많은 기업은 펀더멘털이 조금만 개선되어도 어닝 서프라이즈가 될 수 있다고 본다. 그러나 역발상 전략으로 주식을 살 적기는 뉴스가 압도적으로 부정적일 때가 아니라 뉴스가 전혀 없을 때다. 즉, 기업이나 업종이 극심한 불황이어서 보고서, 논평, 분석 수요가 전혀 없을 때다.

소음은 긍정적이든 부정적이든 투자 의사결정에 영향을 미칠 수 있다. 뉴스가 압도적으로 긍정적일 때 성장투자자들이 무시해야 하듯이, 압도적으로 부정적일 때 가치투자자들도 무시해야 한다.

소음 수명주기

이제 이익 추정치는 시간이 흐르면 변하며, 소음은 과거 실적이 좋았던 주식일수록 더 많다는 점을 알았다. 인기 주식이 계속해서 초과 실적을 낸다는 법은 없다. 실제로는 비인기주의 실적이 더 뛰어난 적이 많았다. 소외주를 선택하는 것이 초과 실적의 열쇠일 수도 있다.

마지막으로 이익 추정치 수명주기를 바탕으로 [그림 3.9] 처럼 소음 수명주기도 그려보자. 6시 방향에서는 소음이 존재하지 않는데 해당 주식이 시장에서 완전히 무시되기 때문이다. 12시에는 뉴스와 소음이 상당히 많다. 6시에서 12시로 이동하면서 소음이 점점 커지다가 12시에서 6시로 가면서 다시 줄어든다.

유혹이 가장 큰 시점은 12시에 근접했을 때다. 기업에 관한 호재가 넘치고, (경영서를 써도 좋을 정도로) 경영진 찬사가 쏟아지며, 해당 주식은 '장기 보유할 핵심 우량주'로 인식된다. 그러나 6시에 이르면 해당 주식은 S&P500지수에서 탈락하고, 경영진은 해고당하며, 사람들은 그 기업이 존재하는지조차 모를 것이다(그 기업 아직 안 망했어?).

끝으로 이 장에서 가장 중요한 내용을 한 문장으로 표현하겠다.

"좋은 투자자는 소음이 없을 때 매수하고, 소음이 넘칠 때 매도한다."

[그림 3.9] 소음과 수명주기

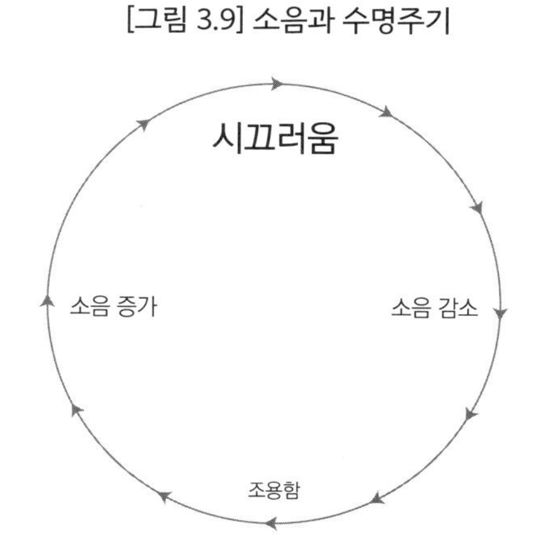

NAVIGATE
THE
NOISE

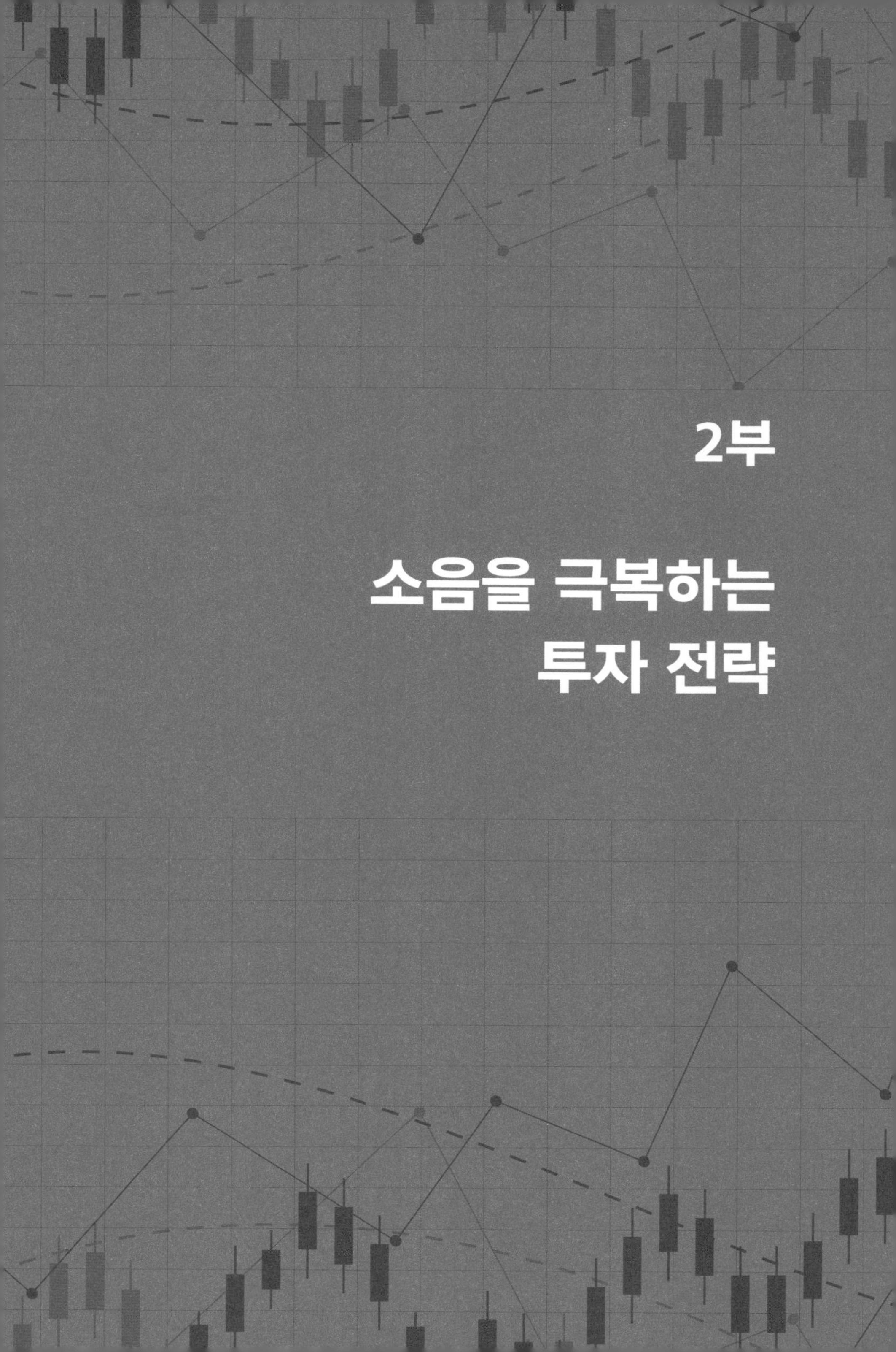

2부

소음을 극복하는 투자 전략

4장

장기 투자자를 위한 전략

NOISE

23년 전(1978), 나는 장발의 대학생이었다. 당시 대통령은 지미 카터였고, 이란 인질 사건이 벌어지기 전이었다. 나는 배기량 1400cc인 미국산 닷선 자동차를 타고 다녔지만, 1970년대 오일 쇼크 탓에 일본 자동차의 미국 시장 점유율이 빠르게 증가하고 있었다. 인플레이션이 높은 수준을 유지했으므로 주식시장의 이전 10년 수익률은 47%에 불과했다. 오늘날 주식에 투기하는 사람들이 기대하는 '연' 수익률 47%가 아니라 '10년' 수익률이 47%이었으므로 연 수익률로는 3.9%였다. 그래서 주식은 개인 투자자의 포트폴리오에서 차지하는 비중이 매우 낮았다.

23년 후 나는 65세가 된다. 지난 23년 동안 세상이 극적으로 바뀐 점을 생각하면, 앞으로 23년 동안 일어날 일을 누가 알겠는가. 최근 사건을 바탕으로 미래를 추정해야 할까? 아니면 과거 23년 동안 몰아친 극적인 변화가 미래에도 일어난다고 기대해야 할까? 지난 10년간 주식시장의 수익률은 400%에 육박했다. 그래서 가까운 장래에도 주가 상승률은 지난 10년 수준 이상이 되리라고 합리적으로 전망할 수도 있다. 그러나 내가 23년 전에 그 이전 각 자산의 수익률을 파악하고 나서 포트폴리오를 구성했다면, 주식의 비중을 훨씬 낮추고 다른 다양한 자산의 비중은 높여 포트폴리오를 구성했을 것이고, 그랬다면 실적이 매우 좋았을 것이다.

1990년대에는 기술주가 인기를 끌어모았다. 그러면 나도 과거에 인기주에 집중적으로 투자해야 했을까? 23년 전에 내가 인기 업종에 집중적으로 투자했다면, 그 업종은 에너지였을 것이다. 그러나 이후 에너지 업종의 실적은 처참할 정도로 저조했다. 위험 회피형 투자자들조차 과거 실적을 기준으로 투자했다면 큰 손실을 보았을 것이다. 1970년대에는 채권 수익률이 현금성 자산보다 연 1.80% 포인트나 낮았지만 1980년대에는 2.3% 포인트 높았다.

지금 돌아보면 터무니없어 보일 수도 있지만 당시 상황은 실제로 그랬다. 흔히 사람들은 '과거 실적이 미래 실적을 보장하는 것은 아니다'라는 경고를 허튼소리로 여기지만, 이 경고는 여전히 유용하다. 그렇다면 여러분은 장기 투자 전략을 어떻게 세울 생각인가?

과거 실적에 집착하다

1980년 여름 어느 날 아침, 식탁 앞에서 어깨춤을 추던 친구 아버지의 모습이 떠오른다. 지난주 MMF 수익률이 25%였기 때문이다. 당시 인플레이션 탓에 단기 금리가 매우 높았으므로 MMF가 인기 투자 상품이었다. 주식은 수익률이 보잘것없었지만, MMF는 위험이 거의 없으면서도 수익률이 높았다. 사람들은 위험이 낮으면서 수익률이 높은 상품을 좋아하는데, MMF는 두 가지를 모두 충족하는 상품이었다. 게다가 매주 신문에 모든 MMF의 수익률을 정리한 표가 실렸으므로 실적을 확인하기도 쉬웠다. 은행 예금은 이자가 분기마다 들어오지만 이자를 확인하려면 직접 은행에 찾아가야 했다. 그래서 당시에는 MMF가 최고의 상품인 듯했다.

부끄럽지만 당시 나의 행동도 대중과 크게 다르지 않았다. 1980년 여름 첫 직장을 얻고서 저축과 투자를 시작했을 때, 내 눈에는 MMF만 보였다. 모두가 MMF에 투자했고 신문에는 MMF 광고가 가득했으니 정보를 얻기도 쉬웠다. 1970년대와 1980년대 침체기에는 주식 수익률이 저조해서 사람들은 주식이 매우 위험하다고 인식했다. 나는 MMF 투자 설명서 5~6종을 받아 꼼꼼히 읽으며 각 상품을 세심하게 분석하고 나서, 수익률이 두 번째로 높았던 MMF에 투자했다. 수익률이 가장 높은 MMF는 다소 지나쳐 보였기 때문이다.

1980년대의 주식 강세장은 1982년 9월에 시작되었다. 그러나 1983~1984년 조정장이 올 때까지 나는 주식시장은 거들떠보지도 않고 계속 MMF에만 투자했다. 사실 1980년대 중반까지 나의 MMF 비중은 지나치게 컸고 주식 비중은 지나치게 작았다.

내가 MMF에 투자한 이유는 무엇이었을까? 당시 친구 아버지가 높은 수익률에 환호하는 모습을 보았고, 누구나 인플레이션을 두려워했으며, 신문에 실린 MMF 광고를 통해서 정보를 얻기도 쉬웠기 때문이다. 그러나 MMF를 열심히 분석했어도 단기 자금시장의 특성을 제대로 이해하지 못했다. 과거 실적을 바탕으로 수익률이 두 번째로 높은 MMF를 골랐을 뿐, 미래 잠재 수익률은 분석하지 않았다.[1] 주식시장이 활황이었는데도 나는 계속 MMF에 투자했다. 왜 그랬을까? 과거 실적이 머릿속에 각인되어서 앞으로도 상황이 바뀔 리 없다고 믿었기 때문이다. 이 이야기에서 단어 몇 개만 바꾸면 투자자들의 최근 경험과 비슷할 것이다.

나는 왜 기술주에 투자했을까? 친구 아버지가 높은 수익률에 환호하는 모습을 보았고, 신경제가 등장하고 있었으며, 신문과 TV 광고를 통해서 기술주 펀드 정보를 쉽게 얻을 수 있었기 때문이다. 그러나 기술주 펀드를 열심히 분석했어도 나스닥과 기업공개시장의 특성을 제대로 이해하지 못했다. 결국 수익률이 두 번째로 높은 기술주 펀드를 골랐다. 다른 업종이 활황이었는데도 나는 계속 기술주 펀드만 보유했다. 왜 그랬을까? 과거 실적이 머릿속에 각인되어서 앞으로도 상황이 바뀔 리 없다고 믿었기 때문이다.

소음과 장기 투자는 어울리지 않는다

앞의 이야기가 주는 교훈은 소음과 장기 투자는 어울리지 않는다는 것이다. 거듭 말했지만 정보 제공자들은 투자자가 이익을 얻든 말든 관심이 없다. 이들은 고객을 위하는 것처럼 말하지만 사실은 그렇지 않다. 따라서 우리는 그 정보가 장기 투자에 적합한지 단기 투자에 적합한지 따져보아야 한다. 앞에서도 말했듯이 단기 트레이딩 정보를 이용할수록 정보에 중독되기 쉽다. 마약을 자주 먹을수록 중독되기 쉬운 것처럼 말이다.

간혹 정보 제공자들은 단기 급등 종목들을 앞에서 언급했던 '장기 보유할 핵심 종목'으로 포장하곤 한다. 해당 종목의 수익률이 시장보다 낮아도, 여전히 매력적이고 화끈한 수익을 낼 수 있는 자산이라고 과대 선전한다. 가령 기술주에 초점을 맞춘 뉴스레터는 그 주식이 벤치마크 지수보다 부진해지기 시작할 때 오히려 그 주식에 장기 투자하라는 아이디어를 제시한다. 투자자들이 뉴스레터를 계속 구독하도록 유도하기 위해서다. 기술주를 모두 팔아버리라고 말한다면 그 뉴스레터는 곧 폐간될 것이다. 따라서 과거 인기 종목을 장기 보유하라는 주장은 경계해야 한다. 과거에 초과 실적을 냈으니 앞으로도 인기주에 장기 투자해야 한다는 얼빠진 조언에는 귀 기울이지 말자.

이번 장에서는 소음이 어떻게 장기 투자를 방해하는지 집중적으로 조명하고자 한다. 어떤 사람은 개인퇴직계좌(IRA)를 매일 관리하면서도, 은퇴 이후 생활 수준을 유지하는 데 필요한 금액이 얼마인지 전혀 모른다. 이들은 단지 과거에 주식의 수익률이 높았으므로 주식에 투자하면 충분한 자금이 마련될 것이라고 가정한다.

그리고 장기 투자 전략을 얼마나 자주 점검해야 하는지도 논의하고자 한다. 수익률을 매일 점검하면 소음에 휘둘리기 쉽다. 그러나 너무 드물게 확인해도 안 된다. 예를 들어 1977년에 에너지 업종에 투자하고 20년 동안 보유했다면, 몇 년은 실적이 좋았지만 이후 큰 손실을 보았을 것이다. 그러면 점검 주기는 어느 정도가 적절할까? 소음에 휘둘리지 않는 방법은 무엇일까? 좋은 방법이 하나 있다. 사건이 아니라 시간에 따라 투자 전략을 점검하는 것이다.

오늘의 인기주가 내일은 소외주

앞에서도 언급했듯이 1970년대 후반의 인기 종목에 장기 투자했다면 현재 실적이 매우 실망스러울 것이다. 우리는 다양한 시간 지평을 선택할 수 있지만 인기 종목에 장기 투자하면 실망하기 쉽다. 요즘 인기 있는 기술주, 이동통신, 미디어 업종에 장기 투자해도 10~15년 후 수익률이 실망스러울까? 나는 실망스러울 것으로 예상한다.

인기 종목이 몰락하는 계기는 다양하다. 에너지 업종은 세계 경제 성장이 둔화해 수요가 감소하는 상황에 공급 과잉까지 겹치면서 몰락했다. 1980년대 기술 업종은 기술이 빠르게 바뀐 탓에 제품이 빠르게 진부화한 데다가 과잉 설비가 겹쳐 몰락했다. 흥미롭게도 개인용 컴퓨터가 등장하면서 경제학자들의 예측이 실현되었다. 그러나 당시 인기를 끌었던 기업들은 이제 찾아보기가 어렵다. 기술 수요는 장기간 대폭 증가하는 추세였지만 기업들은 돈을 벌지 못했기 때문이다.

3장 이익 추정치 수명주기에서 보았듯이 한 시점의 인기주가 다른 시점에는 소외주로 바뀐다. 이런 주식을 둘러대는 표현이 바로 '장기 보유할 핵심 종목'이다. 장기적으로 좋은 실적을 내는 것은 인기주가 아니라 소외주다. 따라서 장기 투자 계획을 수립할 때는 이익 추정치 수명주기를 고려해야 한다. 최근 투자 유행과 단기적인 소음에 귀 기울이지 말고 분산투자, 목표 설정, 위험 수용도, 시간 지평, 부채 관리 등에 기초해서 투자 계획을 세우는 것이다([표 4.1] 참조).

[표 4.1] 소음이 장기 전략에 미치는 영향

장기 전략 요소	소음이 미치는 영향
분산투자	분산투자와 위험 축소 욕구를 감소시킴
목표 설정: 자산·부채 매칭	과거의 높은 실적 탓에 자산·부채 매칭에 대한 관심을 감소시킴
위험 수용도	위험을 과도하게 떠안기 쉬움
시간 지평	장기적 관점 대신 단기적 관점으로 생각하기 쉬움
절제력	상황을 구실 삼아 기존 전략을 포기하기 쉬움

분산투자

분산투자의 중요성은 5장에서 자세히 다루니 여기서는 요점만 말하겠다. 분산투자는 포트폴리오의 위험을 낮추는 가장 쉬운 방법이다. 수익률의 상관관계가 낮은 다양한 자산으로 포트폴리오를 구성하면 변동성이 낮아지므로 투자자는 잠을 편하게 잘 수 있다.

소음은 두 가지 방법으로 분산투자를 가로막는다. 첫째, 인기 업종을 돋보이게 하므로 인기 업종의 비중을 높이도록 유도한다. 단적인 사례가 1970년대 에너지 업종, 1980년대 초 소형주, 1980년대 말의 정크본드, 1999~2000년의 기술주다. 사람들은 소음에 휘말리면 수익률을 높이려고 인기 업종의 비중을 극단적으로 높인다. 즉, 분산투자로 손쉽게 위험을 줄일 수 있는데도 위험을 더 떠안는다. 이들은 손실 가능성을 인식하지 못하므로 이런 방식이 오히려 안전하다고 생각한다.

둘째, 분산투자를 추천하는 사람들이 시류에 적절히 대응하지 못한다고 조롱한다. 대중매체뿐 아니라 고객까지도 견해가 다르다는 이유로 증권사 애널리스트를 비난한다. 따라서 애널리스트는 소음을 무시하면서 독자적인 견해를 유지할 이유가 거의 없다.

포트폴리오 매니저들도 이런 압력에 직면해 기본 분산투자조차 무시한 채 과도하게 위험을 떠안는 경향이 있다. 포트폴리오 매니저의 실적은 대개 다른 매니저들의 실적과 비교해서 측정된다. 다른 매니저들이 분산투자를 무시한 채 인기 업종 비중을 과도하게 늘려 높은 실적을 올린다면, 분산투자하는 포트폴리오 매니저는 실력이 형편없는 것처럼 보인다. 그러면 고객을 잃게 되므로 위기감을 느껴 분산투자를 중단하고 위험을 더 떠안게 된다.

목표 설정

소음에 휩쓸리면 인기 업종에서 충분한 수익을 얻을 수 있다고 믿게 되므로 목표 설정과 자산·부채 관리를 소홀히 하게 된다. 예를 들어 '제2의 마이크로소프트' 발굴을 목표로 설정하는 사람이 많다. 그러나 목표를 설정하고 이에 따라 장기 전략을 수립하는 것이 아니라 제2의 마이크로소프트를 찾아 나선다면 이는 투기에 해당한다. 이런 사람들은 제2의 마이크로소프트를 발굴하든 못 하든 목표를 달성하기 어렵다.

게다가 이들은 제2의 마이크로소프트를 발굴하더라도 목표를 달성하기 어렵다는 사실조차 전혀 알지 못한다. 실제로 행운을 만나 제2의 마이크로소프트를 발굴하는 사람도 있을 것이다. 이런 종목은

15년 동안 10배나 20배 상승할 수도 있다. 그러나 대개 이런 종목에는 충분한 자금을 투자하지 않으므로 목표를 달성하지 못한다.

위험 수용도

자신의 위험 수용도를 파악하는 일은 매우 어렵다(6장에서 자세히 논의한다). 소음에 휩쓸리면 투자자는 과도한 위험을 떠안기 쉽다. 위험 수용도와 분산투자 사이에는 분명히 상관관계가 존재한다. 위험 회피 성향이 강할수록 더 광범위하게 분산투자하는 편이 현명하다. 이때는 단기 국채 등 진정한 안전 자산이나 상관관계가 마이너스인 자산의 비중을 늘리면 된다.

소음에 휩쓸리면 투자 자산이 실제보다 덜 위험해 보이므로, 사람들은 본래 의도했던 것보다 위험을 더 떠안게 된다. 사람들은 2000년 내내 기술주의 위험이 다른 업종보다 낮다고 생각했을 것이다. 소음이 기술 업종에 내재한 위험을 덮어버렸기 때문이다. 대부분이 기술주의 수익률을 낙관한 나머지 비중을 과도하게 늘렸다.

시장의 변동성이 확대되면 위험 회피형 투자자들은 자신의 위험 수용도를 재평가해서 분산투자를 다시 고려해야 한다. 자신의 위험 수용도를 정확하게 평가해서 적절하게 분산투자하면 시장의 일간, 주간, 월간 변동성에 상관없이 밤잠을 편히 잘 수 있다.

포트폴리오의 변동성 탓에 잠자리가 불편하다면 현재 떠안은 위험이 지나치게 크다고 볼 수 있다. 나는 나 자신의 위험 수용도를 알기 때문에, 다른 사람들에게 권하는 것보다도 내 포트폴리오를 더 보수적으로 구성했다. 내가 밤잠을 설치게 된다면 그것은 내 포트폴리오의 변동성 때문이 아니라 출판사의 원고 마감 독촉 때문일 것이다.

시간 지평

소음은 투자자들의 시간 지평을 단축하는 경향이 있다. 장기 투자자를 자처하는 사람들도 소음에 휘말리면 트레이더처럼 행동하게 된다. 극단적인 예가 데이 트레이더다. 이들은 월, 분기, 연 단위가 아니라 분 단위로 실적을 측정한다. 투자 판단 횟수가 증가할수록 초과 실적 가능성이 작아진다는 사실을 모르는 듯하다. 시간 지평에 대해서는 7장에서 논의한다. 장기 투자자라면 신문이나 웹사이트에서 매일 주가를 확인할 필요가 있겠는가? 하루하루의 주가 흐름이 장기 투자에 실제로 영향을 미칠까? 미치지 않는다.

자산·부채 관리의 핵심

장기 계획을 수립하려면 장래에 필요한 자금을 정확하게 파악해야 한다. 그러나 사람들 대부분은 장래에 필요한 자금 규모를 전혀 가늠하지 못한다. 자녀가 없는 사람과 자녀가 다섯인 사람은 장래에 필요한 자금 규모가 매우 다를 것이다. 그러면 얼마나 다를까? 주택담보대출금, 보험료, 자동차 할부금 등에 대해 계획을 세워 매월 관리하듯이, 장기 자금 계획도 수립해야 한다.

다섯 자녀의 대학 교육비를 10년 동안 마련한다고 가정해보자. 제

2의 마이크로소프트를 발굴하는 방법도 있겠지만, 현명한 방법이라고 보기는 어렵다. 계획을 수립할 때 고려할 변수가 몇 가지 있다. 첫째, 대학 교육비의 연간 상승률을 고려하면 10년 후의 적정 추정치는 얼마인가? 둘째, 현재 투자 방법을 써서 실제로 목표를 달성할 가능성은 얼마인가? 셋째, 투자 목표를 달성하지 못한다면 부족액은 얼마나 되는가? 넷째, 밤잠을 편히 자고 싶은가?

요즘 떠도는 소음에 의하면 대학 교육비가 갈수록 비싸지므로 많은 위험을 떠안고 주식에 장기 투자해야 교육비를 마련할 수 있다. 위험을 떠안으면 장기적으로 보상받으니 고위험 종목을 보유하라고 부추기는 소음도 있다. 그러나 내가 사용하는 방식은 다르다.

필요 자금을 합리적으로 추정하기

첫 번째 문제는 대학 교육비의 연간 상승률을 고려할 때 10년 후의 적정 추정치는 얼마인가다. 요즘은 대학 교육비가 연 2만 5,000달러 수준이지만, 10년 후 교육비가 그 이하로 내려갈 가능성은 작다.

[그림 4.1]은 1994년 이후 교육비 소비자물가지수(CPI)의 연간 변동률이다. 상승률은 최저 4.5%에서 최고 6.7%였다. 최저 상승률을 기준으로 대학 교육비를 준비한다면 투자액이 지나치게 적어질 수 있다. 반면에 보수적으로 최고 상승률을 기준으로 준비한다면 투자액이 많아져서 현재 생활 수준이 낮아질 수 있다.

전반적인 물가 상승률을 고려하면 추정치의 정확도를 높일 수 있다. [그림 4.2]는 전체 물가와 교육비를 비교한 것이다. 대체로 교육

[그림 4.1] 교육비 소비자물가지수(CPI)의 연간 변동률(1994~2000)

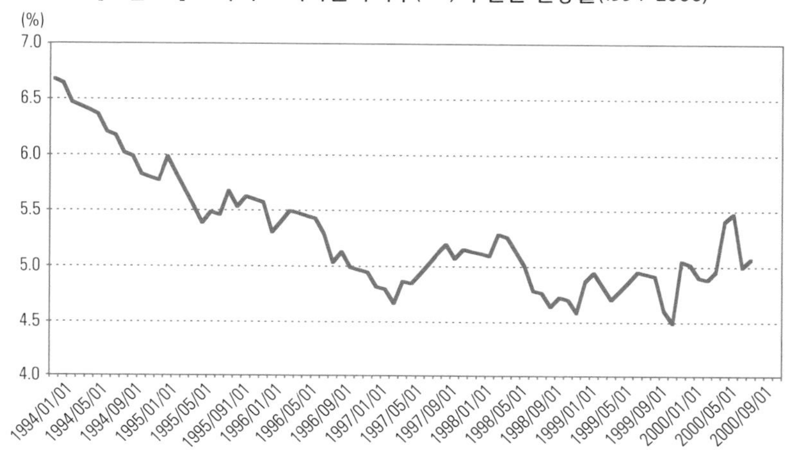

* 자료: 미국 노동통계국(Bureau of Labor Statistics)

[그림 4.2] 교육비 소비자물가지수와 전체 소비자물가지수의 차이(1994~2000)

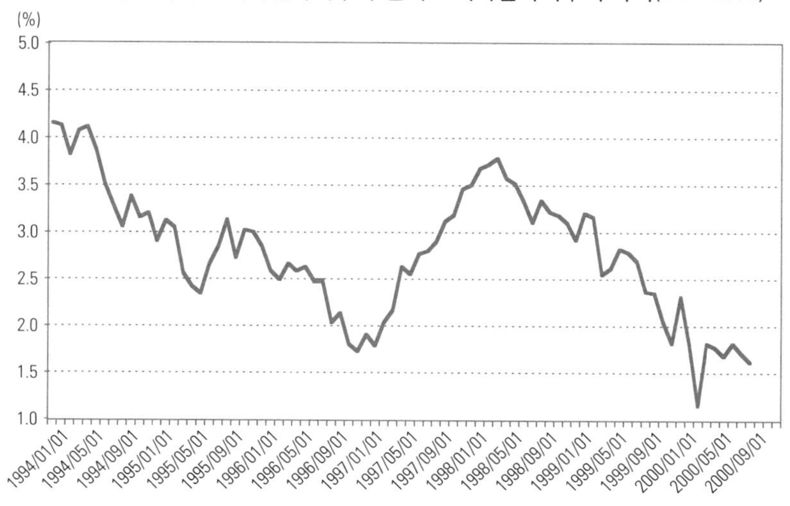

* 자료: 미국 노동통계국

비 상승률이 전체 물가 상승률보다 높다. 이는 물가연동채권 등 인플레이션을 따라가는 투자 방식으로는 교육비 상승률을 따라가기 어렵다는 뜻이다.

[그림 4.3]은 최상의 시나리오와 최악의 시나리오를 추정한 자료다. 현재 4년 대학 교육비 10만 달러(2만 5,000달러×4년)를 투자하되, 최상의 시나리오에서는 교육비 상승률을 연 4.5%로 가정했고 최악의 시나리오에서는 연 6.7%로 가정했다.

두 시나리오의 차이가 커서 장기 계획으로는 불확실성 문제가 해결되지 않는다. 최악의 시나리오를 선택하면 교육비가 부족해질 걱정은 없다. 그러나 안전한 대신 값비싼 대가를 치르게 될 수 있다.

[그림 4.3] 10년 후 교육비 시나리오

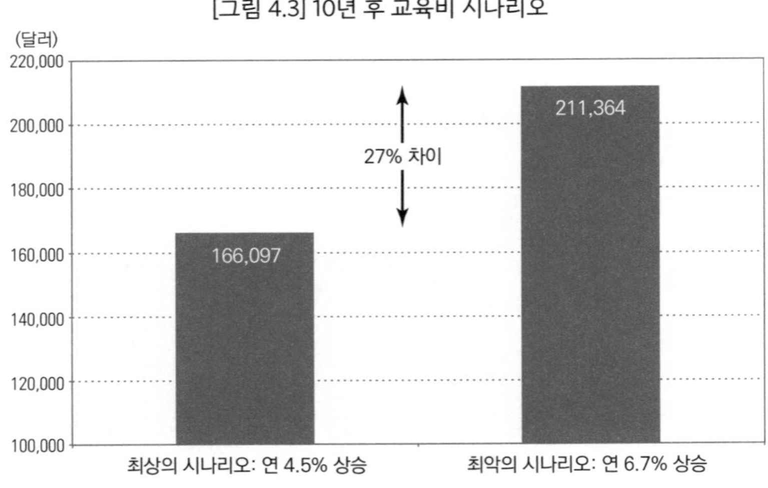

* 자료: 메릴린치 정량 전략 데이터

[표 4.2] 10년 후부터 지출되는 4년 교육비

(단위: 달러)

	현재 가치	연 4% 상승	연 6% 상승	연 8% 상승
1학년	25,000.00	37,006.11	44,771.19	53,973.12
2학년	25,000.00	38,486.35	47,457.46	58,290.97
3학년	25,000.00	40,025.81	50,304.91	62,954.25
4학년	25,000.00	41,626.84	53,323.21	67,990.59
합계	100,000.00	157,145.10	195,856.77	243,208.95

그래도 이 분석에서 개략적인 교육비가 나온다. [표 4.2]는 10년 차부터 4년 동안 들어가는 교육비를 추정한 자료다. 10년 후에는 자녀가 1학년이 되고 여기서 3년이 더 지나야 4학년이 되므로, 4학년 교육비에는 13년간 교육비 상승률을 반영해야 한다. 이 표에 포함된 교육비 상승률 시나리오 세 가지는 연 4%, 6%, 8% 상승이다.

상승률이 연 6%라면 교육비는 거의 두 배가 된다. 상승률이 연 4%라도 교육비는 50% 이상 늘어난다.

주식에 장기 투자?

다음 단계로 넘어가서 대학 교육비, 자신의 위험 수용도에 적합한 포트폴리오, 기대 수익률을 함께 분석해보자. [그림 4.4]는 최상·최악의 시나리오의 연간 인플레이션율을 제2차 세계대전 이후 S&P500, 장기 국채, 단기 국채의 10년 평균 수익률과 비교한 자료

[그림 4.4] 최상·최악의 시나리오와 투자 수익률

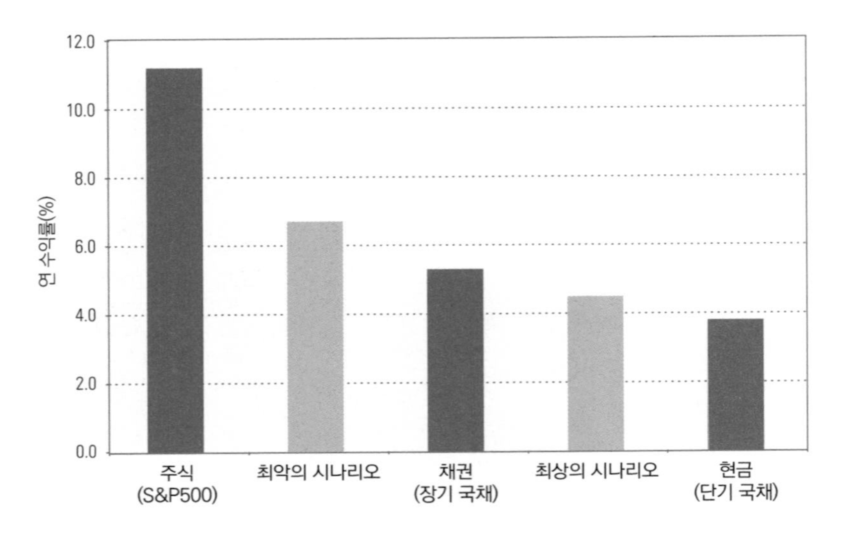

다.[2] 최상의 시나리오에서는 가장 안전한 단기 국채로도 대학 교육비를 마련할 수 있다. 그러나 최악의 시나리오에서는 오로지 주식에 투자해야 대학 교육비를 마련할 수 있다. 따라서 이 분석에 의하면, 투자 자산을 한 번만 선택한다면 위험 자산을 선택해야 한다.

자산과 부채 매칭하기

[표 4.2] 와 [표 4.3] 을 같이 살펴보자. 향후 13년간 교육비 상승률이 연 4%이고 저축액이 연 1만 달러라면 수익률은 9% 이상이 되어야 한다. 교육비 상승률을 연 6%로 가정할 경우, 기대수익률이 9%라면 매년 1만~1만 5,000달러를 저축하고, 기대수익률이 3%라면 매년 약 2만 달러를 저축해야 한다. 교육비 상승률을 연 8%로 가정하

[표 4.3] 투자 금액이 증가하면 투자 원리금도 증가

연 저축액 (달러)	연 수익률별 원리금(달러)				
	3%	5%	7%	9%	11%
5,000.00	59,038.98	66,033.94	73,918.00	82,801.47	92,807.15
10,000.00	118,077.96	132,067.87	147,835.99	165,602.93	185,614.30
15,000.00	177,116.94	198,101.81	221,753.99	248,404.40	278,421.45
20,000.00	236,155.91	264,135.74	295,671.99	331,205.87	371,228.60
25,000.00	295,194.89	330,169.68	369,589.98	414,007.33	464,035.75

면 24만 3,000달러가 필요하다. 저축액이 연 5,000달러라면 수익률이 연 11%가 되어도 15만 달러가 부족해서 목표 달성이 불가능하다.

이 표들은 투자에 공짜 점심이 없다는 사실도 보여준다. 장래에 더 많은 돈을 원한다면 둘 중 적어도 하나를 해야 한다. 첫째, 투자 금액을 줄여 현재 생활 수준을 유지하려면 더 많은 위험을 떠안으면서 수익률을 높여야 한다. 둘째, 위험을 줄여 불안감을 덜고 싶다면 현재 생활 수준을 낮추더라도 저축을 늘려야 한다.

사람들은 현재 생활 수준을 유지하고 싶어 하므로 장래에 필요한 자금을 마련하기가 어렵다. 대부분 가정은 저축을 늘리려면 생활 수준을 낮출 수밖에 없다. 가계부채 관리는 이 책에서 다루지 않는다. 그러나 소음 탓에 사람들이 부채를 과도하게 지기 쉽다는 점만은 지적해두고자 한다. 지금까지 제시한 사례와 더불어 대출받기 쉬워졌다는 사실도 미국인의 부채비율이 상승한 원인이었다.

자신은 저축한다고 믿지만 부채가 많으면 저축을 전혀 못 하는 셈이다. 이는 돈을 빌려서 투자하는 것과 같다. 실제로 신용카드를 긁어서 투자한다는 말이 아니다. 저축은 저축대로 하되, 빚을 끌어다가 현재 소비를 유지한다는 뜻이다. 이는 매우 나쁜 행태다. 이런 조건이라면 투자 수익률이 매우 높아서 대학 교육비뿐 아니라 대출 원리금도 감당할 정도가 되어야 한다. 그러나 그런 수익률은 쉽게 얻어지지 않는다. 현재의 소비를 유지하려고 쓰는 부채의 이자가 연 15%이고 교육비 상승률이 연 5%라면 투자 수익률은 연 20%가 되어야 한다. 소음은 가능하다고 주장할지 몰라도 저축과 소비를 동시에 하기는 어렵다. 둘 중 하나를 선택해야 한다.

소음이 만드는 세 가지 파장

여기서 소음과 과대 선전은 어떤 역할을 할까? 소음에 휘말리면 필요 자금을 마련하기 위한 장기 계획 수립이 빗나간다. 의사결정을 빗나가게 하는 세 가지 요인에 초점을 맞추겠다. 첫째는 제2의 마이크로소프트를 발굴하려는 행위, 둘째는 빨리 부자가 되려는 태도, 셋째는 꿩 먹고 알도 먹으려는 심리다.

제2의 마이크로소프트 발굴

'제2의 마이크로소프트'를 찾으려고 노력해도 소용없다. 주가가 10년간 10배 상승하려면 수익률 연 26%가 나와야 하는데, 이는

S&P500 장기 수익률의 약 3배다. 1년 수익률 26%가 아니라 10년 동안 매년 내는 수익률이 26%가 되어야 한다. 자신의 종목 선택 능력이 뛰어나다고 믿는 사람도 있겠지만, 운이 아니고서는 이런 종목을 발굴하기 어렵다.

운 좋게 발굴한 종목이 10년 동안 10배 상승했더라도, 초기 투자 금액이 많지 않으면 대학 교육비를 마련하기 어렵다. 초기 투자 금액이 5,000달러라면 10년 뒤에는 5만 400달러가 되지만, 앞에서 계산한 교육비에 못 미친다. 대학 교육비 상승률이 연 4%에 불과하다고 낙관적으로 가정해도 교육비를 마련하려면 초기 투자 금액이 1만 6,000달러가 되어야 하는데, 이 금액조차 가정에서 1년 동안 저축하기에는 벅찬 액수다. 게다가 한 기업에 투자하므로 분산투자도 아니다. 자녀의 대학 교육 여부가 한 기업의 성패에 좌우된다면 과연 잠자리가 편안하겠는가?[3]

고려할 사항이 또 있다. 10년이 아니라 5년 후에 주가가 10배 상승해 대학 교육비가 마련되었다면, 이때 주식을 팔아 수익을 확정할 수 있겠는가?

빨리 부자가 되려는 욕망

온라인 증권사 TV 광고에 등장하는 인물은 건당 수수료 8.95달러짜리 거래를 통해서 부자가 되어 은퇴하고 싶다고 말한다. 투자자는 거래 비용을 최대한 절감해야 하는데도, 광고에서는 거래를 수없이 많이 하고도 부자가 될 거라고 믿도록 유도한다.

다른 온라인 증권사 광고에서는 부모가 귀가 시간이 늦은 10대 아들을 질책한다. 아들은 친구들을 집에 데려다주느라 늦었다고 주장하는데, 알고 보니 헬리콥터로 친구들을 미국 여러 도시에 데려다주었다. 온라인 주식 거래로 돈을 벌어 헬리콥터를 샀다는 광고다.

이런 광고는 은연중에 투자자들에게 피해를 줄 수 있다. 이런 광고를 보고 빈번한 거래로 쉽게 부자가 될 수 있다고 믿는다면, 위험 수용도를 고려해가면서 장기 계획을 세울 필요성을 느끼지 못한다. 데이 트레이더 중 심사숙고해서 장기 계획을 세우거나 자산·부채 관리를 고려해본 사람이 얼마나 있을지 매우 의심스럽다.

월스트리트의 한 고위 임원은 온라인 거래가 투자자를 재정 파탄으로 이끌 수 있다고 말해서 비난받았다. 나는 그가 진정으로 의도한 바는 모르겠지만 그의 말에 진실이 담겨 있다고 생각한다. 온라인 거래 자체를 비판할 생각은 없다. 그러나 고객에게 계획을 권하지 않는 증권사들은 비난받아 마땅하다. 온라인 증권사들의 광고가 전하는 메시지는 명확해 보인다. 계획 없이 거래해도 부자가 된다는 것이다. 거래 건당 수수료가 8.95달러이므로 증권사가 이렇게 광고하는 이유는 쉽게 이해할 수 있다. 고객들이 신중하게 장기 계획을 세우면 거래 건수가 감소해 증권사의 이익이 감소하기 때문이다.

꿩 먹고 알 먹기

소음에 휘말리면 사람들은 위험과 수익이 양립할 수 있다고 믿게 된다. 위험에 대해 6장에서 제대로 논의하겠지만, 소음에 휘말리면 위험을 대략적으로도 파악하지 않은 채 떠안기 쉽다. 1999년에는 인터넷주에 대한 과대 선전이 넘쳐났지만, 이듬해(2000년)에 주가가 50%, 75%, 심지어 90%까지 하락할 수 있다고 경고한 사람은 거의 없었다.

장기적으로는 주식의 수익률이 가장 높다고 말하는 사람은 많아도, 장기적 관점에서 주식의 위험을 논하는 사람은 드물다. 투자자들 대부분은 약세장을 경험해보지 않았기 때문에 주식의 위험을 제대로 이해하는 사람이 드물다. 주식 투자를 옹호하는 기사 중에는 주식보다 채권이 더 위험하다고 주장하는 글도 있다. 위험 없이 큰 수익을 얻을 수 있다니 얼마나 듣기 좋은 소리인가.[4] 물론 나는 그런 주장을 전혀 믿지 않는다. 금융시장에는 공짜가 없다. 금융시장에서 위험도 없이 초과 실적을 얻는 방법은 없다. 실망하게 해서 미안하지만, 꿩 먹고 알도 먹을 수는 없다.

세금도 중요한 고려 사항이다. 단기 이익에는 소득세가 부과되고 장기 이익에는 자본이득세가 부과되는데, 장기 저축과 투자를 권장하는 취지로 자본이득세율이 소득세율보다 낮다. 소득세율이 높은 사람은 매매가 빈번해질수록 더 많은 세금을 내게 된다. 주식시장 강세와 투자자의 매매 회전율 증가 덕분에 세수가 대폭 증가해 정부가 재정 흑자를 유지한다는 분석도 나온다. 이 말이 사실인지는 모르겠지만, 장기 자본이득세율이 단기 소득세율보다 낮은 것만은 분명하다. 따라서 매매를 자주 하고 싶다면 단기 투자 수익률이 세금 증가율을 보상하고도 남을 만큼 높아야 한다.

사건이 아니라 시간에 따라 투자 전략을 점검하라

내가 아는 정상급 투자자 한 사람은 리밸런싱을 1년에 두 번만 한다. 그는 장래 리밸런싱 일정을 미리 잡아놓았다. 그가 뛰어난 성과를 꾸준히 유지한 원인 하나는 사건이 아니라 시간에 따라 전략을 점검한 것이다.

장기 투자 전략을 시간에 따라 점검하면 세 가지 장점이 있다. 첫째, 소음에 휩쓸려 빈번하게 거래하는 현상을 방지한다. 소음과 과대선전은 잦은 매매를 부추기지만, 시간에 따라 포트폴리오를 리밸런싱하면 충동 거래를 억제할 수 있다. 둘째, 목표를 계속 주시하게 된다. 소음에 휩쓸리면 몇 주 후엔 잊힐 사소한 사건에 관심이 분산되어 목표를 망각하기 쉽다. 셋째, 소음에 휩쓸려 기존 투자 전략에서 이탈하는 것을 막는다. 예를 들어 투자 전략을 수립했으나 일정 기간 성과가 나오지 않으면 소음에 귀가 솔깃해져 이른바 '더 나은' 전략으로 교체하기 쉽다.

투자에는 성배가 없다는 사실을 기억하라. 어떤 투자 전략이든 부진한 기간이 있기 마련이다. 계속 전략을 교체하다 보면 원칙이 흔들린다. 사람들은 투자에 원칙이 중요하다고 주장하지만, 그렇게 주장하면서도 투자의 성배를 계속 찾아다니면 원칙은 무너지고 만다.

간혹 금융시장에서 이른바 중대 사건이 발생하면 전략을 포기하거나 변경하는 투자자들이 나온다. 그러나 그 사건이 정말로 장기 투자에 중요한지 알게 되는 시점은 사건이 발생하고 오랜 세월이 지난

다음이다. 대표적인 사례가 이른바 '플래시 크래시(flash crash: 순간적인 붕괴)'다. 독자 대부분은 이 사건에 대해 들어본 적이 없을 것이다. 1989년 10월에 일어났고 당시에는 중대 사건으로 간주되었다. 그러나 오랜 세월이 흐른 지금은 이 사건을 들어본 사람조차 많지 않다. 우리가 소음에 휩쓸려 장기 계획을 망치지 않도록 조심해야 하는 이유가 바로 이것이다. 1989년 10월 당시에는 장기 전략을 대폭 변경하려는 사람이 많았다. 그러나 오랜 세월이 흐른 지금, 플래시 크래시는 장기 투자에 중요하지 않은 사건으로 밝혀졌다.

그래서 나는 투자자들에게 사건이 아니라 시간에 따라 장기 투자 전략을 실행하라고 권한다. 거듭 강조하지만 소음을 걸러내는 가장 간단한 방법은 시간에 따라 전략을 점검하는 것이다. 일반적으로 투자 전략 점검은 1년에 한 번으로 충분하다. (시간 지평이 15년 이상인) 진정한 장기 투자자라면 2~3년에 1회 점검이 더 좋을 것이다. 하지만 투자자들에게 그 정도로 소음을 무시하면서 자제력을 발휘하라고 요구한다면 무리일 테니 투자 전략과 계획을 1년마다 검토하라고 권한다.

끝으로 단기 실적이 불만스러울 때는 전략 변경을 고민하는 대신 분산투자 현황과 위험 특성을 재검토하는 편이 훨씬 중요하다. 이에 대해서는 다음 두 장에 걸쳐 논의한다.

5장

소음이 분산투자에 미치는 영향

NOISE

흔히 사람들은 분산투자를 하면 장기적으로 포트폴리오의 실적이 개선된다고 인식한다. 그러나 잘못된 인식이다. 분산투자는 위험을 줄여줄 뿐, 수익을 높여주지는 않는다. 그러므로 분산투자를 하면 투자자는 더 편안하게 잠잘 수 있다.

앞에서 거듭 말했듯이 금융시장에는 공짜가 없다. 금융시장의 소음에 휩쓸리면 저위험 고수익 투자 기회가 얼마든지 있다고 믿기 쉽지만, 실제로 진정한 저위험 고수익 투자 기회는 거의 없다. 4장에서는 꿩 먹고 알도 먹을 수는 없으며, 장기 계획은 현재 소비와 장래를 위한 저축 사이에서 선택하려는 행동이라고 말했다. 분산투자도 마찬가지다. 투자자는 고수익과 저위험 사이에서 선택할 수밖에 없다.

5장에서는 (1) 분산투자를 정확하게 정의하고, (2) 분산투자의 여러 단계를 설명하며, (3) 소음이 어떤 방식으로 분산투자를 방해하는지 살펴보기로 한다.

서문에서도 말한 것처럼 이 책에서는 투자 방법을 제시하지 않는다. 따라서 5장에서도 분산투자 방법을 제시하지 않는다. 다만 분산투자에 관한 잘못된 인식을 타파하고, 소음에 가려진 분산투자의 주요 측면을 살펴보기로 한다.

분산투자가 수익률을 높인다?

사람들은 흔히 분산투자가 수익률을 높여준다고 잘못 인식한다. 금융회사들은 대체로 위험 자산이 수익률을 높여준다고 주장하면서 포트폴리오에 편입하라고 권유한다. 다양한 자산을 결합하면 포트폴리오의 위험은 감소하겠지만 사실은 수익률도 낮아질 수 있다. 한 기간에 초과 실적을 낸 위험 자산이 다음 기간에는 평균 실적에도 미치지 못할 수 있다. 물론 그렇더라도 분산투자에 의한 위험 감소 효과는 여전히 유지된다.

여기서는 먼저 분산투자를 정의하고 나서 이 용어가 잘못 사용되는 사례를 살펴보고자 한다. 분산투자란 기존 포트폴리오에 자산을 추가해 수익률의 변동성을 낮추거나 예측 가능성을 높이는 행위를 뜻한다. 이어서 나오는 세 차트에 분산투자의 목적이 명확하게 드러난다. [그림 5.1]은 가상 자산의 가격 변화를 10개 기간에 걸쳐 보여준다. 기간 전체로 보면 실적이 양호하지만, 그 안에는 실적이 좋은 기간도 있고 나쁜 기간도 있다. 여기서 실적이 좋은 기간을 '행복한 기간', 실적이 나쁜 기간을 '불행한 기간'이라고 하자.

투자자는 행복한 기간과 불행한 기간을 거듭 경험하게 된다. 행복한 기간에는 잠을 편히 자겠지만 불행한 기간에는 잠을 설칠 것이다. 이 그림에서는 행복한 기간과 불행한 기간이 강도가 비슷하고 길이도 비슷하다. 그런데 불행한 기간이 행복한 기간보다 길어지면 어떻게 될까? 즉, 장기 실적은 양호하지만, 행복한 기간은 매우 짧고 불행

[그림 5.1] 단일 자산의 가격 변동성과 투자자의 반응

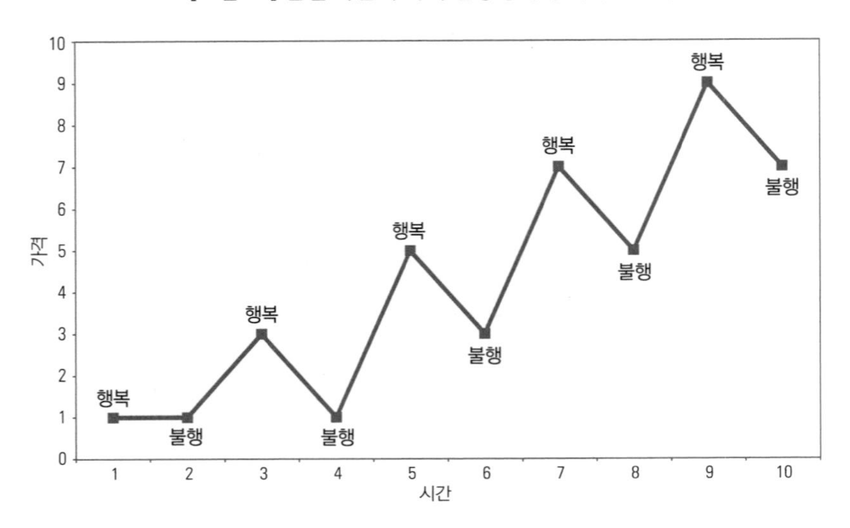

한 기간은 매우 길다고 가정해보자. 투자자는 수익률의 변덕에 지치거나 불행한 기간이 계속 이어질까 봐 불안해져서 이 자산을 팔아버리고 싶을지 모른다. 불행한 기간이 길어지면 투자자는 가격 상승이 어려울 것으로 비관해 자산을 매도하려는 유혹에 빠질 수도 있다.

이번에는 여기에 자산 하나를 추가한다고 가정하자. 추가하는 자산의 수익률은 기존 자산의 수익률과 반대로 움직인다. 이때 통계학에서는 자산 1의 수익률과 자산 2의 수익률의 상관관계가 마이너스라고 말한다. 즉, 자산 1의 수익률이 상승하면 자산 2의 수익률은 하락하고, 반대로 자산 1의 수익률이 하락하면 자산 2의 수익률은 상승한다. 장기적으로는 두 자산 모두 가격이 상승하지만, 단기적으로는 수익률이 반대로 움직인다.[1] [그림 5.2]는 상관관계가 마이너스

[그림 5.2] 상관관계가 마이너스인 두 자산의 가격 흐름

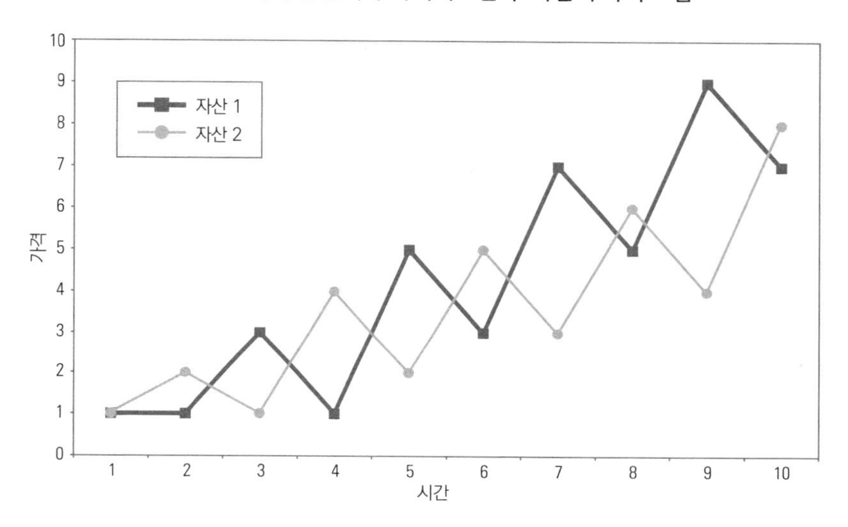

인 두 자산의 가격 흐름을 보여준다. 한 자산의 수익률이 상승하면 다른 자산의 수익률은 하락한다.

이번에는 자산 1과 자산 2의 비중이 각각 50%인 포트폴리오를 구성한다고 가정하자. 그러면 여기서 분산투자 효과를 쉽게 알아볼 수 있다. [그림 5.3] 은 자산 1, 자산 2, 포트폴리오의 가격 흐름을 보여준다. 자산 1과 자산 2는 변동성이 큰데도 포트폴리오는 변동성이 거의 없다. 두 자산 중 하나만 보유할 때는 밤잠을 설치겠지만, 두 자산을 함께 보유하면 변동성이 거의 없으므로 밤에 편히 잘 수 있다.

[그림 5.3] 분산투자가 포트폴리오의 가격과 변동성에 미치는 영향

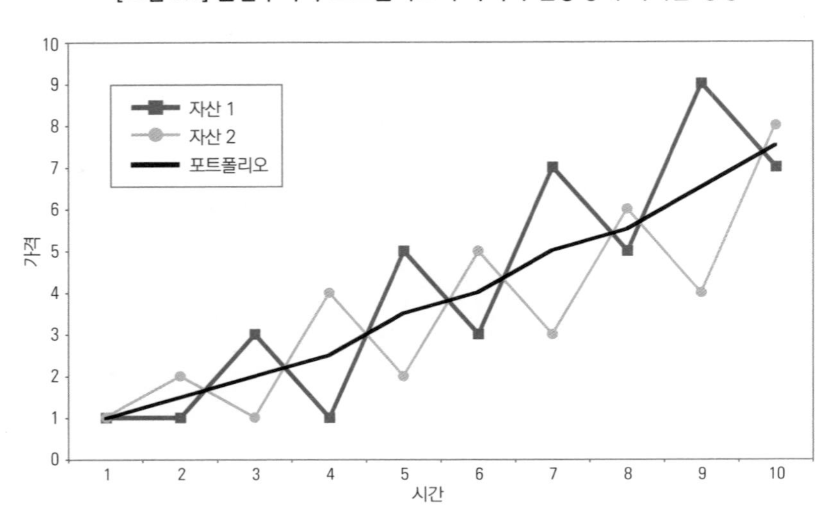

위험은 감소하지만 수익률이 높아지는 것은 아니다

자산 1과 자산 2를 더해서 포트폴리오를 구성했을 때 수익률이 낮아졌다는 점에 주목하라. 10번째 기간 후에는 포트폴리오의 수익률이 자산 2의 수익률보다 낮았다. 우리는 포트폴리오의 변동성을 대폭(약 90%) 축소했지만, 이 과정에서 대가를 지불했다.

일각에서는 10개 기간 후 포트폴리오의 수익률이 자산 1의 수익률보다 높았다고 주장할 수도 있다. 그러나 이는 10개 기간 후 결산했기 때문에 나타난 결과다. 만일 과거와 같은 패턴이 되풀이된다면, 11번째 기간에는 자산 1의 수익률이 자산 2의 수익률보다 높을 것이다. 그리고 자산 2는 자산 1보다 위험이 더 큰 것으로 드러났다. 따라

서 포트폴리오의 위험은 더 커지고 수익률은 더 감소했다. 그래도 우리 포트폴리오에 추가한 위험 자산은 기존 자산과 상관관계가 마이너스여서 다행히 포트폴리오의 위험이 전반적으로 감소했다.

분산투자는 위험을 축소하는 방법이지, 수익률을 높이는 방법이 아니다. 우리는 상관관계가 낮은 두 위험 자산을 결합해 포트폴리오의 변동성은 낮췄지만 수익률은 높이지 못했다.

흔히 광고에서는 기존 포트폴리오에 새로운 자산을 추가해 분산투자하라고 권유한다. 예를 들면 대형주 포트폴리오에는 소형주를 추가하고, 100% 주식 포트폴리오에는 채권과 현금성 자산을 추가하며, 미국 주식 포트폴리오에는 국제 주식을 추가하라고 권유한다. 대개 이런 광고에서는 자산을 추가하면 포트폴리오의 수익률도 높아진다고 주장한다. 그러나 이런 주장은 흔히 특정 자산이 매우 높은 실적을 달성한 다음에 나온다. 일반적으로 분산투자를 하면 위험이 감소하지만 수익률도 감소한다.

분산투자에 관한 광고가 나오면 두 가지를 유념해야 한다. 첫째, 앞의 예에서 보았듯이, 자산 1과 자산 2의 수익률이 계속 뒤바뀌면서 포트폴리오 전체의 위험은 감소하지만 수익률 역시 대개 감소한다. 둘째, 분산투자 효과를 분석할 때는 장기간의 데이터를 사용한다. 예를 들어 대형주 포트폴리오에 소형주를 추가하면 분산투자 효과가 있다는 연구 다수는 1926년에 시작하는 데이터를 사용한다. 장기간으로는 위험이 감소하면서 수익률이 상승했지만, 이를 짧은 기간으로 나누어 보면 소형주의 실적이 비참한 기간도 많았다.

75~80년을 담은 데이터를 사용하는 경우, 분석 기간이 짧으면 잘못된 결론에 도달할 수 있다. 예를 들어 소형주는 5년이나 10년 단위로 실적이 저조한 기간이 여러 번 있었다.

분산투자의 3단계

사람들은 분산투자가 주식 포트폴리오의 위험을 줄여준다고 생각하지만, 분산투자로 줄일 수 있는 위험은 매우 다양하다. 첫째, 총자본의 위험을 줄일 수 있다(이렇게 생각하는 사람은 매우 드물다). 여기서 총자본에는 금융자본은 물론 인적자본도 포함된다. 둘째, 금융자산의 위험도 줄일 수 있다. 우리는 이 두 단계 분산투자를 고려한 다음에 비로소 주식 포트폴리오의 위험 분산을 생각해야 마땅하다. 사실 주식 포트폴리오의 위험 분산은 세 단계 중에서 중요도가 가장 낮다. 사람들은 대개 주식 포트폴리오의 위험을 가장 걱정하지만 실제로는 총자본이 가장 중요하다.

사람들은 소음에 휩쓸려 사소한 위험을 돌보느라 정작 가장 중요한 위험을 돌보지 못한다. 기술주 포트폴리오에 제약주를 추가하거나 미국 주식 포트폴리오에 국제 주식을 추가하는 분산투자보다는 총자본에 대한 분산투자가 훨씬 중요하다. 앞에서도 언급했듯이 언론은 진정한 위험 회피형 자산을 거의 다루지 않는다. 단기간에는 아무 변화가 없어서 매우 따분하기 때문이다. 주식 포트폴리오에 채권을 추가해 위험을 분산하고자 할 때, 채권 정보는 구하기가 어렵다.

이런 정보 부족도 순진한 투자자들을 오도하는 소음의 일종이다. 소음은 분산투자를 권하는 법이 없다.

총자본의 위험을 분산하라

금융자본이 자본의 전부가 아니다. 분산투자를 검토할 때는 금융자본은 물론 집의 위치와 인적자본도 고려해야 한다. 금융자본만 분산투자 대상으로 생각하면 심각한 실수를 저지를 수 있다. 총자본 분산투자의 중요성을 보여주는 사례를 제시하겠다.

지역 주식

일부 투자자는 집이나 직장 근처에 있는 기업의 주식을 즐겨 매수한다. 내가 사는 지역 신문에는 지역 기업들의 주가 목록이 매일 게재된다. 그러나 집 근처 기업의 주식에 투자하는 것은 매우 어리석은 짓이 될 수 있다. 어떤 지역에 경기에 민감한 기업들이 집중되어 있다고 가정하자. 그 지역 경기가 침체해 기업들이 적자로 돌아서면 십중팔구 직원을 해고할 것이다. 그러면 그 지역 부동산 가격도 하락할 것이다. 따라서 여유 자금을 지역 기업 주식에 투자한 사람이 해고까지 당하면 설상가상이다. 돈이 절실하게 필요한 시점에 투자한 주식의 가격도 내려갈 것이기 때문이다. 게다가 지역 부동산 가격이 하락하므로 보유 주택의 가격도 내려가게 된다.

내가 조언했던 주(州)정부 프로젝트 중에 이와 비슷한 사례가 있었다. 이 주정부는 만약의 경우를 대비해서 기금을 설정해두고 있었다. 주 경기가 침체하면 공공사업에 투입하려고 마련한 기금이었다. 당시에는 주의 경제가 충분히 다각화되지 않아서 에너지시장의 등락에 크게 좌우되었다. 기금감독위원회는 에너지 가격이 장기간 하락하면 기금이 악영향을 받을까 봐 심각하게 우려했다(실제로 1990년대에 장기간 에너지 가격이 하락했으므로 매우 훌륭한 통찰이었다).

내가 검토해보니 이 기금 포트폴리오는 지역 기업 주식의 비중이 매우 높았다. 지역 정치인들이 지역 기업들을 지원하는 모습을 유권자들에게 보여주고 싶었기 때문이다. 그러나 이는 잘못된 생각이었다. 지역 경제가 침체하면 기금이 보유한 주식의 가격도 하락한다. 그러면 주의 실업률이 상승할 뿐 아니라 기금도 줄어들게 된다.

나는 포트폴리오를 재구성해서 지역 경제와 상관관계가 낮은 자산에 투자하라고 조언했다. 그러면 에너지 가격이 하락해서 지역 기업들의 주가가 하락하더라도 기금은 오히려 늘어날 가능성이 커진다. 예를 들어 에너지 가격이 하락하면 항공사와 소비재 기업의 주가는 대개 상승한다. 지역 경제가 튼튼할 때는 기금에서 돈을 인출할 필요가 없고 지방세 수입도 많으므로 걱정할 필요가 없다.

우리사주 제도나 퇴직연금을 이용한 자사주 매수

우리사주 제도나 퇴직연금을 이용해서 단기 투자 목적으로 자사주를 매수하는 사람이 많다. 그러나 이는 분산투자에 역행하므로 현명하지 못하다. 자신의 인적자본이 묶인 회사에 주식까지 투자하면 달걀을 모두 한 바구니에 담는 셈이기 때문이다. 회사가 역경에 처하면 직원을 해고하고 회사 주식의 가격도 하락한다. 막상 돈을 써야 하는 시점에 모아두었던 자금이 감소한다.

주식이나 옵션으로 보상받는 탓에 어쩔 수 없이 회사 주식을 보유하는 사람들도 있다. 주식이나 옵션에 의한 성과 보상 제도를 지지하는 학계의 연구도 많다. 직원에게 동기를 부여하고 장기근속을 유도하려는 회사의 관점에서는 매우 타당한 제도라는 점에 동의한다. 그러나 직원의 관점에서는 이런 제도의 위험을 인식하고 나머지 자산을 분산투자할 필요가 있다.

퇴직연금으로 자사주에 장기 투자하려고 생각하는 사람도 있겠지만, 먼 미래에 회사가 성공할지 예측하기는 매우 어렵다. 미국의 대표 기업이나 성장 기업 중 지난 23년 동안 역경에 처한 기업이 많았다. 내가 65세가 되는 23년 후까지도 현재 대표 기업 중 역경에 처하는 기업이 많을 것이다. 내가 근무했던 기업 중에는 사라진 곳도 있다. 주가가 6달러로 폭락하던 날, 여러 해 모은 은퇴 자금으로 자사주에 투자했던 사람들의 멍한 표정을 지금도 생생하게 기억한다. 그들은 회사가 산업의 대표 주자라서 절대 망하지 않을 것으로 생각했다. 귀에 익은 소리인가? 그렇게 생각하더라도 분산투자를 해야 한다.

분산투자의 시소 전략

내가 참여한 다른 프로젝트도 분산투자의 필요성을 잘 보여준다. 이 회사는 기업연금이 규정보다 매우 부족한 상태였다. 즉, 보험회계 관점에서 현재 규모로는 장래 연금부채를 감당하기 부족한 수준이었다. 이렇게 기업연금이 부족해지면 기업의 보고이익도 감소하게 된다. 이 회사는 경기에 민감한 성숙기 산업에 속한 탓에 이익 증가율이 계속 둔화하고 있었다. 경영진은 회사의 실적이 이미 경기에 민감한 터라 더 민감해지지 않기를 바랐다.

회사는 주식을 발행해서 기업연금을 충당하고자 했다. 그러나 나는 그 방법이 바람직하지 않다고 조언했다. 기업연금의 자사주 비중이 큰 탓에, 회사 주가가 하락하면 기업연금 부족액이 더 증가할 수 있었다. 그러면 회사의 보고이익이 더 감소하고 이로 인해 주가가 더 하락할 수 있었다. 회사의 이익이 감소할 때 기업연금 부족액 때문에 보고이익이 더 감소하는 상황만은 꼭 피해야 한다.

나는 기업연금을 재구성해서 경기 민감형 성숙기 산업의 위험을 분산하라고 조언했다. 즉, 회사의 실적과 상관관계가 마이너스인 자산에 투자하라고 권유했다. 그러면 전반적인 경제 환경이 회사에 불리하더라도 상관관계가 마이너스인 자산에는 유리해진다. 회사는 기업연금의 초과수익을 이익에 포함할 수 있으므로, 우리는 이 전략을 따를 때 연금이 초과수익을 거둘 가능성이 있는지, 보고이익에 도움이 될지 계산했다.

이 회사의 이익과 현금흐름은 원자재 가격에 크게 좌우되었다. 원자재 가격이 상승하면 회사 이익이 증가하고, 원자재 가격이 하락하면 회사 이익이 감소했다. 원자재 가격의 등락에 따라 회사의 기업연금 조달 능력이 결정되었다. 그래서 우리는 원자재 가격과 상관관계가 마이너스인 자산을 찾았다. 가장 확실한 자산이 장기 국채였다. 인플레이션이 상승하면 장기 국채 가격은 하락하지만 회사의 현금흐름은 증가하므로 기업연금을 쉽게 조달할 수 있다. 인플레이션이 하락하면 장기 국채 가격이 상승하고 기업연금의 가치도 상승해서 보고이익을 늘려준다. 우리 계획은 단순했다. 기본적인 분산투자 원칙을 이용해서 '기업연금의 가치'와 '회사의 기업연금 조달 능력'이 시소처럼 반대로 움직이게 하는 것이었다.

포트폴리오에 포함된 어떤 자산의 비중이 크면, 상관관계가 마이너스인 자산을 최대한 포함해 분산투자해야 한다. 이 '원자재회사의 보고이익'과 '기업연금에 포함한 장기 국채'가 완벽한 사례다.

총자본과 분산투자: 개인적 사례

금융 서비스 산업에서 성공하려면 인적자본과 금융자본을 긴밀하게 결합해야 한다. 그리고 주식에 투자할 때에도 인적자본과 금융자본을 긴밀하게 결합해야 한다. 나는 금융 서비스 산업에 종사할 뿐만 아니라 급여 일부도 회사의 주식과 옵션으로 받는다. 금융 서비스 산업 종사자가 금융시장에 투자하면 인적자본과 금융자본이 금융 분야에 과도하게 집중되므로 분산투자 효과가 감소한다. 그러나 이 사실을 제대로 깨닫는 사람은 많지 않다.

나는 총자본을 분산투자하려고 몇 가지 원칙을 지키고 있다. 첫째, 거주지를 선택할 때, 금융 산업 종사자가 몰려 사는 이른바 '월스트리트 지역'은 피한다. 내가 거주하는 지역 사람들은 다양한 산업에 종사하므로 인적자본이 잘 분산되어 있다. 만일 약세장이 장기간 이어진다면, 금융 산업 종사자가 몰려 사는 지역은 부동산 가격이 더 하락하기 쉽다. 극단적인 사례가 골드러시 시대 서부의 유령 도시들이다. 골드러시 시대가 막을 내리자 사람들은 모두 도시를 떠났다. 나는 이 사례를 경시하지 않는다. 뉴욕 도심에 살면 부동산의 가치가 월스트리트 시황에 좌우된다. 거주지를 선택할 때 그 지역 거주자들의 직업을 고려하면 부동산 가격의 하락 위험도 줄일 수 있다.

나는 금융회사에는 투자하지 않는다. 금융 산업에 대한 충성도가 낮아서가 아니라, 달걀을 한 바구니에 담고 싶지 않아서다. 금융 서비스 산업에 대한 의존도를 더 높이고 싶은 마음이 전혀 없다. 포트폴리오의 현금 비중도 매우 높은 수준으로 유지한다. 금융시장을 비관하기 때문이 아니다. 장기 투자에 성공하려면 당연히 장기간 투자를 유지해야 한다. 그러나 내 총자본 대부분을 이미 금융시장에 투자했으므로, 현금을 이용해서 분산투자 효과를 얻으려는 것이다.[2]

총자본과 분산투자: 실리콘밸리 사례

2000년 3월, 나는 실리콘밸리 인근 금융 산업 종사자 약 1,000명이 모인 자리에서 강연했다. 당시 청중처럼 고객의 총자본을 과도하게 집중투자한 사례를 본 기억이 없다. 나는 고객들의 생계가 거의 전적으로 실리콘밸리와 기술 업종 경기에 좌우될 위험이 있다고 지적했다. 그동안 기술회사들이 성공을 거두어 직원이 늘어나면서 샌프란시스코베이의 부동산 가격도 천정부지로 치솟았다. 고객 중에는 급여의 상당 부분을 스톡옵션으로 받는 사람도 많았다. 협력사나 고객사 주식에 투자하는 사람도 많았다. 내가 보기에 이곳은 1999~2000년 기술주 거품의 진원지로서, 고객들은 막대한 평가이익을 기록하고 있었다. 이들은 막대한 재산을 지키는 방향으로 투자 전략을 수립해야 했다.

나는 주식시장 전망을 제시하는 대신 분산투자 필요성을 전달하는 데 더 역점을 두었다. 강연 주제는 부자가 되는 방법이 아니라 재산을 지키는 방법이었다. 나는 분산투자만 하면 재산을 쉽게 지킬 수 있다고 생각했다.

그러나 기술주 거품(이른바 신경제)이 일으킨 소음 탓에 사람들의 관점이 왜곡되어 있었다. 앞에서도 언급했지만 나는 제2의 마이크로소프트를 찾으려 해도 소용없다고 생각했다. 고객들은 이미 제2의 마이크로소프트라고 생각하는 회사에서 일하고 있었다. 내 조언을 진지하게 받아들이는 청중은 거의 없는 듯했다.

"내 경고가 적중했잖소"라고 주장하려는 뜻이 아니다. 다만 총자본 분산투자의 필요성을 사람들이 간과하기 쉽다는 사실을 일깨워 주려는 것이다. 화학 산업에 종사하는 사람이라면 총자본을 다른 산업으로 분산투자해야 한다. 자동차 산업에 종사하는 사람 역시 총자본을 자동차 산업 이외의 산업으로 분산투자해야 한다. 기술 산업 종사자도 다른 산업으로 총자본을 분산투자해야 한다. 종사하는 분야가 성숙 산업이든 성장 산업이든, 총자본 분산투자의 필요성은 마찬가지다. 실제로 기술 산업 같은 신생 산업은 불확실성이 더 크므로 성숙 산업보다 분산투자의 필요성이 더 크다.

총자본과 분산투자: 텍사스 사례

1980년대 에너지 가격 하락 이후의 텍사스도 총자본 분산투자의 중요성을 일깨워주는 사례다. 석유회사 주가가 하락하고, 텍사스 실업률은 상승했으며, 텍사스 부동산 가격이 하락하고, 사람들은 큰 손실을 보았다. 벽을 유리로 만든 댈러스와 텍사스의 이른바 '투명' 사무실 건물들은 임차인이 전혀 없어서 문자 그대로 투명 건물이 되었다. 텍사스는 침체에 빠졌지만 총자본을 분산투자한 사람들은 재산 대부분을 지킬 수 있었다. 약세장이 장기간 이어지거나 기술회사들의 수익성이 장기간 악화한다면 뉴욕이나 샌프란시스코에서도 이런 일이 벌어질 수 있지 않겠는가?

금융자산의 위험을 분산하라

총자본 분산투자 다음 단계로 고려할 사항이 금융자산의 분산투자다. 이 단계에서는 주식, 채권, 현금, 금과 원자재, 비상장 주식, 대체투자 사이에서 자산배분을 결정해야 한다. 일각에서는 소형주도 별도의 자산군으로 간주하니 소형주에 대한 자산배분도 이때 고려해야 한다.

먼저 주식, 채권, 현금에 대한 자산배분을 생각해보자. [그림 5.4]는 주식, 채권, 현금 자산 조합의 위험·수익 분포를 나타낸다. 세로

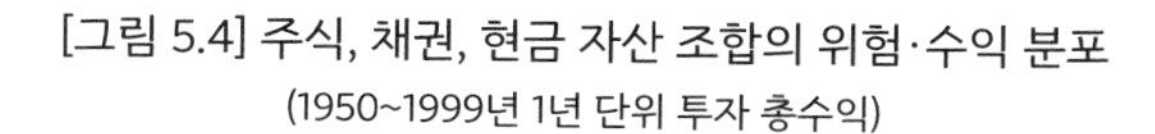

[그림 5.4] 주식, 채권, 현금 자산 조합의 위험·수익 분포

(1950~1999년 1년 단위 투자 총수익)

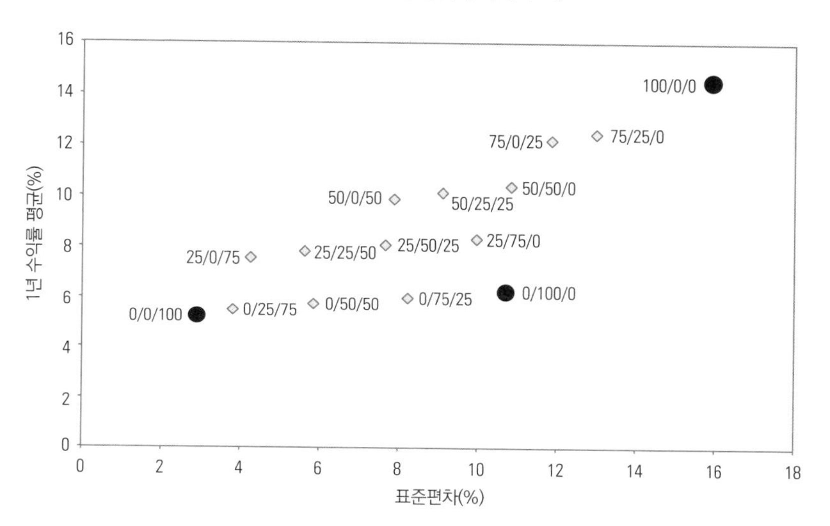

* 숫자는 주식, 채권, 현금이 포트폴리오에서 차지하는 비중.

* 자료: 메릴린치 정량 전략과 이봇슨 어소시에이츠(Ibbotson Associates) 데이터

축은 자산 조합의 연 수익률이고, 가로축은 수익률의 변동성으로 측정한 위험이다. 점 옆의 숫자들은 차례로 주식, 채권, 현금이 포트폴리오에서 차지하는 비중을 나타낸다. 75/25/0은 포트폴리오 자산의 75%는 주식, 25%는 채권, 0%는 현금이라는 뜻이다. 주식에 대해서는 S&P500, 채권에 대해서는 장기 국채, 현금에 대해서는 단기 국채를 벤치마크로 사용한다.

자산 조합이 좌측 상단으로 향할수록 수익률은 높아지고 위험은 낮아지므로, 우리 목표는 좌측 상단 방향 자산 조합에 최대한 투자하는 것이다. 우측 하단 방향으로 가면 자산 조합의 수익률은 낮아지고

위험은 높아진다.

일반적으로 주식과 현금으로 구성된 자산 조합이 주식과 채권 자산 조합보다 좌측 상단 방향에 분포한다. 이는 채권보다 현금이 분산투자에 더 효과적이라는 뜻이다.

[표 5.1] 은 주식, 채권, 현금의 상관관계를 나타낸다. 상관계수는 1.0에서 -1.0까지 나올 수 있다. 상관계수가 1.0이면 자산들이 똑같은 방향으로 움직이고(움직이는 거리는 달라질 수 있다), 상관관계가 -1.0이면 자산들이 정확히 반대 방향으로 움직인다. [그림 5.2] 사례(155쪽)에서는 자산 1과 자산 2의 상관계수가 -0.77이었다. 자산 1과 상관관계가 확실히 반대인 자산을 같은 비중으로 추가하자 포트폴리오의 수익률이 매우 안정되었다. 자산 1과 자산 2의 상관계수가 -1.0이었다면 [그림 5.3] 의 포트폴리오 수익률 그래프는 직선이 되었을 것이다. 반면에 상관계수가 +1.0이었다면 포트폴리오 수익률의 변동성은 여전히 매우 컸을 것이다.

주식과 채권의 상관관계보다는 주식과 현금의 상관관계가 낮으므로, 주식 포트폴리오에는 현금을 추가할 때 분산투자 효과가 더 높아

[표 5.1] 주식, 채권, 현금 수익률의 상관계수(1965~2000)

	주식	채권	현금
주식	1.00	-	-
채권	0.33	1.00	-
현금	-0.07	0.09	1.00

진다. 일반적으로 자산 사이의 상관관계가 낮을수록 분산투자 효과가 높아진다.

황금광의 잘못된 분산투자

분산투자가 아무리 중요해도, 단지 상관관계가 낮다는 이유로 장기간 계속 가치가 하락하는 자산에 투자해서는 안 된다. 금은 주식과의 상관관계가 거의 최저 수준(거의 0)인 자산이다. 이른바 황금광들은 지금도 금을 이용해서 주식 포트폴리오의 위험을 분산하려고 한다. 그러나 이런 헤지 전략은 1980년부터 2000년까지 20년 동안 거의 효과가 없었다. 상관관계가 낮을수록 분산투자 효과가 높아지긴 해도 금이 초과 실적을 거둔 것은 인플레이션이 심한 기간뿐이었다.

그러나 위에서 말한 20년의 대부분 기간에 미국은 디스인플레이션을 경험했다. 따라서 상관관계가 낮더라도 금을 분산투자 수단으로 간주해서는 안 된다. 만일 마차용 채찍을 제조하는 회사가 아직도 남아 있다면, 이 회사 주식과 시장지수의 상관관계도 매우 낮을 것이다. 그러나 이런 주식에서 장기적으로 좋은 실적을 기대하기는 어렵다. 분산투자에도 대가는 따르는 법이지만, 그래도 장기적으로 가치가 상승하는 자산만을 분산투자 수단으로 사용해야 한다.

미국 경제가 장기 인플레이션에 진입한다고 생각한다면 금도 적절한 분산투자 수단이 될 수 있다. 미국에도 인플레이션 기간이 있었지만 장기 디스인플레이션 추세 속에서 주기적으로 단기간 나타나는 현상으로 보인다. 이런 추세가 바뀐다면 금도 타당한 분산투자 수단이 될 수 있다.

중앙은행들의 금 매각을 반대 신호로 해석하는 황금광도 있다. 중앙은행들의 금 매각 가격이 1980년대에는 온스당 800달러였지만 2000년에는 이보다 훨씬 낮아졌다. 그래서 일부 황금광은 금 가격이 곧 반등할 것으로 예상한다. 그러나 예컨대 에너지 가격 급등 등 심각한 인플레이션 위협이 닥치지 않는다면 금시장 강세는 장기간 이어지기가 어려울 것이다.

비상장주식과 대체투자

대체투자는 새로운 유형의 자산으로서, 다른 자산과 상관관계가 낮다는 점을 장점으로 내세운다. 그러나 실제로 분산투자 효과가 높은지는 아직 밝혀지지 않았다. 그래도 지금까지 나온 실적을 보면 분산투자 효과가 있는 듯하다. 분산투자와 초과 실적이 양립할 수 없다고 믿는 일부 투자자는 대체투자에서 분산투자 효과만을 기대하기도 한다. 이들은 현재 주가가 매우 높은 수준이어서 주가 폭락 위험이 상당히 크다고 생각한다.

대체투자에는 비상장주식, 부실증권, 벌목권, 에너지 채굴권 등이 포함된다. 비상장주식은 아직 증권시장에서 거래되지 않는 주식이지만, 기업공개를 통해서 증권시장에 상장되면 커다란 수익을 기대할 수 있다. 1990년대 후반에 거래된 비상장주식은 대부분 기술주였다. 그동안 나스닥시장이 강세를 유지한 덕분에 비상장 기술회사들은 매우 높은 가격에 주식을 신속하게 공모해 상장했고, 비상장주식 투자자들은 손쉽게 큰돈을 벌고 빠져나올 수 있었다. 나스닥시장이 2001년 이후 계속 조정에서 벗어나지 못한다면, 비상장주식 투자자들은 손쉽게 큰돈을 벌고 빠져나오기 어려울까 봐 걱정한다. 부실증권은 파산 직전에 몰린 회사의 증권을 뜻한다. 부실증권 투자자들은 파산 직전에 몰린 회사의 자산에서 숨은 가치를 뽑아내려고 시도한다. 회사의 영업에서 이익을 얻으려 하는 대신 자산 매각을 통해서 이익을 얻어내려 한다.

대체투자는 내재 위험이 큰 만큼 이론상 더 높은 수익을 제공한다. 우선 대체투자는 일반적으로 유동성이 매우 낮아서 흔히 장기간 투자 원금을 회수하기 어렵다. 예를 들어 어떤 대체투자에 5년 동안 매년 500만 달러씩 출자하기로 약정했다면, 투자 수익률이 마이너스가 되더라도 약정 금액을 계속 투자해야 한다. 게다가 대체투자(비상장주식)는 일반 투자(상장주식)보다 가용 정보가 부족하다. 상장주식 투자자는 월스트리트 애널리스트의 보고서를 읽고, 회사 웹사이트를 방문하며, 회사 주식 담당자에게 전화로 문의하고, 신문에서 회사에 관한 기사를 읽을 수 있다. 그러나 비상장주식 투자자는 이런 방식으로 정보를 수집할 수 없으므로 직접 조사해야 한다.

나는 유동성과 정보 위험을 고려할 때 비상장주식에서 과연 초과실적이 나오는지 동료와 함께 조사한 적이 있다.[3] 그러나 비상장주식에 대해서는 신뢰할 만한 수익률 데이터를 구할 수가 없었으므로, 특성이 비슷한 상장주식 종목의 수익률 데이터를 사용해야만 했다. 우리는 거래량 측면에서 유동성이 지극히 낮고, 수익률 변동성 측면

[그림 5.5] 비상장주식 포함 여부에 따른 효율적 투자 기회선

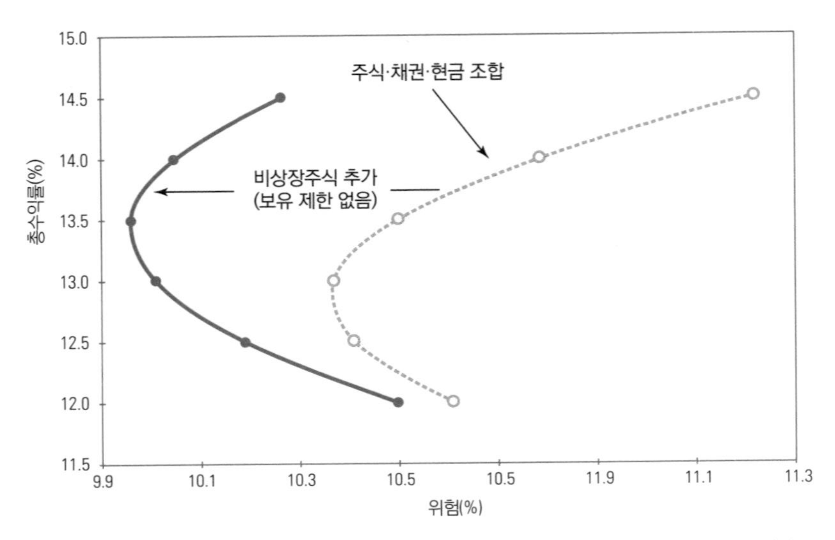

* 비상장주식 대용으로 1980년 1월~2000년 9월 상장주식 수익률 사용
* 자료: 메릴린치 정량 전략과 주식 파생상품 전략 데이터

에서 위험이 지극히 높으며, 시장 위험은 거의 없는 종목들을 데이터베이스에서 추출했다. 분석 결과, 비상장주식은 실제로 주식 포트폴리오의 위험을 분산하는 효과가 있는 듯했다. 최초 보고서를 작성한 후에도 이러한 분산투자 효과가 유지되는 것으로 보인다.

[그림 5.5]는 전통적인 주식·채권·현금 포트폴리오는 물론 주식·채권·현금·비상장주식 포트폴리오의 전형적인 위험·수익도 나타낸다. 기대수익률이 같은 수준일 때는 비상장주식이 포함된 포트폴리오의 위험이 더 낮았다. 즉, 비상장주식을 추가하면 포트폴리오의 위험 분산 효과가 더 높아졌다.

주식과 채권 포트폴리오의 위험을 분산하라

끝으로 주식 포트폴리오와 채권 포트폴리오의 위험 분산을 살펴보기로 한다. 여기서는 대형주와 소형주, 미국 주식과 국제 주식, 회사채와 지방채, 업종과 산업과 신용등급 집중도를 다루겠다. 금융시장에는 소음이 많으므로 총자본의 위험 분산이 가장 중요하다. 그다음 단계로 금융자산의 위험을 분산해야 하고, 그 후에야 주식 포트폴리오와 채권 포트폴리오의 위험을 분산하게 된다.

주식 포트폴리오와 채권 포트폴리오의 위험 분산을 다루는 책과 논문은 많으며, 이 책의 주제는 투자 방법이 아니다. 따라서 여기서는 투자자 대부분이 간과하는 몇 가지 요소를 짚어보기로 한다.

소형주 vs 대형주, 자국 주식 vs 국제 주식

실제로 소형주와 대형주의 상관관계는 사람들이 생각하는 것보다 더 높다.[4] 미국 주식과 국제 주식의 상관관계도 마찬가지다. 투자자들은 대개 대형주 포트폴리오에 소형주를 추가하면 위험이 분산된다고 생각하며, 미국 주식 포트폴리오에 국제 주식을 추가해도 위험이 분산된다고 생각한다. 이는 소형주가 대형주보다 국내 경기에 더 영향을 받기 때문이다.

규모가 가장 큰 기업들은 본사가 어느 나라에 있든 대부분 다국적 기업이다. 이런 기업들의 실적은 국내 경제에 좌우되지만 사업을 벌이는 국가들의 경제에도 좌우된다. 현재 미국 대기업 다수는 전체 매출에서 외국 매출 비중이 절반을 넘어간다. 일본 대기업들도 일본 경제보다는 외국 경제의 영향을 더 받을 것이다. 그러나 소기업들은 국제 사업의 비중이 작아서 주로 국내 경제의 영향을 받는다.

국제적으로 분산투자를 할 때는 소형주를 매수하는 편이 합리적이다. 소형주는 주로 그 나라 국내 경제의 영향을 받으므로 분산투자 효과가 높기 때문이다. 예를 들어 미국 투자자가 미국 주식 포트폴리오의 위험을 분산하려고 일본에 투자한다면, 일본 소형주를 매수하는 편이 합리적이다. 일본 대기업은 미국 매출 비중이 커서 주식을 매수해도 분산투자 효과가 높지 않은 반면, 일본 소기업은 주로 일본 경제의 영향을 받기 때문이다. 외국 투자자가 국제 주식 포트폴리오의 위험을 분산하려고 미국에 투자할 때에도 실적이 주로 미국 경제

[그림 5.6] S&P500 종목 중 외국 매출 비중이 높은 50개 종목의 시장 대비 실적(1986~2000)

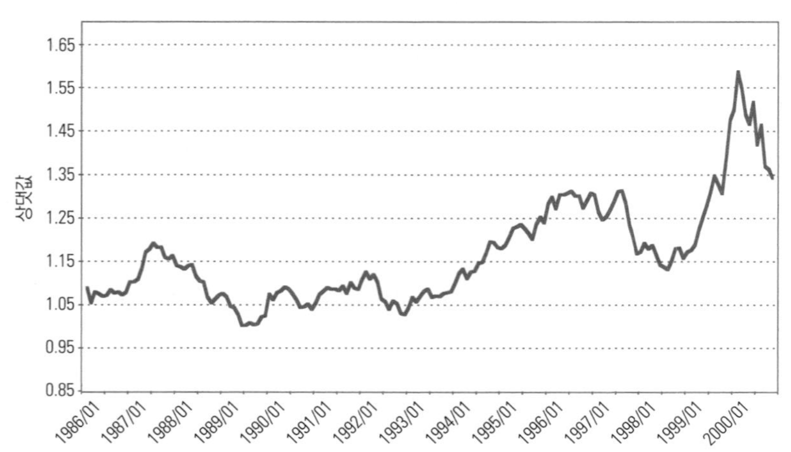

에 좌우되는 미국 소형주를 매수하는 편이 합리적이다.

[그림 5.6]은 S&P500 종목 중 외국 매출 비중이 가장 높은 50개 종목의 시장 대비 실적을 나타낸다. 이 50대 종목의 실적 흐름은 세계 경제의 흐름과 매우 비슷하다. 1997년과 1998년 미국 경제는 강세를 이어갔으나 세계 경제는 침체에 빠졌는데, 이 기간 50대 종목의 실적도 부진했다. 1999년 세계 경제가 강하게 반등하자 50대 종목의 실적도 대폭 개선되었다. 그러나 2000년 세계 경제가 다시 둔화하자 50대 종목의 실적도 악화했다.

그러나 국제 분산투자를 논할 때 대중매체는 오로지 거대 다국적 기업에 초점을 맞추며, 일부 애널리스트는 세계 다국적기업지수까지 제시한다. 이것도 소음이다. 정말로 국제 분산투자를 원한다면 소기업에 투자해야 한다. 미국 투자자는 소니나 토요타에 투자할 때보다 일본 소기업에 투자할 때 분산투자 효과가 더 높아진다.

ETF

ETF는 포트폴리오의 위험 분산에 유용한 흥미로운 상품이다. ETF는 여러 주식을 담은 바스켓으로서 상장주식처럼 증권거래소에서 매매한다. 지수, 산업, 업종, 국가, 자본금 규모 등 다양한 상품이 있다.

ETF의 인기가 계속 높아지는 데에는 몇 가지 이유가 있다. 첫째, 주식 바스켓으로 구성되며 수탁회사가 투자자를 대신해서 관리해주므로 편리하다. 예를 들어 바스켓에 포함된 주식에서 주식 분할, 합병 등이 발생해도 수탁회사가 모두 관리해주니 투자자는 아무 부담이 없다. 둘째, ETF는 주식 바스켓이므로 처음부터 분산투자 효과를 제공한다. 신흥시장에 투자하고 싶으면 신흥시장에 분산투자하는 ETF를 사면 된다. 셋째, 펀드를 매매할 때보다 세금 면에서 유리하다. 뮤추얼펀드는 일부 투자자의 매매에 따라 모든 투자자의 세금이 달라진다. 그러나 ETF는 투자자가 각자 매수해서 매도하는 시점에 따라 세금이 결정된다.

ETF는 비교적 최근에 나온 상품이어서 장단점이 아직 충분히 밝혀지지 않았다. 그러나 분산투자에 관심이 있는 투자자라면 ETF의 특성을 알아둘 필요가 있다.

소음은 어떻게 분산투자를 방해하나

소음은 장기 투자 계획을 방해하지만 분산투자도 방해한다. 첫째, 위험·수익 관계에 대한 인식을 왜곡해서 '금융시장에 공짜 점심이 존재한다'고 착각하도록 유도한다. 둘째, 분산투자의 여러 단계(총자본, 금융자본, 포트폴리오) 중 가장 중요도가 낮은 세 번째 단계에만 집중하도록 유도한다. 총자본과 금융자본은 속성이 자주 바뀌지 않으므로 포트폴리오만큼 흥미로운 주제가 되지 못한다. 따라서 총자본과 금융자본 분산투자에 관한 이야기만으로는 방송 시간이나 지면을 채우기가 어렵다.

셋째, 투자자들이 과도한 위험을 떠안도록 유도한다. 4장에서는 소음 탓에 사람들이 투자 계획을 포기하는 사례를 살펴보았다. 마찬가지로 소음에 휩싸이면 사람들은 분산투자를 충분히 하지 않게 된다. 앞에서 설명한 실리콘밸리 고객들이 대표적인 사례다. 이른바 신경제라는 소음이 없었다면 고객들은 분산투자를 훨씬 잘했을 것이다.

마지막이자 아마 가장 중요한 특성으로, 소음은 분산투자하는 사람들을 조롱한다. 애널리스트와 포트폴리오 매니저가 분산투자를 통해서 위험을 낮추라고 조언하면 대중매체와 투자자들은 조롱하기 일쑤다. 이런 조롱이 압박으로 작용해 분산투자가 불충분해질 수도 있다.

6장에서는 위험을 평가하는 방법을 살펴보기로 한다.

6장

자신의 위험 수용도를 파악하라

6장에서는 먼저 간단한 퀴즈들을 풀어본다. 여기서 정말로 효과를 얻으려면 몇 가지 사항을 지켜야 한다. 첫째, 퀴즈를 모두 풀어야 한다. 둘째, 솔직하게 답해야 한다. 셋째, 뒤에 나오는 설명을 먼저 읽으면 안 된다. 넷째, 설명을 읽어나가면서 기존의 답을 수정해서는 안 된다.

나는 우리 회사 재무상담사들에게 위험 수용도 평가 과정을 가르치고 있는데, 여기 제시하는 퀴즈를 이용해서 위험 수용도 평가가 얼마나 어려운지 보여주고 있다. 내 경험에 비추어 보면, 당신도 위에서 설명한 방식으로 퀴즈를 풀고 설명을 읽으면서 이 장을 마칠 무렵에는 자신의 위험 수용도와 위험 선호도를 이해하게 될 것이다.

위험 선호도 확인을 위한 퀴즈

먼저 자산 둘 중 하나를 선택하는 퀴즈를 풀기 바란다. 둘 다 선택해도 안 되고, 선택하지 않아도 안 된다. 각 쌍에서 하나만 선택해야 한다. 시간 지평이 정해진 것은 아니다. 단지 지금 투자하기에 더 좋아 보이는 자산을 선택하면 된다. 그리고 선택한 자산을 적어놓아라. 퀴즈에 정답이 있는 것은 아니다.

퀴즈 1: 두 가지 자산 중 어느 쪽에 투자하고 싶은가?

1. 미국 자산 | 신흥시장 자산
2. 반도체 주식 | 식품 주식
3. 장기 국채 | 단기 국채
4. 인터넷 주식 | 전통적 소매회사 주식
5. 생명공학 주식 | 보험회사 주식

이번에는 자산 대신 투자의 특성을 선택하는 퀴즈다. 여기서는 일정 기간의 투자 실적을 합리적으로 대변하는 12개월 평균 수익률, 12개월 최고 수익률, 12개월 최저 수익률을 제시한다. 앞에서와 마찬가지로 두 가지 조합 중 하나를 선택하면 된다.

퀴즈 2: 둘 중 어느 쪽에 투자하고 싶은가?

1. 평균 16%, 최고 49%, 최저 -10% | 평균 8%, 최고 74%, 최저 -51%
2. 평균 50%, 최고 151%, 최저 -27% | 평균 8%, 최고 45%, 최저 -32%
3. 평균 10%, 최고 31%, 최저 -12% | 평균 5%, 최고 6%, 최저 3%
4. 평균 60%, 최고 305%, 최저 -73% | 평균 25%, 최고 63%, 최저 -16%
5. 평균 40%, 최고 297%, 최저 -34% | 평균 18%, 최고 71%, 최저 -22%

세 번째 퀴즈도 하나를 선택하는 것이며, 역시 정답은 없다.

퀴즈 3: 어느 쪽이 더 위험한가?

1. 분산투자하는 펀드에 1,000달러 투자 | 복권에 1,000달러 투자

2. 단기 국채에 1,000달러 투자 | 복권에 1,000달러 투자

이번에는 선택지 중 하나를 고르는 퀴즈다.

퀴즈 4: 당신의 포트폴리오에 떠안고 싶은 위험 수준은?

1. 매우 낮은 위험
2. 평균보다 낮은 위험
3. 평균 수준의 위험
4. 평균보다 높은 위험
5. 매우 높은 위험

퀴즈 5: 당신의 포트폴리오에 떠안고 싶은 위험 수준은?

1. 매우 낮은 위험
2. 평균보다 낮은 위험
3. 평균보다 높은 위험
4. 매우 높은 위험

지금까지 퀴즈에 충실하게 답했다면 이 장에서 자신의 위험 선호도를 파악하게 될 것이다. 이제부터 퀴즈 뒤에 숨겨두었던 의도를 설명하겠다.

위험이란 무엇인가?

자신의 위험 수용도를 평가하기는 지극히 어렵다. 위험 수용도를 평가하는 과정에서 투자자들은 일련의 질문을 받는데 질문이 구성된 방식, 질문하는 사람, 심지어 투자자의 그날 기분에 따라 답이 극적으로 달라질 수 있다. 그 결과 투자자들은 위험의 기본 속성조차 파악하지 못한 상태에서 자신이 떠안을 위험을 결정하기도 한다.

위험의 기본 정의는 두 가지다. 우선 이 책에서 지금까지 사용해온 학계 정의는 투자 실적의 불확실성을 위험으로 간주하며, 투자 수익률의 표준편차인 변동성으로 측정한다. 이 정의에서는 변동성이 매우 높은 주식은 매우 위험하다고 간주한다. 변동성 탓에 장래 수익률을 예측하기가 매우 어렵기 때문이다. 그러나 1년 만기 단기 국채처럼 매우 안정적인 상품은 매우 안전하다고 간주한다. 1년 뒤 수익률을 거의 확실하게 알 수 있기 때문이다.[1]

위험의 또 다른 정의는 손실 확률이다. 이 정의에서는 투자자들이 변동성을 중시하지 않는다고 가정한다. 투자 수익률이 높기만 하다면, 변동성이 높아서 수익률을 예측하기 어렵더라도 걱정하지 않는다는 뜻이다. 투자자들은 손실만 피하면 된다.

당신은 위험을 어떻게 정의하는지 확인해보자.

퀴즈 3: 어느 쪽이 더 위험한가?

1. 분산투자하는 펀드에 1,000달러 투자 | 복권에 1,000달러 투자
2. 단기 국채에 1,000달러 투자 | 복권에 1,000달러 투자

1번에서 펀드를 선택했다면 전통적인 학계의 위험 정의를 따른 셈이다. 이상하게 들릴 수도 있지만 복권보다도 펀드의 장래 수익률을 예측하기가 더 어렵다. 잘 분산된 펀드라면 수익률이 장기적으로 시장 수익률을 따라가겠지만 정확하게 알 수는 없다. 그러나 복권은 수익률이 거의 확실히 -100%임을 안다. 당신은 1,000달러를 모두 잃을 것이다.[2] 따라서 전통적인 위험 정의를 따르면 복권이 펀드보다 안전하다.

복권이 펀드보다 위험하다고 판단했다면, 당신은 손실 확률을 위험으로 정의한 셈이다. 복권을 선택한 사람은 당신뿐이 아니다. 내 질문을 받은 사람 거의 100%가 복권이 더 위험하다고 답했다. 이 질문에 결함이 없다면(복권에 대한 사람들의 인식이 부정적이므로 이 질문이 편향되었다는 주장도 있다), 학계의 위험 정의에 결함이 있다는 뜻이 된다. 이는 가볍게 볼 문제가 아니다. 대부분 위험·수익 분석에서는 학계의 정의를 사용하며, 이 책에서도 지금까지는 학계의 정의를 따랐다. 그러나 이제부터는 위험을 손실 확률로 정의하고 기존 투자 이론에서 완전히 벗어나더라도 전혀 문제가 없다.

[표 6.1] 에서는 주식, 장기 국채, 단기 국채, 복권의 위험을 두 가

[표 6.1] 위험 정의에 따른 자산의 위험도 순위

	수익률의 불확실성 기준	손실 확률 기준
주식	1(가장 위험)	2
장기 국채	2	3
단기 국채	3	4(가장 안전)
복권	4(가장 안전)	1(가장 위험)

지 정의에 따라 평가했다. 복권의 위험은 손실 확률로 평가했을 때는 가장 높았지만, 수익률의 불확실성으로 평가했을 때는 가장 낮았다.

두 번째 질문에 숨은 의도도 이제는 분명히 드러난다. 복권이 더 위험하다고 판단했다면 당신은 손실 확률을 위험으로 정의한 셈이다. 그러나 단기 국채가 더 위험하다고 판단했다면 당신은 수익률의 불확실성을 위험으로 정의한 것이다. 짐작건대 이 질문에서 단기 국채가 더 위험하다고 답한 사람은 아무도 없을 것이다.

그런데 학계는 복권이 위험한 투자가 아니라 불합리한 투자라고 주장한다. 복권의 수익률은 일반적으로 -100%이므로 복권을 사는 행위 자체가 불합리하다는 말이다. 그러나 학계의 위험 정의를 따른다면, 복권이 매우 안전하다는 점에는 이론의 여지가 없다. 내 질문을 받은 사람 거의 100%가 복권이 더 위험하다고 답했다는 사실을 고려하면 학계의 위험 정의에는 문제가 있는 듯하다.

[그림 6.1]과 [그림 6.2]를 보면 위험을 수익률의 변동성으로 정의

[그림 6.1] 위험을 수익률의 변동성으로 측정했을 때 1년 위험·수익률 조합
(1970~1999)

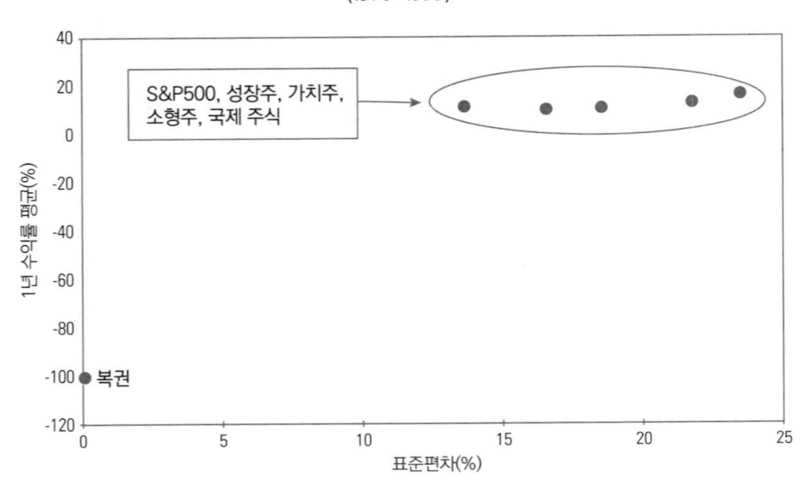

* 자료: 메릴린치 정량 전략 데이터

하느냐, 손실 확률로 정의하느냐에 따라 자산의 특성이 달라진다. 두 그림에서 세로축은 12개월 평균 수익률을 나타낸다. 가로축은 [그림 6.1] 에서는 수익률의 변동성으로 측정한 위험이고, [그림 6.2] 에서는 손실 확률로 측정한 위험이다.

복권의 위치는 두 그림에서 확연히 달라진다. [그림 6.1] 에서는 복권이 가장 안전한 자산이다. 수익률은 마이너스이지만 수익률의 변동성이 가장 낮기 때문이다. 그러나 [그림 6.2] 에서는 복권이 가장 위험한 자산이다. 복권을 사면 대부분 손실을 보고 손실 확률이 지극히 높아서 거의 100%이기 때문이다.

[그림 6.2] 위험을 손실 확률로 측정했을 때 1년 위험·수익률 조합
(1970~1999)

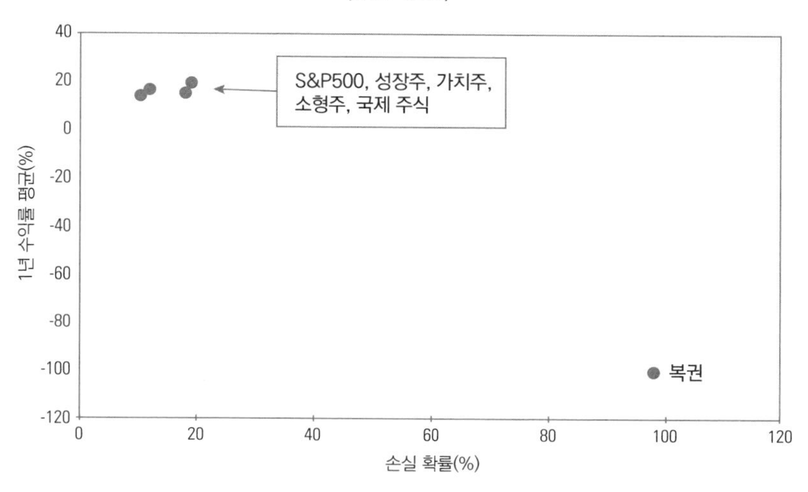

* 자료: 메릴린치 정량 전략 데이터

소음과 주가 차트

소음은 위험 평가에도 큰 영향을 미친다. 소음은 위험한 자산이 안전해 보이게 할 수도 있고, 안전한 자산이 위험해 보이게 할 수도 있다. 소음에 휩쓸리면 흔히 사람들은 지금까지 실적이 가장 좋았던 자산을 주목하게 되므로, 위험한 자산을 안전하다고 착각하기 쉽다. 위험을 손실 확률로 정의한다면, 인기 업종은 손실 확률이 매우 낮아 보이므로 안전한 것처럼 인식된다. 반면에 지금까지 실적이 나빴던 업종은 소외된다. 이런 업종의 주가 차트는 하향 추세를 나타내므로 손실 확률이 매우 높아 보이고 따라서 매우 위험하다고 평가받는다.

일반적으로 TV와 잡지에 실리는 주가 차트는 가장 극적인 인상을 주는 방식으로 구성된다. 분석 기간으로 최근 2주를 보여주기도 하고 최근 2개월이나 최근 2년을 보여주기도 한다. 낙관론을 주장하려는 기자는 낙관론을 가장 잘 뒷받침하는 주가 차트를 제시한다. 비관론을 주장하려는 기자는 비관론을 가장 잘 뒷받침하는 주가 차트를 제시한다. 나는 심지어 한 기사에서 두 종목을 분석하는 기간이 다른 사례까지 보았다. 요즘 TV와 잡지는 보도 방식의 일관성을 유지하는 데 소홀한 듯하다.

대중매체가 진정으로 투자자의 이익을 중시한다면, 주가 차트의 분석 기간을 예컨대 1년으로 정해 일관성을 유지해야 한다. 이렇게 일관성을 유지하면 더 공정하고 균형 잡힌 보도가 되므로 소음도 감소한다. 오늘 하루의 가격 변동이 커 보이더라도, 분석 기간을 객관적으로 조절하면 실제로는 변동이 매우 작아질 수 있다. 대중매체는 짧은 기간 안에 중요한 사건이 발생하므로 분석 기간을 일정하게 유지하기가 어렵다고 반박하기도 한다. 이들은 아무 사건이나 중요하다고 과장하려고 한다.

결국은 사람들이 소음을 구분할 수 있어야 대중매체가 만들어내는 소음에서 벗어나게 된다. 일간 신문은 주가 변동조차 공정하게 보도하는 사례가 드물다. 50달러짜리 주식의 1달러 변동보다 40달러짜리 주식의 1달러 변동이 더 중요한데도, 일간 신문은 당일 변동 폭에만 계속 초점을 맞춘다.

주가 차트로 위험을 평가하지 말라

앞에서 이미 설명했듯이, 지난 3년간(1차 3개년) 초과 실적을 낸 전략이 이후 3년간(2차 3개년)에도 초과 실적을 낼 확률은 낮다. 그런데 위험을 손실 확률로 정의한다면, 주가 차트를 이용해서 위험을 평가할 때 실수를 저지르기 쉽다. 지난 3년 동안 가장 많이 상승한 종목들은 손실을 낸 적이 거의 없으므로 지극히 안전하다고 착각하고, 지난 3년 동안 가장 많이 하락한 종목들은 손실을 낸 적이 매우 많으므로 지극히 위험하다고 착각할 것이기 때문이다.

[표 6.2]([표 2.1]과 같음)를 보면, 1차 3개년에 초과 실적이 나왔을 때 2차 3개년에는 미달 실적이 나올 확률이 높아진다. 1차 3개년에 초과 실적이 나왔을 때는 2차 3개년에 초과 실적이 나올 확률이 47%에 불과하다. 따라서 미달 실적이 나올 확률은 53%가 된다.

그러나 1차 3개년에 미달 실적이 나왔을 때는 2차 3개년에 초과 실적이 나올 확률이 62%나 된다. 여기서는 실적을 S&P500 대비 수익률로 평가했으므로, 수익률이 S&P500보다 낮을 확률이 곧 '손실

[표 6.2] 1차 3개년 실적과 2차 3개년 실적의 관계 매트릭스(1987~1999년 데이터)

	2차 3개년 초과 실적(%)	2차 3개년 미달 실적(%)
1차 3개년 초과 실적	47	53
1차 3개년 미달 실적	62	38

* 자료: 메릴린치 정량 전략 데이터

확률'로서 위험에 해당한다.[3]

아직 퀴즈 4와 5를 풀지 않았다면 지금 풀기 바란다.

당신이 떠안으려는 위험 수준은?

실제로는 터무니없지만 증권회사에서 빈번하게 던지는 질문을 이제부터 다루겠다. 퀴즈 4는 5개 선택지 중 하나를 고르는 문제였다. 심리 연구에 의하면, 사람들은 선택지의 숫자가 홀수일 때는 가운데 선택지를 고르는 경향이 있다. 내 짐작으로는 사람들이 가장 많이 고른 선택지가 '평균 수준의 위험'이고, 그다음이 '평균보다 낮은 위험'이나 '평균보다 높은 위험'일 것이다. '매우 낮은 위험'이나 '매우 높은 위험'을 고른 사람은 드물 것이다.

퀴즈 5는 가운데 선택지가 없으므로 '평균보다 낮은 위험'이나 '평균보다 높은 위험'을 고를 수밖에 없다. 따라서 떠안으려는 위험 수준을 결정해서 의사를 더 명확히 밝혀야만 한다.

질문을 잘 구성하면 모호한 개념에 대한 태도를 더 정확하게 파악할 수 있다. 선택지를 4개로 구성하면 위험에 대한 투자자의 태도가 더 명확하게 파악되므로 더 유용하다. 그러나 선택지가 5개이면 투자자의 태도가 드러나지 않을 수 있다.

그런데 여기서 '평균'의 뜻이 모호하다. 방어적인 투자자와 공격적인 투자자를 포함해서 모든 투자자가 떠안는 위험의 평균 수준을 뜻할 수도 있고, 위험이 평균 수준인 투자 상품만으로 구성한 포트폴리오를 뜻할 수도 있다. 선택지가 5개이면 이것도 판단할 방법이 없다.

퀴즈 4와 퀴즈 5를 결합하면 답이 명확해진다. 퀴즈 4에서 가운데 선택지를 고른 사람도 퀴즈 5에서는 결정을 내려야만 한다. 당신은 퀴즈 4와 퀴즈 5에 어떻게 답했는지 확인해보라. 질문자가 퀴즈 4에 대한 당신의 답을 보면 퀴즈 5의 답도 짐작할 수 있겠는가?

당신이 위험을 나름대로 정의했다면 다음 사항도 고려해보아야 한다. 질문자가 위험하다고 생각하는 자산 유형은 무엇이고, 당신이 위험하다고 생각하는 자산 유형은 무엇인가? 위험 수용도를 평가할 때 질문자는 당신을 누구와 비교하고, 당신은 자신을 누구와 비교하는가? 이제부터 하나씩 살펴보자.

퀴즈 1과 퀴즈 2를 아직 풀지 않았다면 지금 풀기 바란다.

이제 퀴즈 1을 검토해보자. 미국 자산을 선택했는가, 신흥시장 자산을 선택했는가? 반도체 주식을 선택했는가, 식품 주식을 선택했는가? 장기 국채를 선택했는가, 단기 국채를 선택했는가? 인터넷 주식을 선택했는가, 전통적 소매회사 주식을 선택했는가? 생명공학 주식을 선택했는가, 보험회사 주식을 선택했는가?

이번에는 퀴즈 2를 검토해보자. 첫 번째 자산을 선택했는가, 두 번째 자산을 선택했는가? 첫 번째 자산이 수익률이 더 높지만 위험도 더 높아 보일 것이다. 수익률의 변동성이 더 크거나 손실 확률이 더 커 보이기 때문이다.

퀴즈에 정답이 있는 것은 아니지만 내가 여기에 속임수를 썼다. 퀴즈 1과 퀴즈 2는 똑같은 자산을 비교한 것이다. 퀴즈 1에서는 자산의 명칭을 제시했고 퀴즈 2에서는 수익률의 확률분포를 제시했다. 다시 말해서 두 퀴즈의 선택지 1~5는 똑같은 자산을 가리킨다. 퀴즈 1은 자산의 명칭이고 퀴즈 2는 자산의 수익률일 뿐이다. 두 퀴즈 모두 미국 자산과 신흥시장 자산, 반도체 주식과 식품 주식, 장기 국채와 단기 국채, 인터넷 주식과 전통적 소매회사 주식, 생명공학 주식과 보험회사 주식을 비교한 것이다. 두 퀴즈에서 당신이 고른 선택지가 일치하지 않는다면 이유가 무엇일까? 실제로 이 퀴즈를 푸는 사람들이 고른 선택지가 일치하는 사례는 드물다.

퀴즈 1은 사람들이 자산의 명칭에 영향받는 정도를 평가한다. 일반적으로 자산의 명칭은 일종의 소음으로서 위험·수익에 대한 사람들의 인식에 영향을 미친다. 퀴즈 2는 실제로 위험 수용도를 평가한다. 두 퀴즈에 대한 답을 비교해서 보면 소음이 위험 수용도에 미친 영향을 파악할 수 있다.

예를 들어 퀴즈 2의 1번 문항에서 수익률이 더 높고 안정적으로 판단되는 첫 번째 자산을 선택했다고 가정하자. 그런데 퀴즈 1의 1번 문항에서 첫 번째인 미국 자산을 선택하지 않았다면, 소음 탓에 자신에게 적합한 수준의 위험을 선택하지 못한 셈이다.

내가 가르치는 수업에서 이와 비슷한 사례가 발생했다. 학생 중에는 아시아에서 온 사람이 많았고 홍콩에서 온 사람도 셋 있었다. 당시에는 아시아 시장이 강세를 보였으므로 두 퀴즈의 선택지에 미국 자산과 홍콩 자산을 집어넣었다. 학생들은 두 퀴즈의 선택지가 똑같은 자산을 가리킨다는 사실을 몰랐다. 홍콩 출신 세 사람 모두 퀴즈

2에서는 수익률 기준으로 미국 자산을 선택했지만, 퀴즈 1에서는 자산 명칭 기준으로 홍콩을 선택했다. 그러나 홍콩 주식시장에 관한 과장 선전을 걷어내어 매우 위험한 상태임을 밝히자 세 사람은 충격에 빠졌다.

퀴즈 1과 퀴즈 2가 시사하는 바는 두 가지다. 첫째, 자신의 위험 수용도를 제대로 평가하기가 매우 어렵다. 둘째, 소음이 투자 의사결정에 영향을 미칠 수 있다. 퀴즈 1에 대해 사람들 대부분은 직관과 이미지에 따라 반응한다. 중요도는 객관적 데이터로 구성된 퀴즈 2가 더 높다. 그러나 사람들은 소음 탓에 퀴즈 1이 더 중요하다고 믿는다. 이런 소음의 영향은 매우 강력해서, 사람들이 스스로 선택한 답조차 믿지 않을 정도다.

이 퀴즈에 관해서 나에게 항의하는 사람도 적지 않다. 이들은 내가 숨기는 것 없이 충분히 설명해주었다면 다른 답을 선택했을 것이라고 주장한다. 어떤 수업에서는 공개적으로 불만을 드러내기도 했다. 그래서 나는 고객의 위험 수용도를 제대로 평가하지 못하면 고객도 비슷한 감정적 반응을 보일 것이라고 설명해주었다. ("당신이 안전하다고 말했던 자산인데 어떻게 되었는지 보시오!")[4]

평가 기준: 동료 집단

위험 수용도를 평가할 때는 비교 대상이 되는 동료 집단 선택이 중요하다. 질문자는 당신을 누구와 비교하는가? 당신은 자신을 누구와 비교하는가?

“위험을 어느 수준으로 떠안고 싶습니까?”라는 질문의 답변은 질문자가 누구냐에 따라 달라질 수 있다. 질문자에게 겁쟁이로 보이기 싫다면 높은 위험을 떠안겠다고 답변할 것이고, 지나치게 대담한 모습으로 비치기 싫다면 낮은 위험을 떠안겠다고 답변할 것이다.

질문자가 주로 상대하는 고객들의 특성을 알아두는 것도 중요하다. 질문자가 고객의 위험 수용도를 평가하는 방식은 당신이 평가하는 방식과 완전히 다를 수도 있다. 그가 주로 상대하는 고객이 은퇴자라면, 약간 공격적인 고객조차 매우 공격적인 투자자로 평가할 수 있다. 그렇다면 지나치게 공격적인 포트폴리오를 추천할지도 모른다. 반면에 질문자가 주로 상대하는 고객이 매우 공격적인 투자자들이라면, 다소 공격적인 고객조차 매우 방어적인 투자자로 평가할 수 있다. 그렇다면 지나치게 방어적인 포트폴리오를 추천할지도 모른다.

당신은 자신의 위험 수용도를 누구와 비교하는가? 투자를 자주 논의하는 상대가 은퇴자들이라면, 자신이 공격적인 투자자라고 생각하기 쉽다. 그러나 자주 논의하는 상대가 데이 트레이더나 도박을 즐기는 사람이라면, 자신이 매우 방어적이라고 생각하기 쉽다.

이번에는 당신의 위험 수용도가 평균 수준이라고 가정해보자. 유난히 공격적이지 않고, 유난히 방어적이지도 않다. 그러나 투자를 자주 논의하는 상대가 은퇴한 부모와 부모의 친구들이어서 자신이 공격적인 투자자라고 생각한다. 당신은 주식 중개인을 만나 투자의 목표와 위험 수용도를 논의한다. 그런데 이 주식 중개인의 고객은 대부분 매우 공격적인 투자자들이다. 주식 중개인이 위험을 어느 수준으로 떠안고 싶으냐고, 공격적인 투자를 원하느냐고 질문한다. 당신은 경험을 바탕으로 공격적인 투자를 원한다고 대답한다. 그리고 주식 중개인 역시 고객들을 상대해온 자신의 경험을 바탕으로 당신의 위험 수용도를 평가한다.

이런 상황이라면 포트폴리오가 지나치게 공격적으로 구성될 가능성이 매우 크다. 이것은 누구의 잘못도 아니다. 당신은 경험을 바탕으로 성실하게 답변했다. 주식 중개인도 당신의 답변을 듣고 기존 고객들을 기준으로 당신의 성향을 성실하게 평가했다. 그러나 짐작건대 두 사람의 관계는 오래 지속되지 못할 것이다. 평가 기준이 완전히 다르기 때문이다.

이번에는 가정을 변경해보자. 당신의 위험 수용도는 여전히 평균 수준이지만, 투자를 자주 논의하는 부모와 부모의 친구들이 매우 공격적이어서 스스로 방어적인 투자자라고 생각한다. 그런데 주식 중개인의 고객은 대부분 은퇴자여서 매우 방어적인 투자자들이다. 이런 상황이라면, 당신의 포트폴리오가 지나치게 방어적으로 구성될 가능성이 매우 크다. 이번에도 짐작건대 두 사람의 관계는 오래 지속되지 못할 것이다. 당신은 주식 중개인 탓에 급등 종목이나 하이일드 채권 등 고수익 기회를 다수 놓쳤다고 생각할 것이기 때문이다.

위험 수용도를 논의할 때는 자신의 평가 기준은 물론 질문자의 평가 기준도 반드시 정확하게 파악해야 한다.

주가 등락에 밤잠을 설쳐서는 안 된다

포트폴리오 때문에 밤잠을 설친다면 당신이 떠안은 위험이 지나치게 크다는 뜻이다. 이 말은 비유로 받아들여도 좋고 문자 그대로 해석해도 좋다. 오전 장에 주가가 급락할 때, 나는 어떤 동료가 위험을 지나치게 많이 떠안았는지 알 수 있다. 호가 단말기를 들여다보고 점심을 먹을 때의 태도에서 드러나기 때문이다. 시장이 극단적으로 폭락할 때, 나는 어떤 친구가 위험을 지나치게 많이 떠안았는지 알 수 있다. 내게 전화해서 시장에 대한 견해를 물어보기 때문이다. 친구가 몇 달이나 몇 년 만에 전화했다면 십중팔구 그동안 엄청나게 많은 위험을 떠안았다는 뜻이다. 이런 친구는 가족의 안부 인사조차 생략한 채, 전화로 시장에 대한 견해를 물어본다. 걱정을 견디지 못하기 때문이다.

자신의 위험 수용도를 정확하게 평가하면 일간, 주간, 월간 주가 등락 탓에 밤잠을 설치거나 식욕을 잃는 일은 발생하지 않는다. 주가 등락 탓에 하루라도 밤잠을 설친다면 이는 십중팔구 지나치게 많은 위험을 떠안고 있다는 신호다. 시장이 다시 안정을 찾아 이마의 땀을 닦고 안도의 한숨을 쉬게 되더라도, 그토록 노심초사했던 원인을 조사해볼 필요가 있다.

시장 변동성이 극단적으로 커질 때마다 나는 회사 재무상담사들에게 똑같이 이야기한다. 고객들이 시장 변동성에 불안을 느낀다면 위험 수용도 평가가 부정확하다는 신호다. 따라서 고객과 마주 앉아 자산배분을 검토하고서 더 방어적인 포트폴리오를 구축해야 한다. 그러나 포트폴리오를 다시 구성하고 나서 시장이 반등하면 고객은 십중팔구 화를 낸다. 압도적으로 비관적이었던 시장이 압도적으로 낙관적으로 바뀌면, 고객들은 공포감에 시달렸던 사실을 망각한다. 안타깝지만 사람들의 건망증과 얇은 귀는 고칠 방법이 없다.

부록

채권은 실제로 주식보다 위험한가?

나는 이 책에서 특정 투자 전략을 언급하지 않으려고 상당히 노력했다. 앞에서도 말했지만 이 책에서는 투자 방법을 논하지 않는다. 그러나 주식과 채권을 둘러싼 소음이 매우 크고 터무니없어서 언급하지 않을 수가 없다. 대신 본문과 분리해서 부록으로 다루고자 한다.

오랜 원칙에 의하면 주식은 채권보다 위험하며, 내재한 위험 때문에 장기적으로는 주식의 수익률이 채권의 수익률보다 높다. 이 추가 수익이 '위험 프리미엄'으로서 위험 자산 보유에 대한 보상이다.

요즘 일부 애널리스트는 주식이 실제로 채권보다 덜 위험하므로 주식이 확실히 저평가되었다고 주장했다. 현재 주식은 위험 프리미엄이 매우 높으나 채권은 위험 프리미엄이 매우 낮으므로 주식의 수익률이 채권보다 높다는 뜻이다. 요컨대 모두들 주식이 채권보다 위험하다고 믿지만 사실은 그렇지 않다고 이들은 주장한다. 그래서 사람들이 이 사실을 인식하는 과정에서 주가가 상승할 것이라고 말한다.

나는 주식이 채권보다 덜 위험하다는 주장이 허튼소리라고 믿는다. 첫째, 이들은 주식과 채권의 정의를 망각한 듯하다. 주식은 회사 일부에 대한 소유권이다. 채권은 회사 자산을 담보로 잡고 빌려준 돈이다. 회사가 파산하면 채권 보유자는 회사 자산에 대해 소유권을 주장할 수 있다. 그러나 주주는 회사의 잔여 재산에 대해서만 소유권을 주장할 수 있다. 따라서 주식은 채권보다 후순위이며 당연히 더 위험하다. 나는 지금까지 채권이 주식보다 후순위라고 명기된 채권 약관을 본 적이 없다.

둘째, 주식이 채권보다 수익률이 높다는 연구는 사전 기대수익률과 사후 실적을 혼동했다. 장기적으로 주식에서 초과 실적이 나오는 것은 (사전) 기대수익률이 (사후) 실제 수익률보다 낮기 때문이다. 그 차이가 앞에서 언급한 위험 프리미엄이다. 주식의 수익률이 채권보다 높다고 사람들이 받아들이기 시작하면 주식에 기대하는 수익률도 따라서 상승하며 위험 프리미엄은 감소한다. 간단히 말해서 주식이 채권보다 고평가된다.

채권이 주식보다 더 위험하다고 주장하는 이들이 제시하는 핵심 근거는 1998~1999년에 보인 두 자산 가격의 변동성이다. 주식시장은 1998년 하반기부터 1999년 말까지 거품이 형성되면서 주가가 계속 상승하기만 했으므로 변동성이 당연히 감소했다. 주가가 계속 하락하기만 해도 변동성은 마찬가지로 감소한다. 이렇게 수익률이 유지되면 수익률을 예측하기가 쉬워진다. 애널리스트들은 주식시장이 채권시장보다 예측 가능성이 더 높아졌으므로 주식과 채권의 위험 프리미엄 격차가 지나치게 크다는 결론에 도달했다.

이 주장이 타당한지 살펴보자. 주식과 채권의 변동성을 측정할 때는 전통적으로 5년 수익률을 사용하지만, 당시 월스트리트의 낙관론자들은 2년 수익률을 사용했다.

[그림 6.3] 은 2년 단위 수익률 기준 주식과 채권의 변동성이다. 변동성은 2년 기간 월간 수익률의 표준편차로 측정했다. 표준편차가 클수록 월간 수익률의 변동성도 크고 자산이 더 위험하다는 뜻이다. 그러나 애널리스트의 주장과는 달리, 지난 2년 동안 채권의 변동성이 주식보다 높았던 적은 없었다.

[그림 6.4] 는 5년 단위 수익률 기준으로 계산한 주식과 채권의 변동성이다. 애널리스트 대부분은 변동성 분석 기준으로 5년 단위 수익률을 사용하니, 이것이 더 전통적인 변동성 계산 방식이다. 5년 단위 기간에는 경기 순환주기 대부분이 포함되므로 2년 단위보다 더 다양한 경제 환경에서 실적 흐름을 분석할 수 있다. 이 그림에서는 지난 몇 년 동안 주식의 변동성이 더 커지는 모습이다.

위험 프리미엄을 측정하는 방식은 다양하며 일반적으로 합의된 정의는 없다. 나는 S&P500의 기대수익률에서 AAA등급 회사채 수익률을 차감하는 방식으로 위험 프리미엄을 측정한다. 그리고 S&P500의 기대수익률 계산에는 배당 할인 모형(Dividend Discount Model)을 사용한다.[5]

배당 할인 모형의 기대수익률을 계산할 때 장기 국채 대신 AAA등급 회사채 수익률과 비교하는 이유는 두 가지다. 첫째, 미국 재무부가 2000년에 장기 국채를 다시 사들여 국가 채무를 축소하기로 하

[그림 6.3] 2년 단위 수익률 기준 주식과 채권의 변동성(1965~1999)

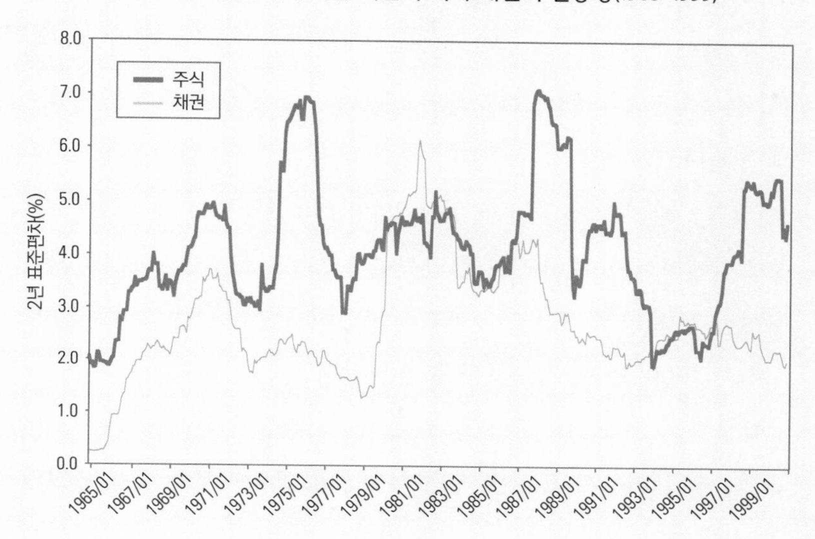

[그림 6.4] 5년 단위 수익률 기준 주식과 채권의 변동성(1965~1999)

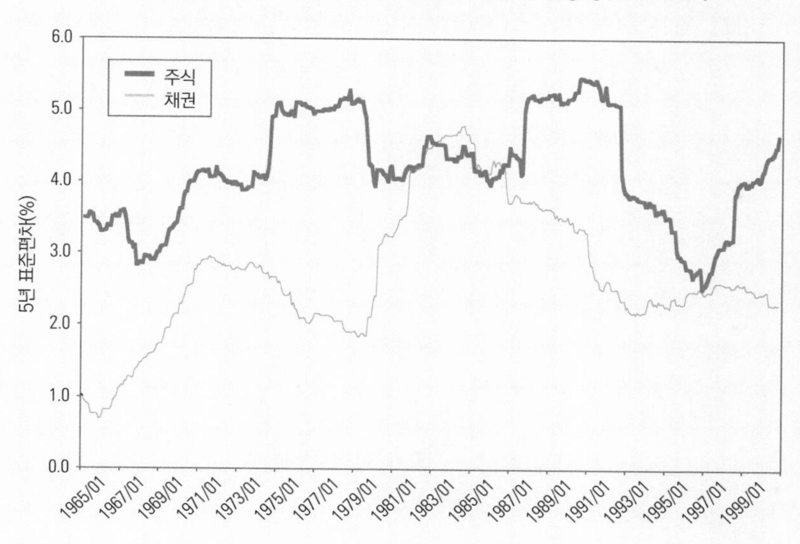

면서 주식과 장기 국채의 관계가 왜곡되었다고 일각에서 믿기 때문이다. 둘째, 신용위험의 유형이 같아야 자산을 비교하기 좋기 때문이다. 주식을 장기 국채와 비교하면 민간 부문을 공공 부문과 비교하는 셈이 된다.

[그림 6.5]가 내가 측정한 위험 프리미엄이다. 일부 애널리스트는 보고서에서 주식이 채권보다 안전하다고 주장했지만, 그 보고서가 작성된 2000년에 주식의 위험 프리미엄이 높았다고 보기는 어렵다. 오히려 2000년에는 평균보다 훨씬 낮았다.

끝으로 그 보고서가 작성될 무렵 월스트리트가 주식을 얼마나 낙관했는지 살펴보자. 만약 당시 주식의 위험 프리미엄이 매우 높았다면, 사람들이 주식시장을 극도로 비관한 탓일 것이다. 다시 말해서 주식에 대한 투자자들의 공포감이 매우 커서, 그 공포감을 극복하는 대가로 높은 실제로 위험 프리미엄을 지급했다는 말이다. 그러나 위험 프리미엄은 평균보다 낮았으므로 월스트리트는 시장을 그다지 비관하지 않았다는 이야기가 된다. 사실은 시장을 지나치게 낙관한 모습이다.

[그림 6.6]은 주식시장에 대한 월스트리트의 투자 심리 수준을 추적하려고 여러 해 전 내가 개발한 지표다. 월스트리트 대형 증권사가 추천하는 자산배분 전략을 추적하므로 나는 이를 '증권사 컨센서스 지표(Sell Side Consensus Indicator)'라고 부른다. 이 지표를 조금만 응용하면 시간 지평 12개월 기준으로 신뢰할 만한 역발상 지표가 된다는 사실을 알 수 있다.

[그림 6.5] 주식의 위험 프리미엄(1980~2000)

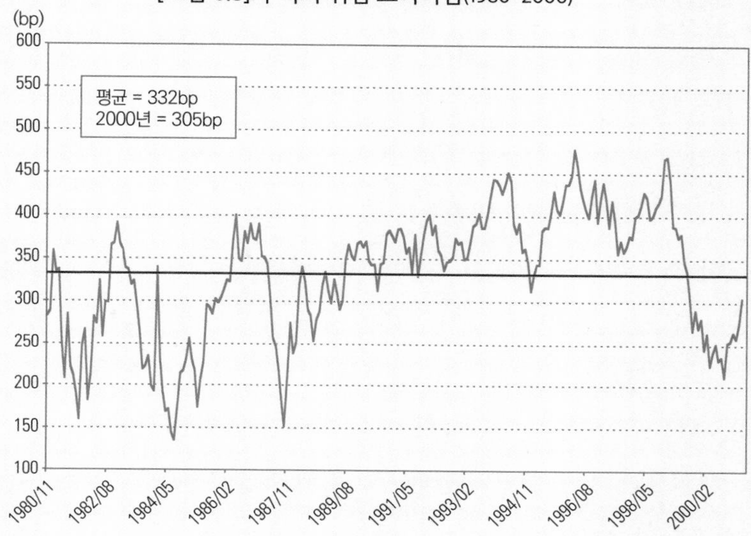

[그림 6.6] 증권사 컨센서스 지표(2000/11/30 기준)

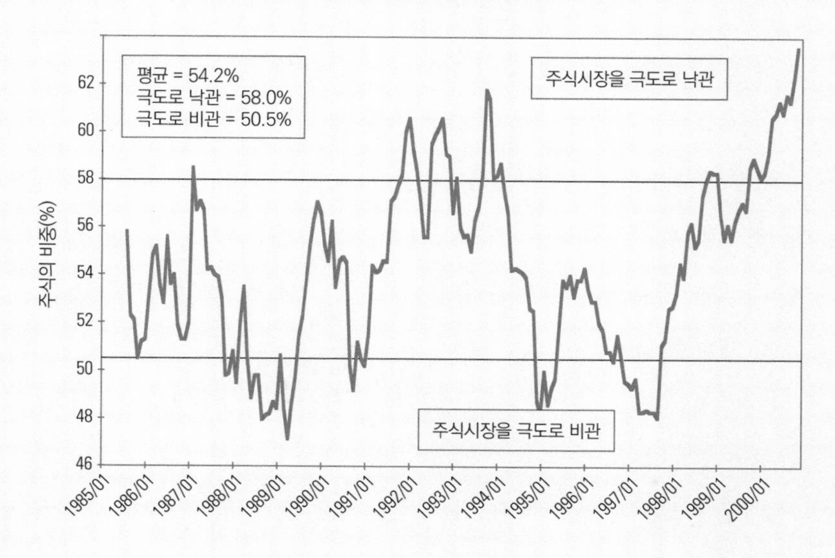

과거 실적으로 볼 때 이 지표는 월스트리트가 과도하게 낙관하면 매도 신호였고, 반대로 월스트리트가 과도하게 비관하면 매수 신호였다. 앞에서 일부 애널리스트는 채권보다 주식이 더 안전하며 주식의 위험 프리미엄이 매우 높다고 주장했지만, 2000년에는 월스트리트가 주식시장을 전혀 비관하지 않았다. 사실 이 지표로 보면 2000년 말 월스트리트는 사상 최고 수준으로 낙관적이었다. 당시 월스트리트는 2000년 말이야말로 최근 16년 중 주식 투자에 가장 좋은 시점이라고 주장했다. 이런 상황이라면 채권보다 주식이 더 안전하며 주식의 위험 프리미엄이 매우 높다는 주장은 근거가 빈약하다.

채권보다 주식이 더 안전하다고 주장한 일부 애널리스트는 데이터도 확인하지 않은 듯하다. 전통적인 위험 척도로 보면 위 주장이 뒷받침되지 않고, 과거 위험 프리미엄을 분석해보아도 역시 뒷받침되지 않는다. 만일 위험 프리미엄이 이례적으로 높았다면 월스트리트가 주식시장을 지극히 비관했어야 마땅하다. 그러나 실제로 월스트리트는 주식시장을 지극히 낙관했다.

이렇게 주장하는 자료가 나왔다는 사실을 고려하면, 지금은 혼합형 포트폴리오에서 채권 비중을 높여야 할 시점이라고 생각한다. 이런 자료는 지극히 낙관적인 월스트리트의 관점을 정당화하려는 의도로 보일 뿐이다.

[그림 6.5]와 [그림 6.6]은 자산의 인기가 높아질수록 소음이 높아지는 현상도 보여준다. 1995~1998년에는 주식의 위험 프리미엄이 매우 높았지만 월스트리트는 주식시장을 지극히 비관했다. 반면

에 1999~2000년에는 주식의 위험 프리미엄이 이미 대폭 감소했는데도 월스트리트는 주식시장을 지극히 낙관했다. [그림 6.5] 의 위험 프리미엄과 [그림 6.6] 의 투자 심리는 역의 상관관계를 보이고, 이는 소음이 투자 실적에 유해함을 보여주는 대표적인 사례다. 주식시장이 확실히 저평가되어 위험 프리미엄이 높아지자 사람들은 주식을 기피했다. 그러나 주식시장에서 위험 프리미엄이 사라지자 낙관론을 유행처럼 따르고 비관론자들을 조롱했다.

7장

시간 지평을 늘려라

"투자자는 장기적으로 생각해야 한다." 수없이 듣는 말이다. 그러나 투자자 대부분은 이 말을 무시하는 탓에 소음에 휩쓸려 판단을 그르친다. 흔히 장기 투자에서 나오는 실적을 보지 못하며, 단기 변동성이 극심해지면 더욱 그렇다. 이런 때일수록 소음이 증가하기 때문이다. 이런 소음에 휩쓸리지 않는 가장 쉬운 방법은 장기 계획을 세워 포트폴리오를 관리하는 것이다.

데이 트레이더가 되려는 사람에게

투자는 장기간 해야 하는데도 투자자들의 시간 지평은 갈수록 짧아지고 있다. 특히 데이 트레이딩의 인기가 올라가는 모습을 보면 그렇다. 장기 투자가 단기 투자보다 나은데도 왜 사람들은 분 단위, 시간 단위로 매매하려 할까?

뉴욕 미국증권업협회(National Association of Securities Dealers, NASD) 테스트센터에서 나는 정말 놀라운 경험을 했다. 나는 회사를 대표하는 등록관리자(registered principal)이므로 NASD 정기교육에 의무적으로 참석한다. 그런데 등록대리인(registered representative)과 주식 트레이더 등의 시험을 보는 테스트센터에 교육장이 있었다.

최근에 정기교육을 받았는데 테스트센터 대기실이 만원이었다.

의자가 부족할 정도였다. 감당하기 어려울 정도로 수험생들이 몰려드는 탓에 테스트센터 직원들도 매우 힘들어하는 모습이었다.

나는 한 수험생에게 테스트센터가 왜 이렇게 붐비는지 물어보았다. 그는 당혹스럽다는 태도로 나를 바라보면서, 모두 프로 데이 트레이더가 되려고 시험을 보는 사람들이라고 말했다. 내가 데이 트레이더가 될 생각이 없다는 말에 그는 놀라더니, 1년 전 친구가 데이 트레이더가 되어 큰돈을 벌었으므로 자기도 13년 동안 종사한 음반업계 일자리를 그만두려 한다고 말했다.

서서 기다리는 사람들이 데이 트레이더가 되려고 본업까지 포기한다는 말이었다. 나는 도무지 믿을 수가 없었다. 투자의 시간 지평을 늘리면 실적이 더 좋아질 뿐 아니라 본업도 유지할 수 있는데도 그들은 이 사실을 깨닫지 못하고 있었다. 나는 그 수험생에게 행운을 빌어주었지만, 마음속으로는 그가 시험에 떨어져서 음반업계로 돌아가길 희망했다.

7장의 결론은 스스로 장기 투자를 한다고 생각하지만 여전히 일상의 시장 소음에 노출되어 투자 의사결정에 영향을 받고 밤잠을 설치는 투자자에게 다소 놀라울 것이다. 매일 경제신문을 읽고 매일 경제 TV를 보며 매일 포트폴리오를 평가하면, 처음에 장기 투자를 계획했더라도 결국 포기하기 쉽다. 시간 지평이 길다면 매일 경제신문을 읽고 경제 TV를 보고 포트폴리오를 평가할 필요가 없다. 분기 어닝 서프라이즈와 온갖 분석은 5~10년 뒤 주가에 거의 영향을 미치지 않는다. 따라서 진정한 장기 투자자는 매일 시장을 접할 필요가 없다.

위험을 다시 정의하면

앞에서 논의했지만 전통적인 분석에서는 과거 수익률의 변동성(표준편차)을 위험으로 간주한다. 그러나 6장에서 설명한 퀴즈를 고려하면 위험은 손실 확률로 보는 편이 더 적절하다. 일반적으로 투자자들은 이익이 나기만 하면 변동성은 상관하지 않는다. 7장에서는 투자자 대부분의 생각에 맞춰 위험을 손실 확률로 정의한다. 즉, 25개 기간 중 손실이 발생한 기간이 5개라면 위험은 20%가 된다(5/25 = 20%). 바꿔 말하면 이익 확률은 80%다.[1]

그러나 이렇게 계산한 위험으로는 이익이나 손실의 크기를 전혀 알 수 없다는 점에 유의해야 한다. 매우 안전해 보이는 자산에서 발생하는 손실이, 매우 위험해 보이는 자산에서 발생하는 손실보다 훨씬 클 수도 있다. 예를 들어 어떤 자산에서는 10년마다 한 번 손실이 발생하지만 그 손실이 90%가 될 수도 있다. 또 어떤 자산에서는 5년마다 한 번 손실이 발생하지만 그 손실이 미미할 수도 있다.

시간 지평이 꼭 1년이어야 하나?

자산배분에는 시간 지평이 매우 중요하다. 연구 대부분에서 사용하는 시간 지평 1년 대신 3년, 5년, 10년을 사용하면 자산배분 결과가 극적으로 달라질 수 있다. 현재 투자자 대부분이 자산배분에 시간 지평 1년을 사용하는 것은 과거에 사람들이 제멋대로 1년을 사용했기 때문일 것이다. 실제로 시간 지평이 1년보다 훨씬 길 때에도 1년을 기준으로 분석하는 편이 합리적일까? 그러나 10~15년 투자하는 사람이 1년을 기준으로 분석하면 의사결정이 부실해지기 쉽다. 1년 단위로 발생하는 변동성이나 손실이 10~15년 단위로는 대부분 사라질 수 있기 때문이다. 1년 단위로는 매우 위험해 보이는 투자가 5~10년 단위로는 매우 안전해 보일 수도 있다.

이제 시간 지평을 변경할 때 5가지 주식 유형의 위험·수익이 어떻게 바뀌는지 살펴보자. 먼저 우리가 사용하는 데이터를 정의하겠다. 1971년 1월~2000년 12월의 수익률 데이터를 분석에 사용하고 주식 유형은 다음과 같다.

S&P500: 매달 배당 재투자를 가정한 S&P500의 투자 총수익이다.

성장주: 메릴린치 정량 전략 성장주 펀드 지수(Merrill Lynch Quantitative Growth Fund Index)로서 유명한 대형 성장주 펀드 9개의 투자 총수익을 측정한다. 지수는 동일 비중이므로 9개 펀드의 실적을 평균해서 투자 총수익을 산출한다. 펀드매니저의 부정행위를 방지하려고 펀드 9개만으로 지수를 구성했다. 흔히 성장주 펀드가 가치주를 편입하거나 가치주 펀드가 성장주를 편입할 수도 있으므로, 유명한 펀드 소수를 사용해서 이런 부정행위의 가능성을 낮췄다.

가치주: 메릴린치 정량 전략 가치주 펀드 지수(Merrill Lynch Quantitative Value Fund Index)로서, 가치주 펀드를 사용한 점만 제외하면 앞

의 '성장주'와 같다.

소형주: 시카고 이봇슨 어소시에이츠에서 산출하는 이봇슨 소형주지수(Ibbotson Small Stock Index)의 수익률이다. 뉴욕증권거래소 상장주식을 시가총액 순서로 열거해 10등분했을 때 9번째와 10번째 분위에 들어가는 주식을 소형주로 정의했고, 시가총액이 같은 범위에 들어가는 미국증권거래소와 나스닥 주식도 소형주에 포함했다.

국제 주식: MSCI EAFE지수(Morgan Stanley Capital International Europe/Australia/Far East Index)의 미국 달러 기준 투자 총수익이다.

[그림 7.1] 은 위 5개 주식 유형의 과거 위험·수익 산포도다. 세로축은 지난 29년 동안 각 주식 유형이 기록한 1년 평균 수익률이고, 가로축은 1년 수익률이 마이너스를 기록한 비율을 나타낸다.

이 그림에서는 무작위 매수를 가정해 1971년 1월부터 12개월 단위로 수익률을 계산했다. 해마다 12월 31일 기준으로 수익률을 계산하면 편향이 발생할 수도 있으므로 12개월 수익률을 예컨대 1월에서 이듬해 1월까지, 2월에서 이듬해 2월까지, 3월에서 이듬해 3월까지 계산하는 방식으로 했다. 분석 개시 시점이 1971년인 것은 이때 MSCI EAFE지수 투자 총수익 데이터베이스가 구축되었기 때문이다.

이 분석의 목표 역시 차트의 좌측 상단에 있는 주식 유형을 찾아내는 것이다. 좌측 상단에 있을수록 수익률은 더 높았고(상) 위험은 더 낮았기(좌) 때문이다.

[그림 7.1] 시간 지평 1년 기준 주식의 위험·수익 산포도(1970~2000)

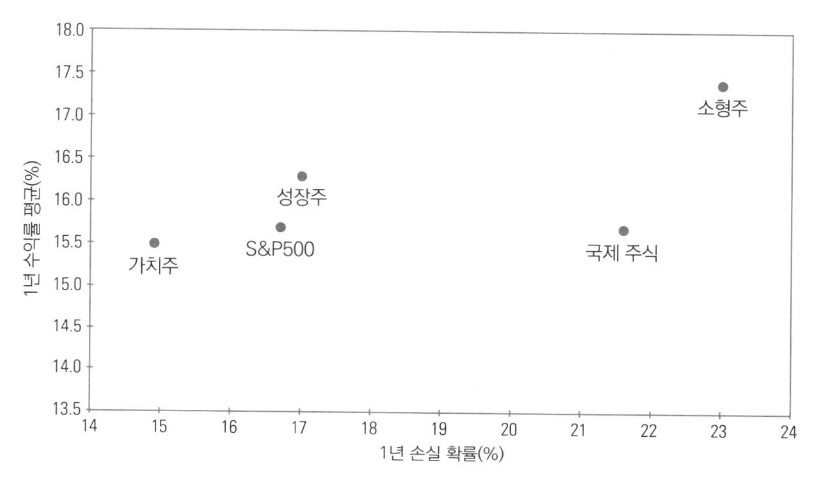

* 자료: 메릴린치 정량 전략 데이터

[표 7.1] 시간 지평 12개월 기준 주식의 위험·수익 관계(1970~2000)

주식 지수	연 수익률 평균(%)	손실 확률(%)
S&P500	15.6	16.7
가치주	15.5	14.9
성장주	16.5	17.0
국제 주식	15.7	21.6
소형주	17.5	23.0

[그림 7.1]을 정리한 [표 7.1]을 보면 다음 사항이 '명확해진다.

- 수익률은 가치주와 S&P500이 비슷하지만, 과거 손실 확률(위험)은 가치주가 S&P500보다 낮다. 가치주는 다른 주식 유형보다도 위험이 낮다.

- 주식 유형별로 손실 확률 차이가 크다. 예를 들어 소형주는 손실 확률이 23%(이익 확률은 77%)이고 가치주는 손실 확률이 15%(이익 확률은 85%)다.
- 위험이 낮으면서 수익률이 높은 주식은 찾기 어렵다. 수익률이 높아질수록 위험도 높아지는 경향이 있다.
- 현재 국제 주식의 위험조정 수익률이 그다지 높지 않다. 그래도 미국 주식만 보유했다면 국제 주식을 추가할 때 분산투자 효과를 기대할 수 있다. 다만 국제 주식만 보유하는 방식은 현명한 투자로 보기 어렵다.

액티브 펀드와 S&P500 인덱스펀드

이 분석에 포함한 액티브 펀드(성장주와 가치주) 지수는 절대 수익률 기준은 물론 위험조정 수익률 기준으로도 S&P500지수 수익률을 초과했다. 일반적으로 인덱스펀드의 수익률이 액티브 펀드의 수익률보다 높다는 주장이 자명한 이치처럼 인정받지만, 이 분석 결과를 보면 이 주장이 의심스럽다.

[그림 7.1] 에서 성장주는 S&P500보다 우측 상단에 있으므로 수익률이 더 높으나 위험도 더 높다. 그러나 추가되는 위험보다 추가되는 수익률이 더 높은 것으로 나타난다. 가치주는 S&P500보다 좌측 하단에 있으므로 수익률이 더 낮으나 위험도 더 낮다. 그러나 감소하는 수익률보다 감소하는 위험이 더 많은 것으로 나타난다. 따라서 성장주와 가치주 모두 S&P500보다 투자 효율성(위험 대비 수익률)이 높다.

그동안 수많은 논문에서 액티브 펀드는 시장지수를 따라가지 못한다고 밝혔던 사실을 고려하면 놀라운 결과다. 그런데 이런 논문 대부분은 분석 기간이 1980년대와 1990년대였다. 그러나 [그림 7.1]은 분석 기간이 거의 30년이고, 여기에는 인플레이션 기간과 디플레이션 기간도 포함된다.

이 분석에서 액티브 펀드가 시장지수를 초과한 것은 시장의 폭(market breadth: 상승 종목 수에서 하락 종목 수를 차감한 값) 때문인지도 모른다. 다시 말해 시장의 폭이 축소되면 소수 종목이 시장의 흐름을 지배하므로, 펀드매니저가 보유하는 종목의 수도 감소하면서 위험이 잘 분산되지 않아 초과 실적을 내기 어려워진다. 1980년대 후반과 1990년대 후반에는 전반적으로 시장의 폭이 축소되었으므로 펀드매니저가 초과 실적을 내기 어려웠다. 그러나 1970년대 말과 1990년대 초에는 소형주가 초과 실적을 내면서 시장의 폭이 전반적으로 확대되었다. 우리는 분석 기간도 늘린 데다가 이 기간에 시장의 폭도 확대되었으므로 기존 논문들과 다른 결과가 나온 듯하다.

그러나 우리가 선택한 성장주와 가치주에 편향이 있을지도 모른다. 우리는 유명한 대형 펀드 9개만으로 지수를 구성했으므로 이들의 장점 때문에 실적이 왜곡되었을 수도 있다. 만일 더 광범위한 펀드로 지수를 구성했다면 기존 논문들과 마찬가지로 시장지수를 초과하지 못하는 결과가 나왔을지도 모른다.

[그림 7.1]을 보면 위험 회피형 투자자에게 성장주보다 가치주가 더 적합한 것으로 나온다. 이는 일반 통념에 어긋나는 결과다. 성장주는 1990년대 말에 엄청난 초과 실적을 기록했지만, 장기 실적으로

보면 초과수익률은 연 1.0% 수준에 불과했다. 그러나 1년 손실 확률을 보면 성장주는 17.0%였고 가치주는 14.9%였다. 즉, 성장주의 수익률 추가분은 연 1.0%였고, 밤잠을 설칠 확률 추가분은 2.1%(17.0% – 14.9%)였다.

지난 몇 년 동안 성장주 펀드가 인기를 끌었던 점을 고려하면 매우 흥미로운 결과다. 내 짐작에 사람들은 장기 투자에 성장주가 가장 안전하다고 생각하지만 우리 분석 결과는 이와 다르게 나온다. 앞에서 설명했지만 1차 3개년에 초과 실적을 낸 전략이 2차 3개년에도 초과 실적을 낼 것으로 기대해서는 안 된다. 손실 확률을 위험으로 정의하는 사람들이 최근 몇 년 실적만을 보고 위험을 평가한다면 최근 실적이 좋았던 성장주를 선호하는 현상은 당연하다. 그러나 이런 현상은 분석 기간이 짧은 탓에 나타나는 편향일 수 있다.

반면에 가치투자자들은 배당수익률이 높은 주식을 선호하는 경향이 있다. 배당수익률이 높을수록 주가 변동이 투자 총수익에 미치는 영향이 감소하므로, 시장 변동에 의한 손실 확률도 감소한다.[2]

시간 지평을 3년으로 하면

이번에는 시간 지평을 1년에서 3년으로 늘려 [그림 7.1]과 [표 7.1]을 다시 분석해보자. 예컨대 수익률을 1월에서 3년 후 1월까지, 2월에서 3년 후 2월까지, 3월에서 3년 후 3월까지 계산한다. 손실 확률도 1년 동안 보유할 때 발생하는 손실 건수 대신 3년 동안 보유할

[그림 7.2] 시간 지평 3년 기준 주식의 위험·수익 산포도(1970~2000)

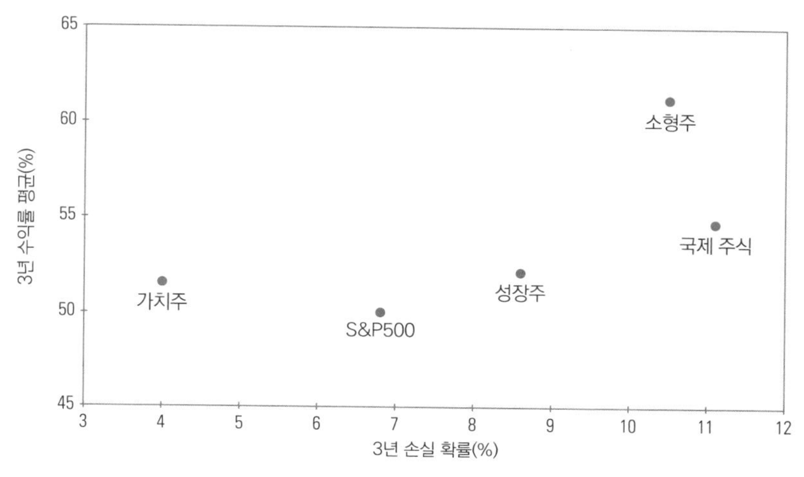

* 자료: 메릴린치 정량 전략 데이터

[표 7.2] 시간 지평 3년 기준 주식의 위험·수익 관계(1970~2000)

주식 지수	3년 수익률 평균(%)	손실 확률(%)
S&P500	50	6.8
가치주	52	4.0
성장주	53	8.6
국제 주식	55	11.1
소형주	62	10.5

때 발생하는 손실 건수를 계산한다.

[그림 7.2] 는 시간 지평을 3년으로 늘렸을 때 5개 주식 유형의 위험·수익 산포도이고, [표 7.2] 는 실제 데이터다.

[그림 7.2] 와 [표 7.2] 를 보면 다음 사항이 드러난다.

- 단지 시간 지평을 1년에서 3년으로 늘리기만 해도 모든 주식 유형에서 위험이 감소한다는 사실이 가장 중요하다. 위험이 가장 컸던 소형주에서 위험 감소율이 가장 높았다. 소형주의 손실 확률이 시간 지평 1년에서는 23%(이익 확률은 77%)였으나 시간 지평 3년에서는 11%(이익 확률은 89%)였다.
- 이번에도 가치주가 가장 안전한 것으로 나타났다. 시간 지평 3년일 때 가치주의 손실 확률은 4%(이익 확률은 96%)였다. 3년 수익률은 가치주와 성장주가 비슷했지만, 손실 확률은 가치주가 성장주의 약 절반에 불과했다.
- S&P500보다 좌측 상단에 위치한 주식은 가치주뿐이었다. 즉, 시장보다 수익률이 높으면서 위험이 낮은 주식은 가치주가 유일했다.
- 지수 구성에 편향이 있기 때문일 수도 있지만, 성장주와 가치주 둘 다 시장 실적을 초과했다. 소형주와 국제 주식도 시장 실적을 초과했다.
- 소형주는 국제 주식보다 좌측 상단에 위치했다. 그래도 국제 주식을 추가로 보유할 때 분산투자 효과를 기대할 수 있다. 즉, 소형주만 보유하는 것보다는 국제 주식도 보유하는 편이 낫다.

이번에도 놀라운 결과가 나온 것은 1990년대 말 성장주가 초과 실적을 냈기 때문이다. 가치주는 여전히 성장주보다 더 안전했고 3년 수익률은 성장주보다 겨우 1% 포인트 낮았다.

시간 지평을 5년으로 하면

이번에는 시간 지평을 5년으로 늘려보자. 예컨대 수익률을 1월에

[그림 7.3] 시간 지평 5년 기준 주식의 위험·수익 산포도(1970~2000)

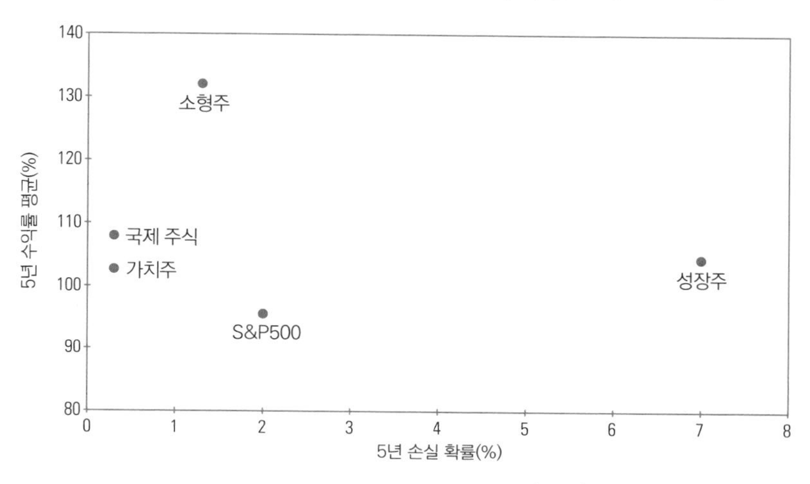

* 자료: 메릴린치 정량 전략 데이터

[표 7.3] 시간 지평 5년 기준 주식의 위험·수익 관계(1970~2000)

주식 지수	5년 수익률 평균(%)	손실 확률(%)
S&P500	96	2.0
가치주	101	0.3
성장주	105	7.0
국제 주식	109	0.3
소형주	132	1.3

서 5년 후 1월까지, 2월에서 5년 후 2월까지 계산한다. 손실 확률도 5년 동안 보유할 때 발생하는 손실 건수를 계산한다.

[그림 7.3] 과 [표 7.3] 을 보면 다음 사항이 드러난다.

- 역시 시간 지평을 늘리기만 해도 모든 주식 유형에서 위험(손실 확률)이 감소했다. 가치주와 국제 주식은 위험이 1% 밑으로 내려갔다.
- 이번에는 성장주가 가장 위험한 것으로 나타났다. 다른 주식 유형은 손실 확률이 2% 이하였지만 성장주는 손실 확률이 약 7%였다. 게다가 손실 확률은 가장 높은데도 수익률은 가장 높은 수준이 아니었다. 소형주와 국제 주식은 성장주보다 위험이 더 낮은데도 수익률이 더 높았다. 가치주는 수익률이 성장주와 비슷했으나 위험은 훨씬 낮았다.
- 시간 지평을 3년에서 5년으로 늘렸을 때, 국제 주식의 위험이 가장 극적으로 감소했다. 국제 주식이 단기간에는 실적이 악화하기 쉽지만, 시간 지평이 증가하면 실적의 변동성이 대폭 감소하는 것으로 보인다.
- 네 가지 주식 유형(성장주, 가치주, 소형주, 국제 주식) 모두 S&P500 실적을 초과했다.

매우 중요한 사항이므로 거듭 강조하겠다. 장기 투자에 성장주가 가장 안전하다고 생각한다면 이 분석 결과를 보고서 관점 변경을 진지하게 고려하기 바란다. [그림 7.3]에서 보듯이 소형주와 국제 주식은 성장주보다 위험이 더 낮은데도 수익률이 더 높았다. 가치주는 수익률이 성장주와 비슷했으나 위험은 훨씬 낮았다.

시간 지평 10년: 진정한 장기 투자

끝으로 시간 지평을 10년으로 늘려보자. 10년은 사람들이 현실적으로 투자를 생각할 수 있는 최장 기간일 것이다. 물론 더 긴 기간도 생각할 수 있다(예컨대 내가 노년을 맞이할 때까지 남은 23년). 그러나 이렇게 긴 기간에는 경제와 금융시장의 각종 요소가 극적으로 바뀔 수 있으므로 통계의 현실성이나 신뢰성이 의심스러워진다.

여기서는 10년 수익률을 예컨대 1월에서 10년 후 1월까지, 2월에서 10년 후 2월까지 계산한다. 따라서 10년 단위 분석 기간이 200개 이상 포함된다. 분석 기간이 중복되긴 하지만 10년 투자 시점을 무작위로 정해 시뮬레이션하려는 의도다.

시간 지평을 10년으로 했을 때 나온 위험·수익 분석 결과는 매혹적이다. 여기서는 위험이 중요하지 않으므로 오로지 수익 잠재력에만 초점을 맞추면 된다. [그림 7.4]와 [표 7.4]에 분석 결과를 요약했다.

[그림 7.4] 시간 지평 10년 기준 주식의 위험·수익 산포도(1970~2000)

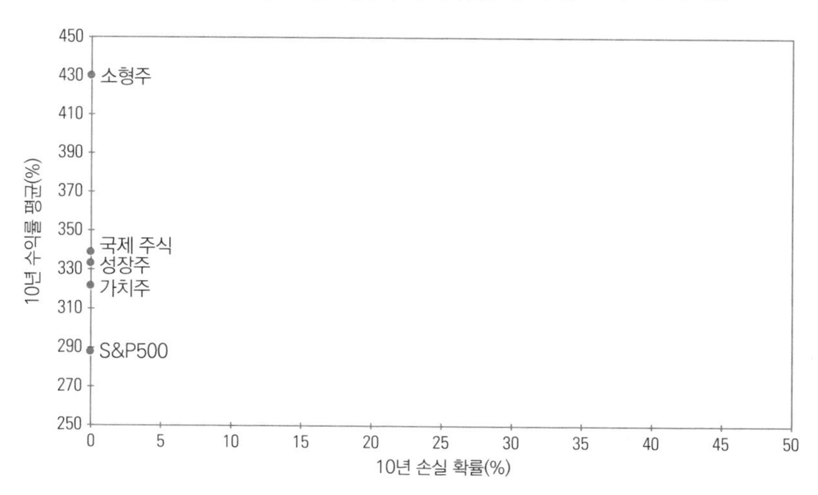

* 자료: 메릴린치 정량 전략 데이터

[표 7.4] 시간 지평 10년 기준 주식의 위험·수익 관계(1970~2000)

주식 지수	10년 수익률 평균(%)	손실 확률(%)
S&P500	289	0
가치주	322	0
성장주	331	0
국제 주식	339	0
소형주	430	0

- 시간 지평이 10년이면 1970년 이후 모든 주식 유형에서 손실이 전혀 발생하지 않았다.
- 따라서 진정한 장기 투자라면 단기 위험은 무시하고 수익 잠재력에 초점을 맞춰야 한다.
- 시간 지평 10년에서는 S&P500의 실적이 가장 부진했다. 성장주와 가치주, 소형주와 국제 주식 모두 시장 실적을 초과했다. 지수 구성이 편향되었을 수도 있지만, 진정한 장기 투자자라면 액티브 펀드도 고려 대상에서 제외하면 안 된다.

성장주와 가치주의 관계를 한 번 더 생각해보자. 시간 지평 10년 동안 성장주의 수익률은 가치주보다 겨우 9% 포인트 높았는데, 이는 연 수익률로는 1% 포인트 미만에 불과하다. 지난 몇 년 동안 성장주에 관심이 쏠렸던 사실을 고려하면 앞으로 성장주가 어떻게 될지 아무도 알 수 없을 것이다.

시간이 위험을 줄여준다

지금까지 분석에서 보았듯이 시간 지평을 늘리면 투자 위험이 감소한다. 시간 지평이 1년일 때는 위험이 매우 중요한 고려 사항이었지만, 시간 지평이 10년으로 늘어나면 위험은 중요한 고려 사항이 아니다. 장기 투자 중에도 불합리한 투자가 존재할 수 있지만(예컨대 복권), 진정한 장기 투자라면 손실 확률이 대폭 감소하므로 위험은 부차적인 고려 사항일 뿐이다. 여기서 유의할 구절은 '진정한 장기 투자'이다. 소음이 투자자의 시간 지평을 축소하기 때문이다.

[그림 7.5]~[그림 7.9]는 시간 지평이 확대됨에 따라 손실 확률이 감소하는 모습을 보여준다.

[그림 7.5] 시간 지평별 S&P500의 손실 확률(1970~2000)

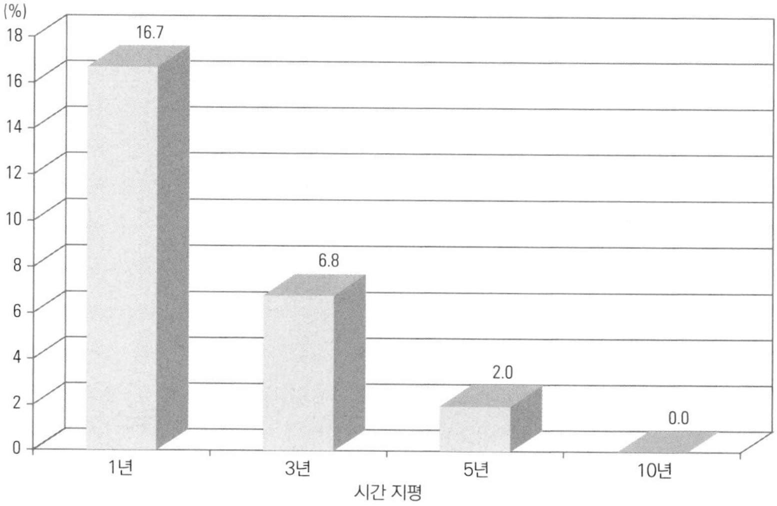

시간 지평	1년	3년	5년	10년
손실 확률(%)	16.7	6.8	2.0	0.0

* 자료: 메릴린치 정량 전략 데이터

[그림 7.6] 시간 지평별 가치주의 손실 확률(1970~2000)

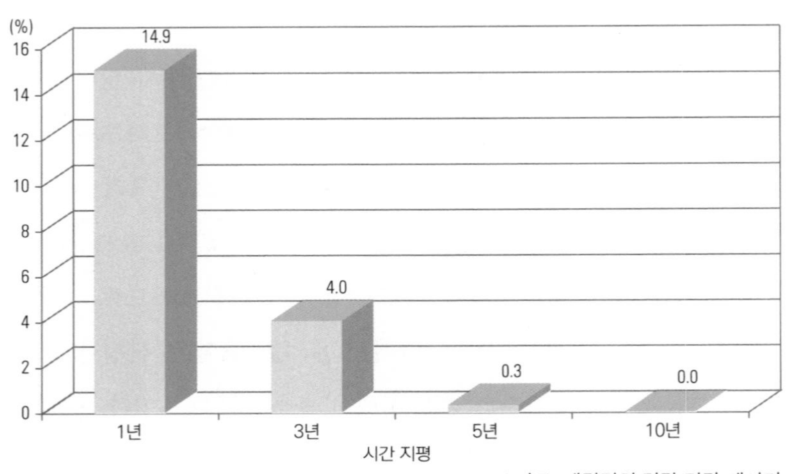

* 자료: 메릴린치 정량 전략 데이터

[그림 7.7] 시간 지평별 성장주의 손실 확률(1970~2000)

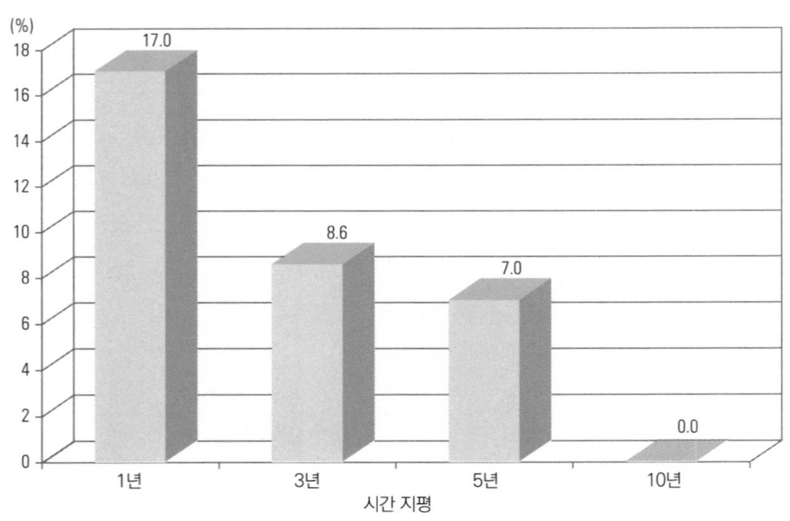

* 자료: 메릴린치 정량 전략 데이터

[그림 7.8] 시간 지평별 국제 주식의 손실 확률(1970~2000)

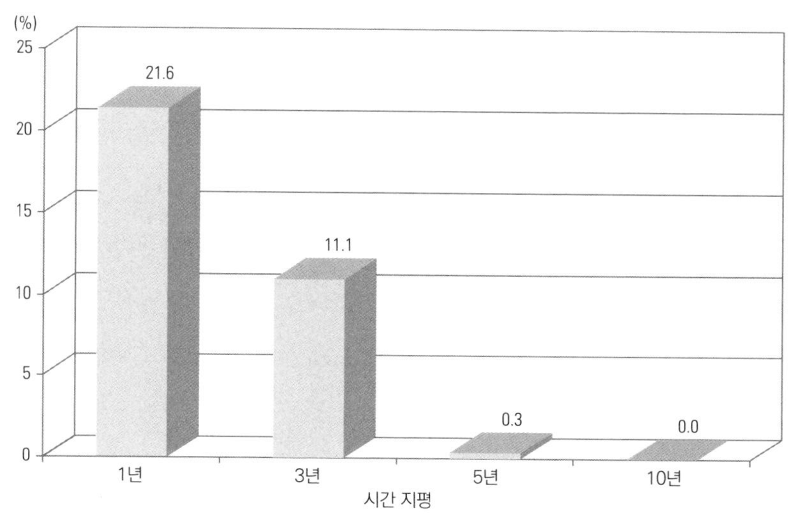

* 자료: 메릴린치 정량 전략 데이터

[그림 7.9] 시간 지평별 소형주의 손실 확률(1970~2000)

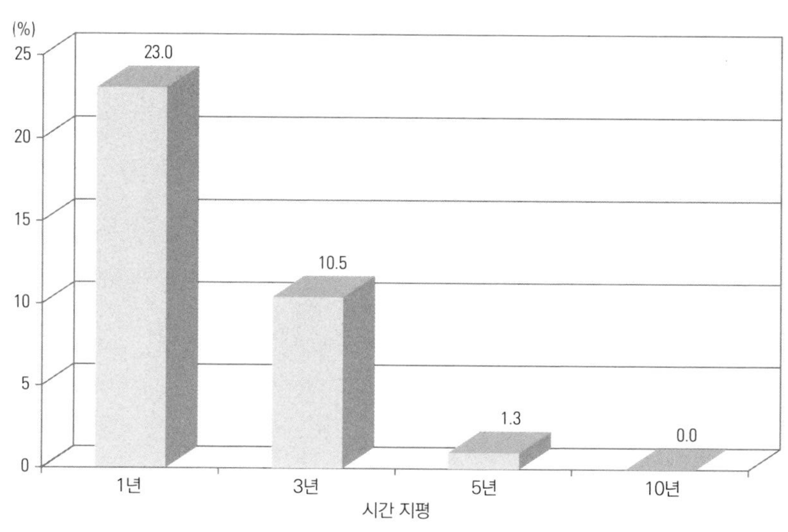

* 자료: 메릴린치 정량 전략 데이터

데이 트레이더들이 손실에서 벗어나지 못하는 이유

이번에는 반대 방향으로 가보자. 시간 지평이 1개월이라면 손실 확률이 얼마나 될까? [그림 7.10]은 시간 지평이 1개월일 때 5개 주식 유형의 손실 확률을 나타낸다. 시간 지평이 1년, 3년, 5년, 10년일 때보다 손실 확률이 훨씬 높다. S&P500의 손실 확률은 시간 지평 1년에서는 17%였지만 1개월에서는 38%였다. 시간 지평을 1개월에서 1년으로 확장하면 손실 확률이 21% 포인트 감소했다. 이익 확률은 시간 지평이 1개월이면 62%, 1년이면 83%, 5년이면 98%가 된다.

시간 지평을 확대하면 손실 확률이 감소하고, 시간 지평을 축소하면 손실 확률이 증가한다. 이런 흐름을 고려하면 데이 트레이더들의 실적이 부진한 것은 이상한 일이 아니다. 이들의 시간 지평은 연 단위나 월 단위가 아니라 시간이나 분 단위이기 때문이다. 따라서 성공 확률이 지극히 낮을 수밖에 없다.

개별 종목에 투자할 때에도 시간 지평을 확대하면 유리해진다. 앞에서도 언급했지만 나는 데이 트레이더가 일으키는 소음이 최악이라고 생각한다. 이들은 월, 분기, 연 단위 수익률이 아니라 분이나 시간 단위 수익률에 집중한다. 이들이 개별 종목에 투자할 때에도 시간 지평을 확장하면 성공 확률이 높아질까? 나는 높아진다고 생각한다. 게다가 본업도 유지할 수 있을 것이다.

[그림 7.11]은 1990년 12월 31일~1999년 12월 31일 1,600개 종목의 1개월, 3개월, 1년 평균 수익률을 나타낸다. 10년 가운데 7년은 시

[그림 7.10] 시간 지평 1개월 기준 주식의 손실 확률(1970~2000)

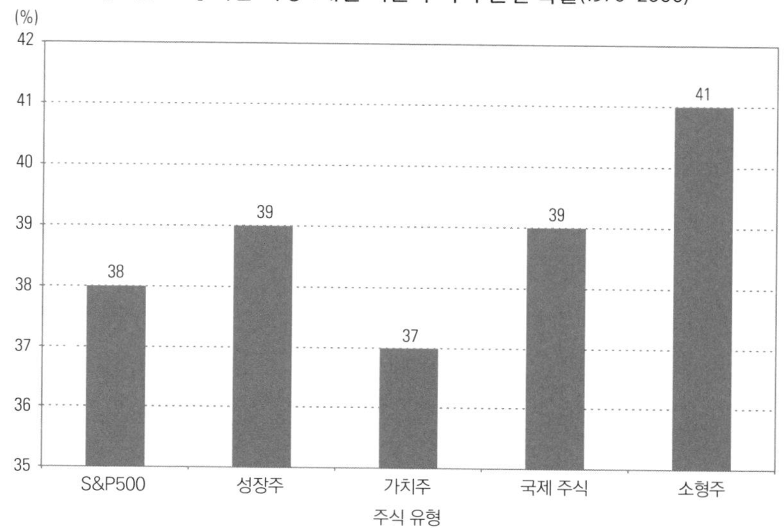

[그림 7.11] 시간 지평별 개별 종목의 수익률(1991~1999)

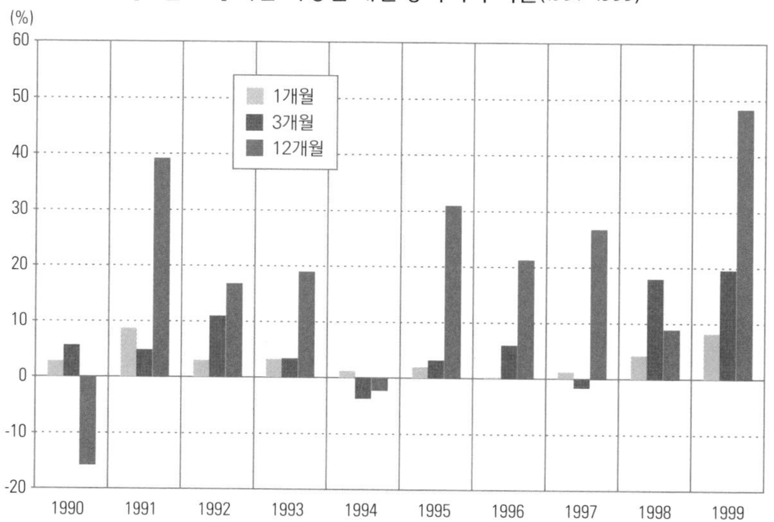

간 지평이 1년일 때 실적이 가장 좋았다.

서문에서 나는 소음의 예로 5일 일기예보를 들었다. 우리는 5일 일기예보가 적중하기 어렵다는 점을 잘 알면서도, 다가오는 주말 날씨가 궁금해서 월요일 저녁마다 5일 예보를 빠뜨리지 않고 시청한다. 그러나 5일 예보보다는 단순하고 명백한 예보가 적중 확률이 높다. 예를 들어 미니애폴리스는 1월에 매우 추울 것이라는 예보가 5일 예보보다 적중 확률이 훨씬 높다는 말이다.

투자도 마찬가지로 시간 지평이 확장될수록 투자에 성공할 확률이 높아진다. 그러나 미니애폴리스의 1월 날씨가 춥다는 예보가 너무도 당연해서 실없는 소리로 생각하듯이, 장기 투자해야 한다는 생각 역시 너무도 당연해서 실없는 소리로 흘려버리기 쉽다.

소음은 위험 자산에 집중된다

7장에서 살펴본 그림과 표들에 의하면, 시간 지평이 짧을수록 소음이 커져서 투자자들은 사소한 문제를 매우 중요한 문제로 착각할 수 있다. 그래서 시간 지평을 축소하면 위험이 증가하고, 시간 지평을 확장하면 위험이 감소한다. 위험은 시간 지평이 짧을수록 증가하고 소음은 위험 자산에 집중되므로, 소음은 시간 지평이 짧은 사건에 집중되는 경향이 있다.

[그림 7.12]는 소음과 위험의 이론적 관계를 나타낸다. 위험이 거의 없는 자산에는 소음도 거의 없다. 위험이 증가할수록 소음도 증가

[그림 7.12] 소음과 위험

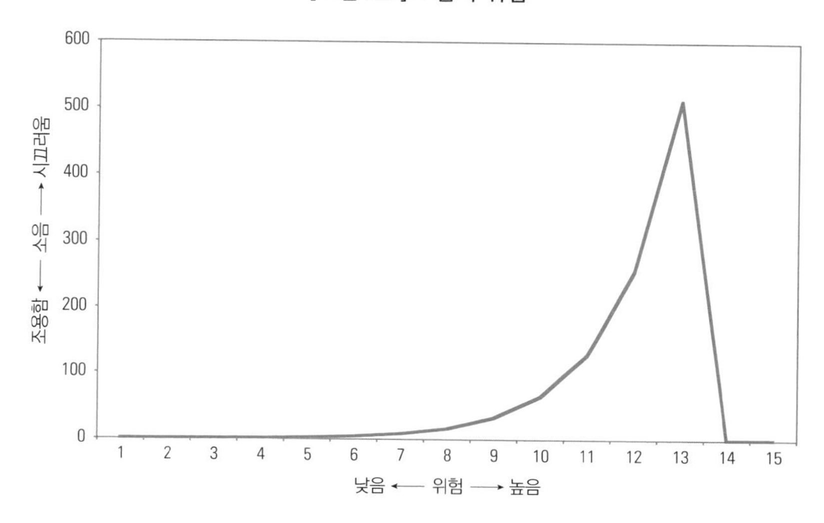

하며, 위험이 평균 수준을 넘어서면 소음이 극적으로 증가한다. 그러나 위험이 최고 수준일 때는 소음이 없다.

1개월 만기 단기 국채에 관한 일간 정보는 얼마나 될까? TV에서 1개월 만기 단기 국채 수익률을 집중적으로 다루는 사례는 거의 없다. 3개월 만기 단기 국채에 대해서는 언급할지 몰라도 1개월 만기 단기 국채에 대해서는 절대 언급하지 않는다. 그러면 연방정부가 보증하는 6개월 만기 양도성 예금증서(certificate of deposit, CD)에 관한 일간 정보는 얼마나 될까? 신문에 가끔 실릴지는 몰라도 매일 실리는 일은 거의 없을 것이다.

대중매체가 이런 자산을 거의 다루지 않는 것은 이런 자산에 위험이 거의 없기 때문이다. 1개월 만기 단기 국채에 투자해서 손실이 발생할 확률은 사실상 제로다. 연방정부가 보증하는 6개월 만기 CD도 마찬가지다. 이런 상품에 투자하면 걱정할 일이 거의 없다.[3] 무위험 자산은 특성이 좀처럼 바뀌지 않으므로 보도할 거리가 거의 없다. 본질적으로 무위험 상태가 유지되므로 자주 들여다볼 필요도 없다. 연방정부가 보증하는 6개월 만기 CD를 오늘 연방정부가 보증을 철회하지 않았다고 저녁 뉴스에서 보도하겠는가? 사람들이 걱정할 일이 없으므로 보도할 이유도 없다. 그래서 무위험 자산에는 소음이 거의 없다.

[그림 7.12]를 보면 자산의 위험이 높아질수록 소음이 증가한다. 위험이 평균 수준인 자산에도 어느 정도 소음이 있지만, 사람들은 그 위험을 예상해서 주기적인 손실이나 변동성에 미리 대비한다. 즉, 일부 종목은 상승하고 일부 종목은 하락한다고 생각한다. 예컨대 주가 등락 비율 통계가 이런 정보를 전달한다. 이런 정보는 대부분 신문의 금융 섹션에 포함되며, 경제 TV에서 시간 단위로 갱신해서 보도하기도 한다. 그러나 신문 지면이나 방송 시간에서 차지하는 비중은 비교적 작다.

위험이 평균 수준을 넘어서면 소음이 대폭 증가하기 시작한다. 이런 자산은 지나치게 위험하므로 일반인들이 투자해서는 안 된다. 그러나 6장에서 언급했듯이 사람들은 종종 자신의 위험 수용도를 잘못 파악한다. 흔히 자산의 위험을 제대로 평가하지 못하거나, 자신의 위험 수용도를 과대평가한다. 그래서 포트폴리오를 계속 걱정하면서 자주 실적을 지켜보게 된다. 실적이 나쁘면 걱정에 사로잡혀 밤잠을 설치는 날도 많다. 소음은 자산의 변동성을 키우고, 그러면 사람들은 실적을 더 자주 지켜보면서 불면의 밤을 보낸다. 이렇게 사람들의 관심이 높아지면 소음도 증가하고, 그래서 더 자주 지켜보게 되면서 악순환의 고리가 형성된다.

그러면 소음이 위험을 증가시킬까, 위험이 소음을 증가시킬까? 지금까지는 위험이 소음을 불러오고 키운다고 논의했다. 그러나 소음이 위험을 불러올 수도 있다. 3장에서 논의한 이익 추정치 수명주기 이론에 의하면 소음이 위험을 유발한다. 즉, 소음이 증가하면 투자자들이 위험을 잘못 인식한다는 말이다. 그러나 [그림 7.12]에 의하면 위험이 소음을 유발한다. 나는 위험과 소음이 특이한 공생 관계라고 생각한다. 위험이 소음을 유발하면 소음이 위험을 키우고, 그러면 위험이 소음을 더 키운다.

극도로 위험한 자산에는 소음이 거의 없는 이유가 무엇일까? 첫째, 일반 대중은 극도로 위험한 자산에는 투자하지 않기 때문이다. 따라서 소음 유발자들이 이런 자산에 대해 소음을 일으켜도 얻을 것이 거의 없다. 예를 들어 대중매체는 상품 선물시장에 대해 거의 보도하지 않는다. 둘째, 극도로 위험한 자산에는 대개 보편적인 정보가 나오지 않기 때문이다. 일반 대중은 극도로 위험한 자산을 파악하기 어렵다. 따라서 자산의 위험이 평균 수준을 넘어서면 소음이 기하급수적으로 증가하지만, 위험이 최고 수준에 도달하면 소음은 거의 사라진다.

1999~2000년 기술주 거품 기간에는 위험과 소음의 관계가 다소

바뀌었다. 극도로 위험한 자산에 대해서도 소음이 이례적으로 많이 발생했기 때문이다. 예를 들어 사모펀드를 광범위한 투자자에게 판매했고, 사모펀드 무한책임 파트너가 대중매체에 출연하기도 했다. 이렇게 광범위한 사람들이 위험 자산에 투자한 사실은 일부 투자자가 과도한 위험을 떠안았다는 경고로 볼 수 있다.

위험 자체보다 위험에 대한 확신 부족이 문제다

소음이 투자자들의 시간 지평에 미치는 영향을 논의할 때는 두 가지 요소를 고려해야 한다. 첫째는 위험 자체의 수준이고, 둘째는 위험에 대한 확신 수준이다. 대중매체가 1개월 만기 단기 국채에 대해 엄청난 소음을 일으켜도 투자자들에게 미치는 영향은 거의 없다. 단기 국채의 만기가 1개월에 불과하며, 발행자인 미국 정부는 신용도가 세계 최고이기 때문이다. 따라서 소음이 발생해도 단기 국채 투자자들은 상관하지 않을 것이다.

그러나 투자 기간이 길고 투자자가 자산의 위험 특성을 확신하지 못할 때는 투자자의 시간 지평이 소음에 의해서 크게 바뀔 수 있다. 즉, 자산의 위험 때문이 아니라, 자산의 위험에 대해 투자자가 확신하지 못하기 때문에 시간 지평이 바뀐다는 말이다. 자산의 위험성을 확실히 아는 투자자는 손실이나 변동성에 놀라지 않는다. 그리고 자산의 안전성을 확실히 아는 투자자는 소음에 귀를 기울이지 않는다. 그러나 장기 투자 자산이 안전하다고 생각하지만 이를 확신하지 못하는 투자자는 소음에 판단이 크게 흔들릴 수 있다. 확신이 없는 투자자는 소음에 굴복하기 쉽다.

위험 평가와 분산투자가 그토록 중요한 이유를 이제는 분명히 이해할 것이다. 자신의 위험 수용도를 정확하게 평가해 충분히 분산투자하면 소음에서 받는 영향은 미미한 수준에 그친다. 그러나 분산투자를 하지 않아 과도한 위험을 떠안으면 소음에 엄청난 영향을 받는다.

NAVIGATE
THE
NOISE

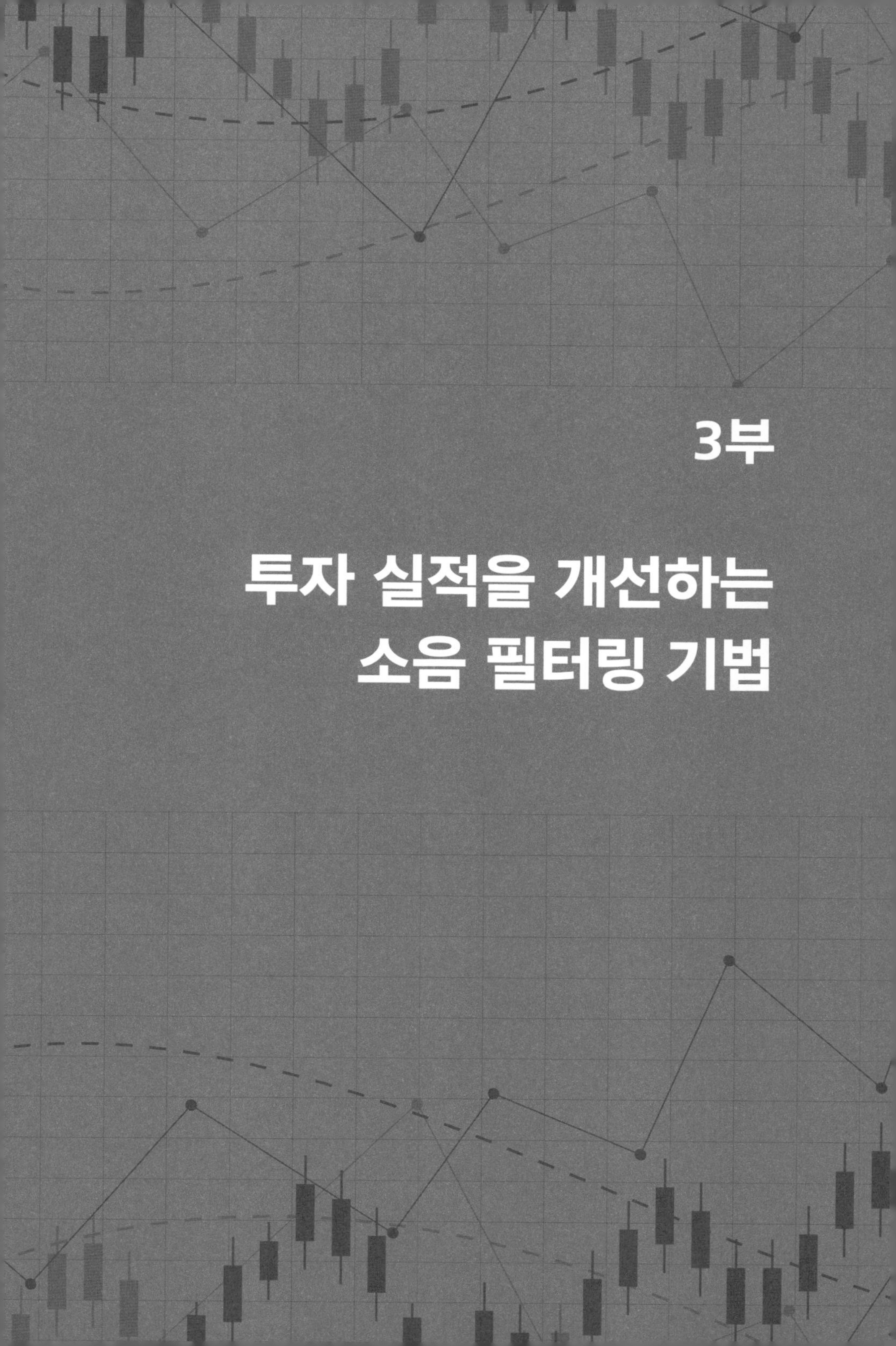

3부

투자 실적을 개선하는 소음 필터링 기법

8장

좋은 기업이 아니라 좋은 주식을 찾아라

좋은 기업의 주식은 수익률이 높을까? 직관적으로는 그렇다고 생각하기 쉽다. 학자 두 명이 좋은 기업의 주식이 수익률도 높은지 분석했다. 즉, 투자자가 좋은 기업을 찾아내야 하는지, 아니면 수익률이 높은 주식을 찾아내야 하는지 조사해보았다.[1]

이상하게 들릴 수도 있지만, 장기적으로는 좋은 기업보다 나쁜 기업의 주식에서 더 좋은 성과가 나오는 듯하다. 투자자 대부분이 좋은 기업을 발굴해 투자하려고 하지만, 이보다는 수익률 높은 주식을 찾는 편이 낫다.

8장 내용 일부는 나의 전작 《순환 장세의 주도주를 잡아라》의 '5장. 하이 퀄리티 vs 로우 퀄리티'를 수정한 것이다.

좋은 기업의 정의

좋은 기업이라는 개념은 상대적이다. 내가 좋은 기업이라고 평가하는 기준은 시점에 따라 확연히 달라진다. 게다가 좋은 기업의 정의는 투자 목적에 따라서도 달라질 수 있다. 뮤추얼펀드, 연금, 신탁 계정에서 좋은 기업에만 투자하도록 지침이나 규정을 수립해도, 같은 기업을 어떤 펀드매니저는 좋은 기업으로 간주하고 다른 펀드매니저는 나쁜 기업으로 간주할 수도 있다.

투자자들은 다양한 특성을 이용해서 좋은 기업을 정의한다. 어떤 사람은 부채비율이 낮은 기업을 좋은 기업이라고 생각하고, 어떤 사람은 이익이 안정적으로 성장하는 기업을 좋은 기업으로 평가한다. 자기자본이익률(ROE), 매출 증가율, 이익 증가율, 애널리스트들의 추정치 분포 등을 사용하는 사람도 있다.

S&P 보통주 등급(Common Stock Rankings)도 매우 편리하고 유용한 좋은 기업 정의 중 하나다. 이 등급은 주로 지난 10년 이익과 배당의 안정성과 성장성을 바탕으로 산출한다. 과거 이익과 배당의 안정성과 성장성이 탁월한 기업에는 A+ 등급이 부여되고, 파산 상태인 기업은 D 등급이 된다. S&P는 컴퓨터 알고리즘에 따라 등급을 산출하므로 주관성이 개입되지 않고 대체로 객관적인 척도로 좋은 기업을 평가한다.

이 보통주 등급을 S&P 신용등급과 혼동해서는 안 된다. 신용등급은 애널리스트들이 펀더멘털을 검토해서 기업의 부채 상환 능력을 평가한 등급이다. 채권 애널리스트 일부는 S&P의 신용등급이 주관적이며 펀더멘털 반영이 간혹 지연된다고 믿는다. 그러나 보통주 등급은 대체로 객관적이며, 내가 분석한 바로는 선행 투자 정보가 대규모로 반영된다. 이제부터 나오는 좋은 기업은 S&P 보통주 등급상의 좋은 기업을 가리킨다.

[그림 8.1]은 내가 사용하는 데이터베이스에 포함된 기업 약 1,600개의 S&P 보통주 등급 분포를 나타낸다(S&P 보통주 등급을 받은 기업은 더 많다). A+, C, D 등급은 숫자가 매우 적고,[2] B+, B 등급은 숫

[그림 8.1] S&P 보통주 등급 분포

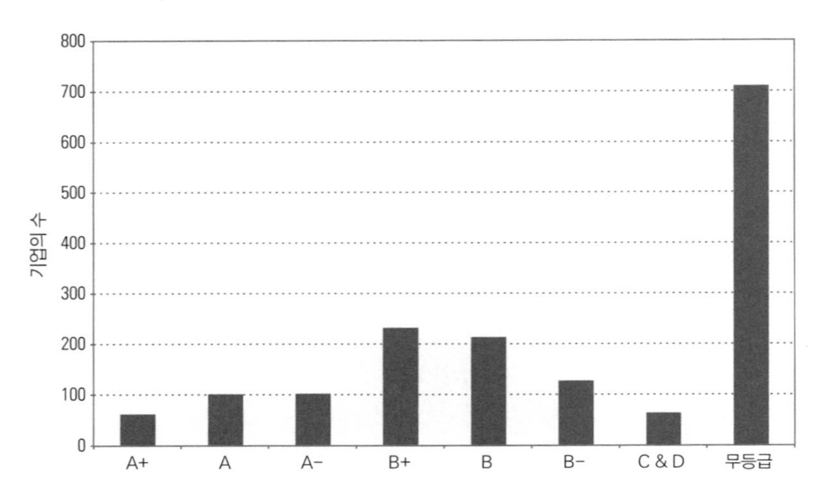

자가 많다(다시 말해서 대체로 정규분포를 구성한다).

무등급 기업의 비중이 매우 큰데, 이들은 존속 기간이 10년 미만인 신생 기업이다. 소형 성장주 펀드매니저들이 이런 기업에 관심이 가장 많다. 그러나 기술주 거품에 의해서 상황이 바뀌었다. 1998년과 1999년 기술주 거품에 의해 신생 기술회사와 통신회사들의 시가총액이 급증하면서 무등급 기업들의 평균 시가총액도 증가했다. 그 결과 대형주 투자자들도 위험을 제대로 인식하지 못한 채 이런 미지의 주식에 투자했다.

우리가 주목하는 등급은 A+ 등급과 C & D 등급이다. A+ 등급 기업의 주식(A+ 기업 주식)은 전형적인 우량주로서 안전한 투자 대상이다. C & D 등급 기업의 주식(C & D 기업 주식)은 최저 등급이어서 가장

[그림 8.2] A+ 기업 주식의 시장 대비 실적(1986~2000)

위험하다고 평가받지만 장기 실적은 다른 등급 주식들을 초과한다. 무등급 기업의 주식은 대개 미지의 신생 기업 주식으로서 소음의 영향을 가장 많이 받는다는 점이 흥미롭다.

좋은 기업, 나쁜 주식

[그림 8.2]는 동일 비중 S&P500지수 대비 A+ 기업 주식의 실적을 나타낸다.[3] A+ 기업 주식의 장기 실적(15년)은 시장 수익률을 살짝 웃도는 수준에 불과하다. 사람들은 좋은 기업 주식이 장기적으로 시장 수익률을 크게 초과할 것으로 기대하지만 이는 착각이다.

좋은 기업 주식의 장기 실적이 그다지 신통치 않은 데는 몇 가지 이유가 있다. 첫째, A+ 기업 주식은 숫자는 적지만(우리 데이터베이스 1,600개 중 약 60개에 불과해서 비중이 4% 미만이다) 평균 시가총액이 막대하다. [그림 8.3] 을 보면 A+ 기업 주식의 평균 시가총액은 A 기업 주식의 거의 2배다. 주식시장 지수는 대부분 시가총액 가중 방식이므로, A+ 기업 주식으로 분산 포트폴리오를 구성하면 S&P500지수의 실적을 매우 유사하게 따라간다. 다시 말해서 A+ 기업 주식은 시장에서 차지하는 비중이 크므로 지금까지 시장과 비슷한 실적을 기록했다. 만일 우량주의 정의에 A와 A- 기업 주식도 포함한다면 시장 실적에 더 가까워질 것이다.

A+ 기업 주식은 실적은 시장과 비슷해도 변동성은 시장보다 훨씬 크다. 즉, A+ 기업 주식은 실적이 좋을 때도 있고 나쁠 때도 있다. 시

[그림 8.3] S&P 보통주 등급별 평균 시가총액

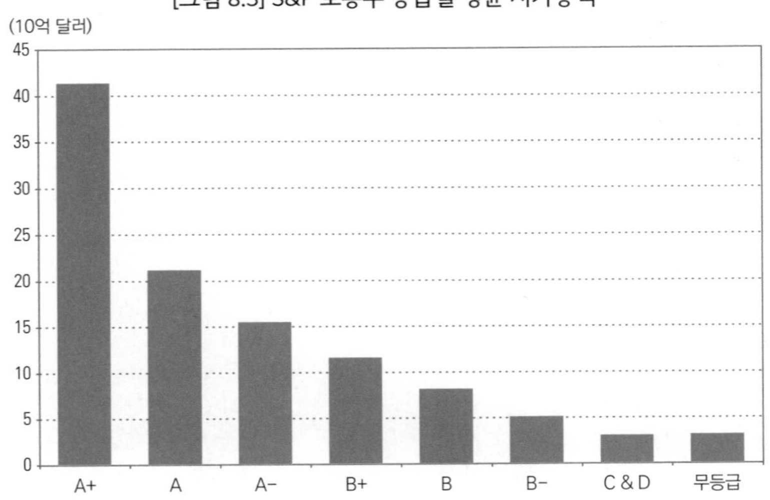

장 대비 실적에 순환주기가 있는 듯하다. 이에 대해서는 나중에 논의하기로 한다.

이상으로부터 A+ 기업 주식으로 잘 분산된 포트폴리오를 구성하는 것은 값비싼 인덱스펀드를 보유하는 것과 같다고 결론지을 수 있다. 즉, A+ 기업 주식의 장기 실적은 시장 실적과 비슷하므로 투자해도 별다른 이득이 없다는 뜻이다. 게다가 변동성은 시장보다 더 크므로 추가 수익도 얻지 못하면서 위험만 더 떠안는 셈이다. 끝으로 좋은 기업 주식은 개별 종목으로 투자하든, 펀드를 통해서 투자하든, 저비용 인덱스펀드를 보유하는 것보다 비용이 더 든다.

이른바 좋은 기업 펀드가 보유할 만한 가치가 있는지도 따져봄 직하다. 좋은 기업 펀드보다 더 적은 비용으로 좋은 주식 포트폴리오를 우리가 직접 구축할 수 있기 때문이다. 좋은 기업은 널리 알려진 기업들이므로 전문 지식이 없어도 쉽게 이해할 수 있고, 펀더멘털 분석을 할 필요도 거의 없다. 따라서 인덱스펀드나 A+ 기업 주식 대비 좋은 기업 펀드가 제공하는 부가가치가 얼마나 되는지 조사해보아야 한다.

내 눈에 좋은 기업은 남의 눈에도 좋은 기업

투자자 대부분은 좋은 기업이 높은 실적을 내기를 기대하지만 장기 실적은 대개 시장 실적과 비슷한 수준에 그친다. 내 눈에 좋은 기업은 남의 눈에도 좋은 기업이므로 많은 투자자가 좋은 기업으로 평

[그림 8.4] 필수소비재 업종의 S&P500 대비 선행 PER(1984/08~2000/11)

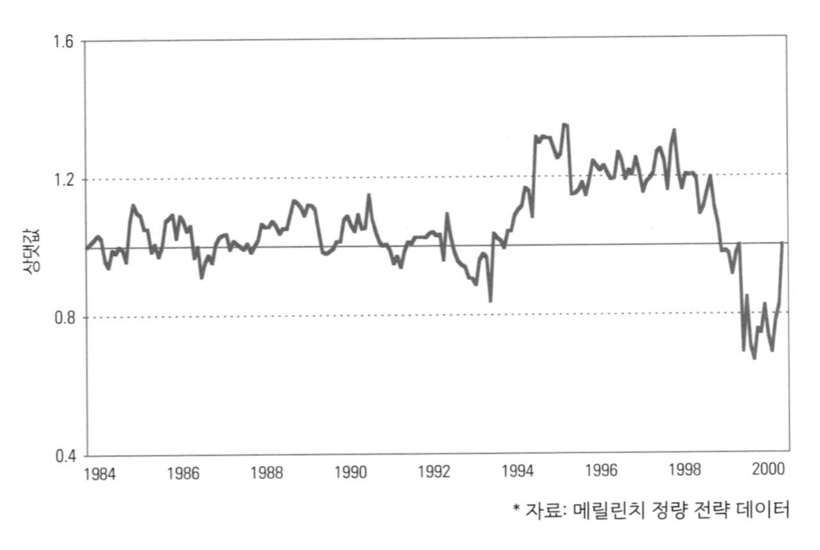

* 자료: 메릴린치 정량 전략 데이터

가하기 쉽다. 그래서 좋은 기업의 주식에는 다른 주식보다 높은 가격을 치러야 한다. 그러나 지나치게 높은 가격을 치르면 실적이 투자자의 기대에 못 미칠 확률이 높아진다. 이런 주식은 이익 추정치 수명 주기의 12시 근처에서 빈둥거리기 쉽다.

1990년대 말 필수소비재(식품, 가정용품, 음료, 슈퍼마켓, 개인 생활용품 등) 업종이 좋은 기업에 지나치게 높은 가격을 치른 대표적인 사례다. [그림 8.4]는 S&P500 대비 필수소비재 업종의 PER을 나타낸다. 1990년대에는 이 업종에 속한 기업 대부분이 A+ 등급이었다. 1995~1998년에 이들의 주가가 역사상 최고 수준에 도달했다. 세계 경제는 침체에 빠지고 있었지만 이들 기업은 이익이 안정적이어서 포트폴리오를 지켜줄 것으로 사람들은 기대했다.[4]

[그림 8.4] 는 1990년대 말 투자자들이 유명한 좋은 기업에 지나치게 높은 가격을 치른 모습을 보여준다. 필수소비재 업종의 상대 PER이 역사상 최고 수준이어서 기대 수준이 매우 높아졌으나 이후 몇 년 동안 실적이 실망스러웠다. 돌아보면 이들 기업의 주식은 이익 추정치 수명주기의 12시에 있었다. 흥미롭게도 2000년에는 소비재 업종의 주가가 역사상 최저 수준으로 내려갔다. 일각에서는 2000년 소비재 업종 주가에 모든 악재가 반영되었으므로 비관론을 바꿔야 한다고 주장했다. 이들은 소비재 업종이 6시에 접근했다고 보았다.

나쁜 기업, 좋은 주식

투자자들의 예상과는 달리 장기적으로는 나쁜 기업의 주식이 좋은 실적을 내는 경향이 있다. [그림 8.5] 는 1986년 이후 C & D 기업 주식의 상대 실적을 나타내는데, A+ 기업 주식보다 확실히 훨씬 좋은 실적이다.

[그림 8.6] 은 1986년 이후 각 등급 주식의 주가 상승률을 나타낸다. A+ 기업의 주가 상승률은 480%였지만 C & D 기업의 상승률은 800%가 넘었고 게다가 다른 모든 등급보다 높았다.

업종별 좋은 기업의 비중

[그림 8.7] 은 업종별 좋은 기업의 비중을 나타낸다.

[그림 8.5] C & D 기업 주식의 시장 대비 실적(1986~2000)

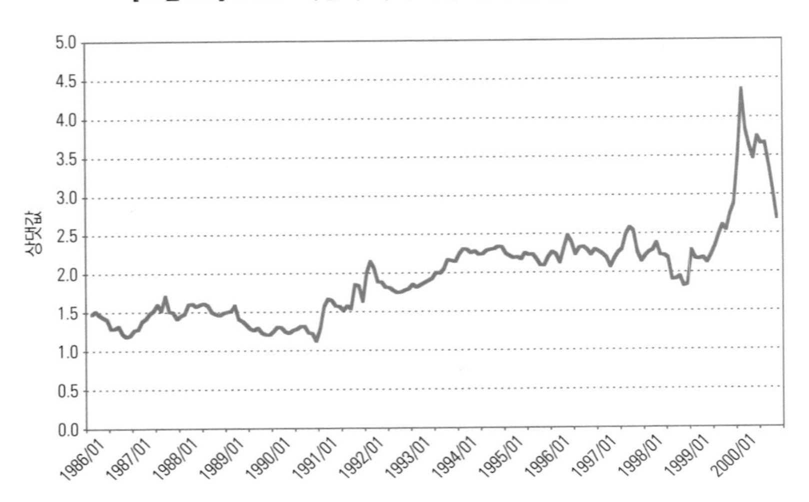

[그림 8.6] 등급별 기업의 주가 상승률

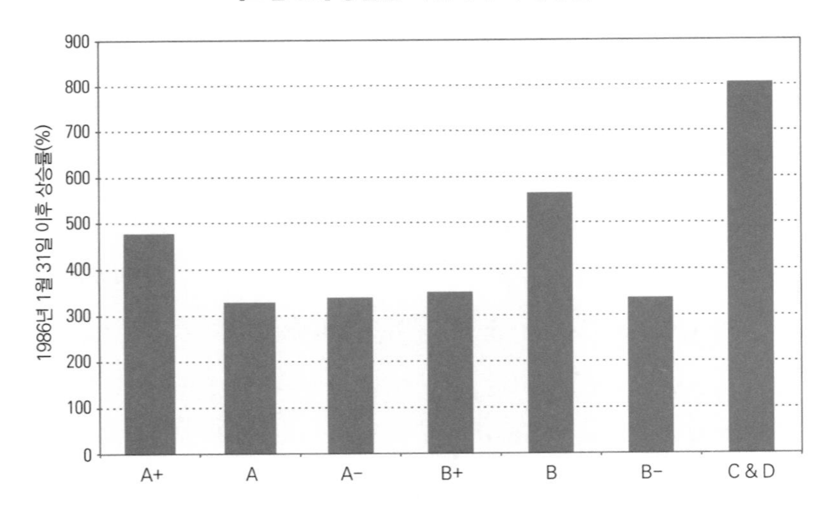

[그림 8.7] 업종별 좋은 기업(S&P 보통주 등급 B+ 이상)의 비중(2000/11/30 기준)

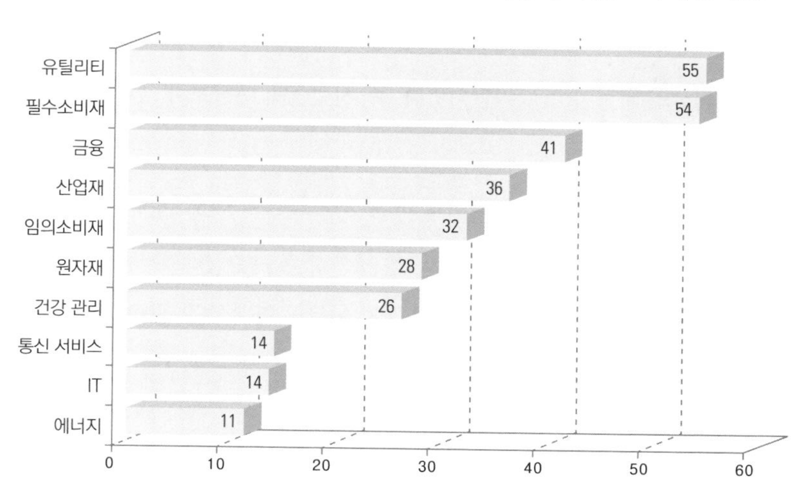

* MSCI-S&P 업종 분류 기준으로 메릴린치 정량 전략 유니버스 약 1,500종목을 분류

- 좋은 기업 비중이 가장 높은 업종 둘은 유틸리티와 필수소비재다. 두 업종은 상품과 서비스에 대한 수요가 안정적이어서 이익 성장률도 매우 안정적이다. 어떤 상황에서도 사람들은 먹어야 하고 전기를 써야 하기 때문이다.
- 좋은 기업 비중이 가장 낮은 업종은 에너지다. 1990년대 에너지 가격 변동성이 높았던 점을 고려하면 당연해 보일 것이다. 그러나 과거에도 항상 그랬던 것은 아니다. 에너지 업종 기업들의 등급이 계속 하락한 것은 최근 10~15년 동안 벌어진 일이다. 이제는 기억하는 사람이 거의 없지만, 1970년대 말에는 에너지 가격이 10년 동안 계속 상승한 덕분에 에너지 주식이 성장주로 인정받았다. 당시에는 필수소비재 업종이 성장주가 아니라 배당주로 간주되었다.

- 기술주 거품에 휩쓸린 사람들은 매우 놀랍겠지만 IT와 통신 업종의 좋은 기업 비중도 에너지 업종 다음으로 낮은 수준이어서, S&P 보통주 등급 B+ 이상의 비중이 15% 미만이었다. 즉, 사람들의 예상보다 경기순환주의 비중이 더 컸다.
- 놀랍게도 건강 관리 업종 역시 S&P 보통주 등급이 매우 낮다. 대형 제약 회사들은 실적이 매우 안정적이어서 대부분 A 등급 이상이지만 업종 전반은 등급이 높지 않다. 1990년대 정치 문제로 여러 건강 관리 업종의 성장 패턴이 바뀌었기 때문이다. 예를 들어 정부 보상 프로그램이 축소되면서 병원 관리와 양로원 업종의 실적이 악화했다.

공짜 점심은 여전히 없다

C & D 기업 주식은 장기간으로 측정할 때 초과 실적이 나온다는 점에 유의해야 한다. 실제로 일부 기간에는 C & D 기업 주식의 실적이 매우 부진하다. [표 8.1] 은 A+ 기업 주식과 C & D 기업 주식의 실적을 연도별로 비교한 자료다. C & D 기업 주식 투자자들은 실적이 좋을 때나 나쁠 때나 주식을 계속 보유해야만 초과 실적을 얻을 수 있었다. 이번에도 금융시장에는 공짜 점심이 없어서, 높은 위험을 떠안아야 높은 수익이 나오는 모습이다.

[표 8.2] 에 [표 8.1] 주식들의 위험을 변동성과 손실 확률 기준으로 평가했고, 12개월 수익률의 평균, 중앙값, 최댓값, 최솟값으로도 평가했다.

[표 8.1] A+ 기업 주식과 C & D 기업 주식의 연도별 수익률

	A+ 기업 주식(%)	C & D 기업 주식(%)
1987	-3.5	20.5
1988	14.3	21.7
1989	23.4	-1.6
1990	-10.8	-20.5
1991	43.3	92.1
1992	7.4	22.7
1993	-1.4	33.2
1994	-2.3	6.3
1995	30.6	21.7
1996	19.1	21.7
1997	36.9	17.2
1998	19.8	-4.4
1999	-1.5	71.4
2000(10월까지)	6.5	32.9

[표 8.2] A+ 기업 주식과 C & D 기업 주식의 위험·수익률 비교

	A+ 기업 주식(%)	C & D 기업 주식(%)
표준편차	14.6	26.4
손실 확률	19.3	18.1
12개월 수익률 평균	12.4	22.1
12개월 수익률 중앙값	11.1	18.2
12개월 수익률 최댓값	50.0	113.3
12개월 수익률 최솟값	-20.8	-29.9

변동성 기준으로는 C & D 기업 주식이 A+ 기업 주식보다 거의 두 배나 위험하다. 이렇게 높은 위험에 대한 보상으로 12개월 수익률 평균, 중앙값, 최댓값도 C & D 기업 주식이 더 높은 것이다.

손실 확률 기준으로는 C & D 기업 주식이 A+ 기업 주식보다 약간 더 안전하다. 즉, 변동성은 C & D 기업 주식이 더 높지만 유리한 쪽으로 편향되어 있다. C & D 기업 주식이 12개월 수익률 최솟값은 약간 낮지만 12개월 수익률 최댓값은 훨씬 높다. 공정하게 말하면 C & D 기업 주식의 높은 실적은 기술주 거품의 영향으로 보아야 한다. 기술주 거품 이전에는 위험 대비 수익이 이 정도로 높지 않았다.

시간 지평과 손실 확률

이번에는 시간 지평을 확장할 때 손실 확률이 어떻게 바뀌는지 분석해보자. [표 8.3]은 시간 지평을 1년에서 3, 5, 10년으로 확장했을 때의 손실 확률을 나타낸다.

[표 8.3] 시간 지평별 손실 확률

	A+ 기업 주식(%)	C & D 기업 주식(%)
1년	19.3	18.1
3년	1.4	5.7
5년	0.0	0.0
10년	0.0	0.0

7장에서와 마찬가지로 시간 지평을 확장하면 손실 확률이 두 가지 등급 주식 모두 감소한다. C & D 기업 주식의 손실 위험은 시간 지평이 1년일 때 18.1%지만 5년 이상으로 확장되면 0.0%가 된다. A+ 기업 주식의 손실 확률은 시간 지평이 1년일 때 19.3%지만 5년 이상으로 확장되면 역시 0.0%가 된다. 시간 지평이 3년일 때는 C & D 기업 주식의 손실 확률이 더 높지만, 7장에서 본 국제 주식처럼 시간 지평이 확장되면 위험이 급격하게 감소한다.

이런 증거가 있는데도 사람들은 여전히 좋은 주식보다도 좋은 기업을 찾아 나선다. 이는 정보 부족, 유동성 부족, 심리적 한계 탓으로 볼 수 있다.

소외주를 눈여겨보라

그동안 학계에는 이른바 소외주를 분석한 논문이 다수 발표되었다. 학자들은 주식마다 가용 정보의 양이 다르다고 말한다. 유명 대기업 주식에 대해서는 매일 많은 정보가 제공된다. 그러나 유명하지 않은 소기업 주식에 대해서는 정보가 기껏해야 산발적으로 제공되는 정도다. 이런 현상을 '정보 비대칭'이라고 부르는데, 소외주를 직접 분석하려는 사람들에게는 기회가 될 수도 있다.

소외주에 대한 초기 분석에서는 주식의 인기와 실적 사이의 관계를 연구했다. 사람들은 실적이 부진한 종목에는 지나칠 정도로 관심을 기울이지 않았지만 이렇게 소외된 종목들이 결국은 초과 실적을 냈다. 학자들은 투자자들의 관심과 주식의 실적 사이에 역의 상관관

계가 있다고 결론지었고, 이는 내가 제시한 이익 추정치 수명주기와 일맥상통한다.[5]

[표 8.4]는 S&P 보통주 등급과 담당 애널리스트의 수(투자자들의 관심도)의 관계를 보여준다. A+ 기업 주식은 담당 애널리스트가 평균 17명이지만 C & D 기업 주식은 평균 9명에 불과하다. A+ 기업 주식은 이익과 배당 패턴이 매우 안정적이어서 기존 추세를 연장하는 정도로 충분할 텐데도 담당 애널리스트가 이토록 많다는 사실이 당혹스럽다. 반면에 생존조차 불투명한 C & D 기업 주식은 담당 애널리스트가 훨씬 적다. 기업의 생존을 예측하기는 매우 어렵지만, 정확하게 예측한다면 매수나 공매도를 통해서 막대한 수익을 얻을 수 있다.

물론 A+ 기업 주식 애널리스트가 기존 추세를 연장해 이익과 배당을 추정해도 좋은지 판단하려면 많은 분석이 필요하다. 다가오는

[표 8.4] S&P 보통주 등급별 담당 애널리스트의 수

S&P 보통주 등급	담당 애널리스트의 수
A+	17
A	14
A-	13
B+	12
B	12
B-	10
C	9
무등급	8

펀더멘털 문제를 예측할 때도 마찬가지다. 이익 추정치 수명주기가 말해주듯이 주식은 실적, 기대, 소음이 정점에 도달할 때 인기가 치솟는다. 이때 애널리스트 대부분은 좋은 기업의 행운이 계속 이어질 것으로 믿으면서 과거 실적 추세를 연장한다. 그 결과 투자자들은 이른바 좋은 기업의 실적 악화에 당황하게 된다.

유동성에 집착하지 말라

기관투자가들은 유동성이 풍부한 주식에 투자하는 경향이 있다. 유동성이란 일정 기간의 거래량을 가리킨다. 기관투자가는 대규모로 주식을 매수하거나 매도해야 하므로 유동성이 중요하다. S&P 보통주 등급별 거래량을 나타내는 [표 8.5]를 보면 일부 투자자가 우량

[표 8.5] S&P 보통주 등급별 주식 거래량

S&P 보통주 등급	평균 주간 거래량(단위: 1,000주)
A+	2,284
A	1,099
A-	1,017
B+	1,121
B	1,373
B-	1,310
C	1,123
D	875
무등급	931

* 자료: 리처드 번스타인, 《순환 장세의 주도주를 잡아라》

등급을 선호하는 이유를 짐작할 수 있다. 그러나 좋은 기업 대신 좋은 주식을 선택하면 서둘러 매도할 일이 감소하므로 유동성에 집착할 필요도 없다.

위험 회피인가, 후회 회피인가?

일부 학자는 투자자들이 나쁜 기업을 회피하는 다른 이유를 제시한다.[6] 학자들의 가설에 의하면 포트폴리오 매니저, 주식 중개인, 재무상담사 등은 위험보다도 후회를 더 회피한다. 고객에게 사과하게 되는 상황을 더 두려워한다는 말이다.

좋은 기업의 주식을 추천했는데 실적이 부진하다면, 이들은 자신의 잘못이 아니라고 주장할 수 있다. 원래 유명한 좋은 기업이지만 외부 영향 탓에 수익률이 기대에 못 미쳤다고 이들은 설명한다. 예컨대 이 회사 경영진이 의사결정을 잘못했다거나, 시장에서 다른 업종이 인기를 끌었다고 말한다. 반면에 나쁜 기업의 주식을 추천했는데 실적이 부진하다면, 이들은 해고당하기 쉽다. 이 기업이 부실하다는 사실을 모두가 아는데도 이들만 몰랐다고 고객이 생각하기 때문이다. 그래서 이들은 후회를 피하려고 좋은 기업의 주식을 추천하는 경향이 있다.

나쁜 기업이 나쁜 주식이 될 수도 있다

앞에서 언급했지만 장기적으로는 나쁜 기업의 주식이 좋은 주식이 된다. 그러나 일시적으로는 매우 나쁜 실적을 기록할 수 있다. 이유가 무엇일까?

좋은 기업과 나쁜 기업의 실적에 영향을 미치는 주된 요소는 이익 순환주기다. 이익 순환주기는 S&P500의 연간 이익 변동률이나 S&P500의 이익 증가율로 쉽게 파악할 수 있다. 장기적으로 나쁜 기업이 초과수익을 내는 것은 근본적으로 나쁜 기업이 파산할 것이라는 기대 때문이다. 그러나 미국 기업들의 이익은 장기적으로 증가하는 추세여서 나쁜 기업에 유리했다. 전반적으로 기업들이 계속 생존하면서 투자자들에게 어닝 서프라이즈를 안겨주었다. 일부 기업이 회생에 성공해 탁월한 실적을 안겨준 것이 아니다. 기업들 전반이 순풍을 받으면서 성장했다는 말이다.[7]

이익 수명주기가 상승세일 때는 나쁜 기업이 좋은 기업에 비해 상대적으로 더 높은 수익률을 낸다. 이 시기에는 좋은 기업의 안정적인 이익과 배당은 별다른 주목을 받지 못하는데, 좋은 기업은 경제 민감도가 나쁜 기업보다 낮기 때문이다. 반면에 이익 수명주기가 하락세일 때는 나쁜 기업의 실적이 부진해지고 이익 증가율이 안정적인 좋은 기업이 초과이익을 낸다. 미국의 이익 수명주기가 오랫동안 상승세를 유지했으므로 나쁜 기업이 장기적으로 초과이익을 낼 수 있었다.

소음과 기업의 우량성

소음은 위험에 대한 사람들의 인식에 영향을 미치듯이, 기업의 우량성에 대한 인식에도 영향을 미친다. 소음에 휘말리면 사람들은 나쁜 기업을 좋은 기업으로 인식할 수도 있고, 좋은 기업을 나쁜 기업으로 인식할 수도 있다.

앞에서도 언급했지만 흔히 사람들은 펀더멘털이 아니라 과거 주가 흐름을 기준으로 좋은 주식인지 나쁜 주식인지를 판단한다. 따라서 누군가 좋은 주식·나쁜 주식을 논할 때는 자세히 검토해보아야 한다. 과거 실적이 미래 실적을 알려주지는 않으므로 과거 주가 흐름을 바탕으로 좋은 주식·나쁜 주식을 판단해서는 안 된다. 누군가 XYZ 회사가 훌륭하다고 말하면 그렇게 생각하는 이유를 물어보라. 펀더멘털 요소도 논할지 모르지만 주가가 상승했다는 점을 틀림없이 강조할 것이다.

실제로 기업의 우량성은 단기간에 바뀌지 않지만, 이익 추정치 수명주기에 의하면 기업의 우량성에 대한 사람들의 인식은 단기간에 바뀔 수 있다. 소음이 사람들의 인식에 영향을 미치기 때문이다. 기업의 실제 우량성과 사람들의 인식 사이에 커다란 괴리가 나타나면 투자 기회가 된다. 모두가 좋은 기업으로 인정하는 기업이 사실은 경기에 민감한 기업일 수 있다. 반대로 모두가 나쁜 기업으로 생각하는 기업이 실제로는 이익 추정치 수명주기가 상승할 때 경기 민감형 기업들만큼 빠르게 성장하지는 못하지만 적어도 안정적으로 성장하는 기업일 수도 있다.

소음과 무등급 기업

무등급 기업은 신생 기업이라서 소음에 매우 민감할 수 있다. 월스트리트 애널리스트들은 신생 기업이 실제보다 훨씬 더 우량한 것처럼 보이게 하려고 과대 선전하기도 한다. 그러나 신생 기업에는 다른 정보 출처가 거의 없으므로 투자자들이 사실을 확인하기가 어렵다.

내 경험에 의하면 사람들은 자신이 좋아하는 주식이 S&P500 보통주 등급 체계에서 등급을 받지 못하거나 생각보다 낮게 받으면 무시하는 경향이 있다. 이는 소음과 과대 선전이 투자자들의 행동에 커다란 영향을 미치기 때문이다. 사람들은 자신의 포트폴리오가 원래 계획했던 것보다 더 위험하다는 사실을 받아들이는 대신, S&P500 보통주 등급이 부정확하거나 중요하지 않다고 무시하기 일쑤다. 그러나 엉뚱한 곳에 화풀이해서는 안 된다.

객관적인 등급 척도

투자자들은 매우 객관적인 등급 척도를 사용해야 한다. 등급 척도가 객관성을 유지하려면 다음 특성이 필요하다.

- 정량화: 숫자로 표시해야 한다. 이익 증가율이 안정적이라면 얼마나 안정적인지 숫자로 표시해야 한다.
- 체계성: 계산 방식을 모든 기업에 항상 똑같이 적용해야 한다. 산업별로

계산 방식이 달라져서는 안 된다. 어떤 산업에는 특정 방식이 적용되지 않는다고 누군가 주장하더라도 그의 말을 믿어서는 안 된다. 이런 주장은 대개 나쁜 산업 추천을 정당화하려는 사람이 펼치는 주장이다. 이제는 환경이 바뀌었으므로 특정 방식이 적용되지 않는다는 주장도 믿어서는 안 된다. 역시 나쁜 기업 추천을 정당화하려는 사람의 주장이다.

- 투명성: 척도가 명확하고 직관적이어야 한다. 일부 애널리스트는 실제 공식이나 이론은 숨긴 채 매우 복잡한 '블랙박스' 척도를 제시한다. 나는 그런 척도는 받아들이지 않는다.
- 검증 가능성: 그 척도가 다양한 환경에서 얼마나 효과적이었는지 확인할 수 있도록 과거 실적이 충분해야 한다.
- 무료: 이런 척도 데이터에 돈을 지불해서는 안 된다고 나는 확신한다. 일반 데이터베이스 가격 이상으로 비용을 지불할 만큼 통찰력 넘치는 독점 데이터는 드물다. 정작 자신은 활용하지 않으면서 어떤 모형이나 통계가 탁월하다고 주장한다면 함부로 믿어서는 안 된다.

S&P 보통주 등급은 위 기준을 모두 충족하므로 나는 이 등급을 사용한다. 이 등급은 표준 공식을 따르므로 정량적이다. 모든 기업을 똑같은 방식으로 계산하므로 체계적이다.[8] 나와 다른 애널리스트들이 여러 연구에서 확인했듯이 데이터 검증이 가능하다. 일반 데이터베이스 비용 외에 추가로 지불하는 비용이 없다는 점도 중요하다. 아이러니하게도 S&P 보통주 등급은 엄청난 정보를 담고 있고 나온 지 수십 년이 지났는데도 사용하는 사람이 드물다.

소음이 등급을 왜곡한 사례: 기술주 거품

사람들은 워런 버핏(Warren Buffett)처럼 저명한 투자자가 기술주나 통신주에 투자하지 않는 이유를 궁금해한다. 버핏은 자신이 이해하지 못하는 회사에 투자하지 않는다고 여러 번 말했다. 컴퓨터 과학자나 엔지니어가 아니라면 기술회사와 통신회사를 완벽하게 이해하기가 어렵다. 기술이 우리 생활에서 차지하는 비중이 갈수록 커진다는 사실은 우리도 실감하지만 여러 광섬유, 커넥터, 컴퓨터 칩 중 어느 제품에 경쟁우위가 있는지는 도무지 판별하기 어렵다.

어떤 기술회사의 제품이 멋지다는 말을 들으면 투자자 대부분은 그 회사가 성공할 것으로 생각한다. 그러나 월스트리트 애널리스트들조차 성공 기업을 구별해내기가 어렵다. 기술주 거품이 부풀어 오를 무렵, 대형 증권사 리서치 부서들이 분석하는 세계 기술회사가 500개를 넘어섰다. 그러나 분석 대상이 이렇게 많은데도 보고서에서 경쟁을 언급한 기술주 애널리스트는 거의 없었다. 이들은 분석 대상 기업이 모두 성공한다고 추정했다.

왜 증권사 애널리스트들은 경쟁을 논하지 않고 워런 버핏은 기술주에 투자하지 않을까? 나는 소음 때문이라고 생각한다. 산업이나 기업을 잘 알수록 소음에 좀처럼 휩쓸리지 않는다. 우리는 치약이나 탄산음료를 잘 알기 때문에 그 제조업체에 관한 과대 선전에 좀처럼 넘어가지 않는다. 그러나 광섬유는 치약만큼 잘 알지 못하기 때문에 광섬유 제조업체의 전망을 들으면 흥분하기 쉽다. 비교할 기준이 없어서 판단하기 어렵기 때문이다.

1999~2000년에 기술주 분야에서 투자자들을 착각으로 이끌었던 과대 선전과 소음을 살펴보자. [그림 8.7] (247쪽)에서 보았듯이 IT 업종은 좋은 기업 비중이 최저 수준이었다. 사람들은 왜 기술주의 등급을 실제보다 훨씬 높게 인식했을까?

착각 1: 경기순환과 장기 추세를 혼동

아마도 1999~2000년 기술 업종에 대한 가장 커다란 착각은 이를 안정적인 성장 부문으로 인식했다는 것이다. 사람들은 기술 업종의 이익 증가율이 가장 높을 뿐 아니라 매우 안정적이라고 확신했다. 그래서 기술주의 가치를 이례적으로 높이 평가했다. 기술 업종은 이른바 신경제에 해당하므로 경기순환도 없을 것으로 믿었다.[9]

[그림 8.8] 은 실제 S&P 기술 업종의 이익과 로그 추세선을 나타낸다. 이 그림은 두 가지 면에서 사람들의 인식이 틀렸음을 보여준다. 첫째, 기술 업종의 이익 변동성은 사람들의 생각보다 크다. 이 그림에 나타나듯이 기술 업종에는 항상 큰 폭의 경기순환이 있었다. 둘째, 기술 업종의 장기 이익 증가율은 사람들의 생각보다 훨씬 낮아서 20~30%가 아니라 약 9%였다. 사람들은 소음과 과대 선전에 휩쓸려 기술 업종이 성장성이 뛰어나고 안정적이라고 믿었지만 사실은 성장성이 낮고 경기순환도 매우 심했다.

사람들은 왜 이렇게 착각했을까? [그림 8.8] 에서 추세선을 1986년 대신 1998년 2분기부터 그리면 이익 증가율은 연 62%, 추세선의 결정

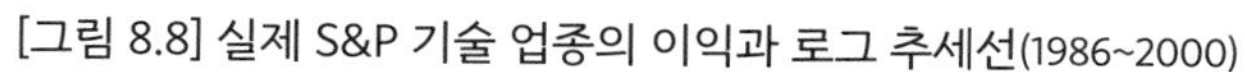
[그림 8.8] 실제 S&P 기술 업종의 이익과 로그 추세선(1986~2000)

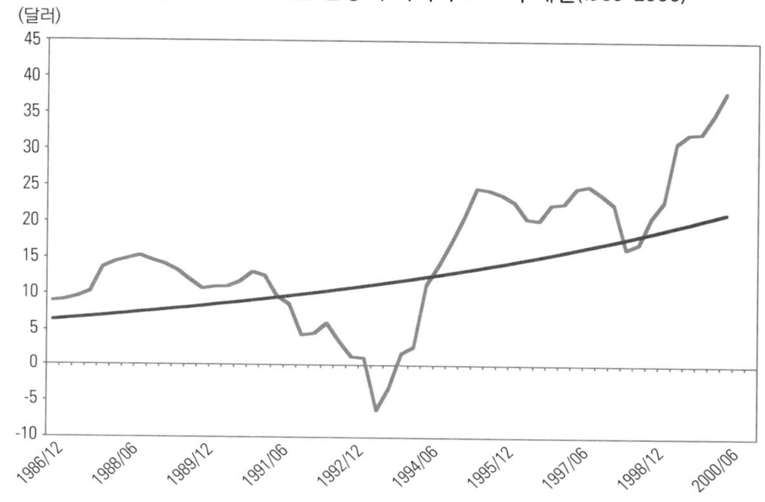

* 추세선 이익 증가율은 연 9%, 결정계수는 15%
* 자료: 메릴린치 정량 전략 데이터

계수는 약 95%가 나온다. 그러나 사람들은 직전 이익 증가율이 -34%였다는 사실을 망각한 듯하다. 당시 세계 경제가 침체한 탓에 기술 업종 역시 실적이 대폭 악화했다.

기술 업종의 이익 증가는 경기순환형 반등이었는데도 사람들은 이를 장기 추세로 착각했다. 기술 업종의 이익이 강하게 반등하자 사람들은 신경제가 등장했다고 생각했고 장기 추세가 시작되었다고 믿었다. 기술 업종이 실제로 계속 연 62% 성장할 수 있다면 인류 역사상 최고의 업종이 될 것이다. 그러나 경기순환 업종의 단기 추세를 장기 추세로 착각하면 위험하다.

착각 2: 기술 업종만 성장한다고 생각

사람들은 과대 선전에 휘말려, 이익이 증가하는 업종은 기술 업종뿐이라고 생각했다. 1998년 바닥에서 2000년 1분기 정점까지 이익이 가장 빠르게 증가한 업종은 기술 업종이었지만, 다른 업종도 이익이 증가했다. [그림 8.9]를 보면 2000년 2분기에는 S&P 기술 업종보다도 S&P500의 이익 증가율이 더 높았다. 사람들은 과대 선전에 넘어가 기술 업종만 이익이 증가한다고 착각했지만 실제 이익 증가율은 시장에도 못 미쳤다.

[그림 8.9] S&P 기술 업종과 S&P500의 이익 증가율 비교(1996~2000)

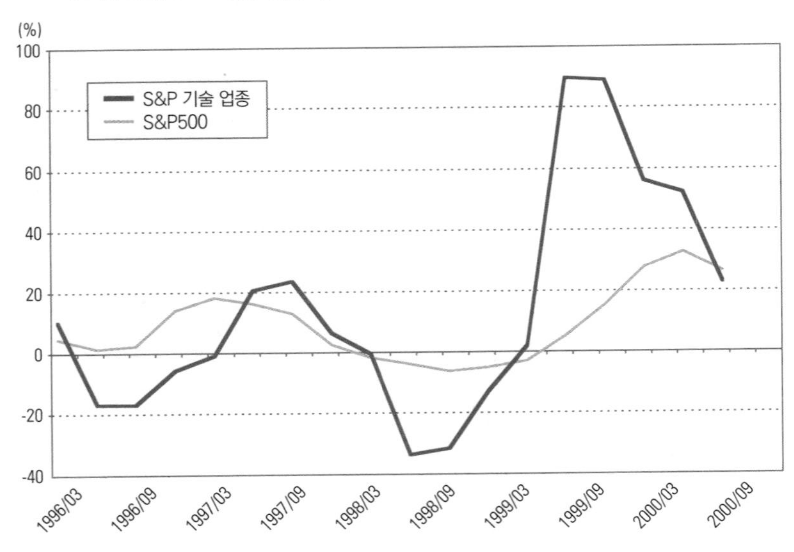

기술 업종에 대한 심각한 오판

나는 세 가지 척도를 사용해서 기술 업종에 대한 오판 수준을 평가했다. 첫 번째 척도는 [그림 8.10]으로서, A+ 기업 주식들의 PER을 B- 기업 주식들의 PER로 나눈 비율을 나타낸다. A+ 기업 주식은 기술주 거품이 절정에 도달한 1999년 3월~2000년 3월에 심하게 저평가되었다. 2000년 3월~2000년 6월에는 B- 기업 주식보다 약 75%나 낮은 가격에 거래되었다. 세계적으로 좋은 기업 주식이 심각한 경기순환 기업 주식보다 75%나 싸게 거래되었다는 말이다!

이는 사람들이 기술 업종의 특성을 잘못 인식한 탓이다. [그림

[그림 8.10] A+ 기업 주식의 B- 기업 주식 대비 PER(1986~2000)

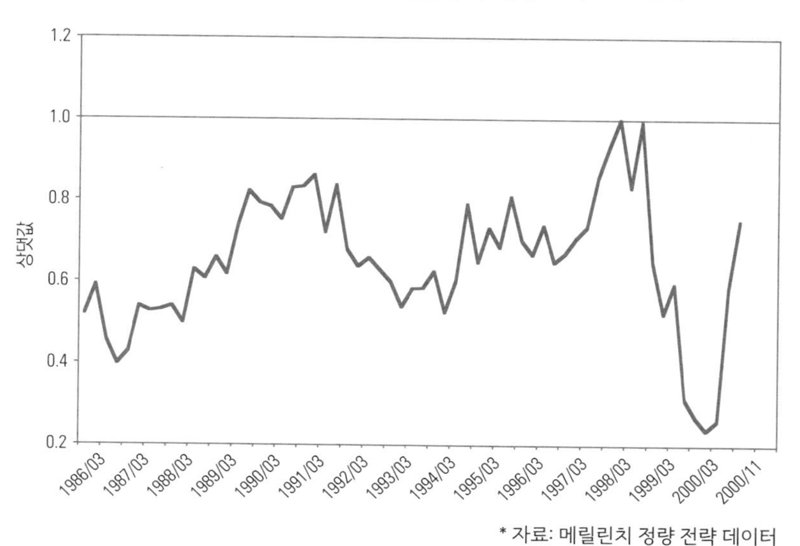

* 자료: 메릴린치 정량 전략 데이터

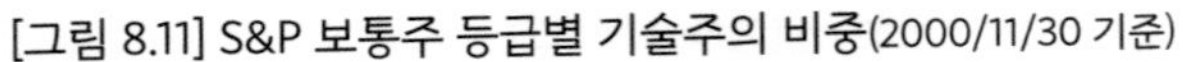
[그림 8.11] S&P 보통주 등급별 기술주의 비중(2000/11/30 기준)

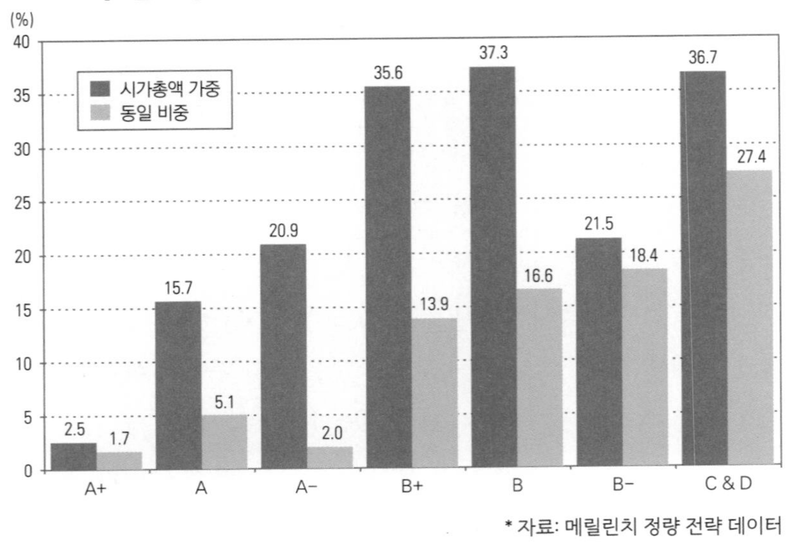

* 자료: 메릴린치 정량 전략 데이터

8.11]은 S&P 보통주 등급별 기술주의 비중을 시가총액 기준과 동일 비중 기준으로 나타낸 자료다. 기술주의 비중이 A+ 등급에서는 2% 미만이지만 C & D 등급에서는 30%가 넘는다. 이는 기술 업종의 경기 변동성이 생각보다 훨씬 크다는 뜻이다.

두 번째 척도는 [그림 8.12]로서 기술주 거품의 크기를 나타낸다. 여기서는 기술주의 가치를 성장률이 비슷한 비기술주와 비교했는데, 구체적으로는 '5년 예상 성장률이 20% 이상인 기술주의 PER'을 '5년 예상 성장률이 20% 이상인 비기술주의 PER'로 나누었다.

2000년 1분기에는 고성장 기술주의 가격이 고성장 비기술주 가격의 4~4.5배나 되었다는 뜻이다. 사람들은 오로지 '기술주'에 매료

[그림 8.12] 기술주의 비기술주 대비 PER(1986~2000)

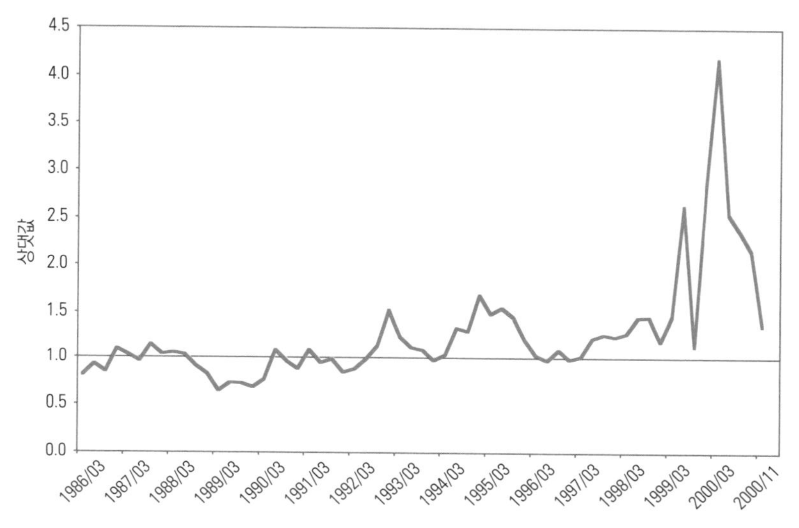

* '5년 예상 성장률이 20% 이상인 기술주의 PER'을
'5년 예상 성장률이 20% 이상인 비기술주의 PER'로 나눔
* 자료: 메릴린치 정량 전략 데이터

된 나머지, 다른 업종의 고성장 주식은 거들떠보지도 않았던 셈이다. 가격이 4배나 되는데도 친구들에게 자랑하려고 기술주를 살 필요가 있었을까?

장기적으로 보면 나쁜 기업의 주식이 좋은 주식이 되긴 하지만, 심각한 오판이 미치는 영향을 과소평가해서는 안 된다. 1970년대 초 '니프티 피프티' 열풍과 1983년 기술주 거품을 경험하고 나서 금융시장은 장기간 방어 기조로 바뀌어 좋은 기업이 주도하게 되었다.

사람들의 오판과 기술주 거품에 의해 과도하게 상승한 주가 덕분에, 기업들은 기업공개나 주식 추가 발행을 통해 확장 자금을 조달할 수 있었다. 이제 문제는 '이렇게 조달한 '공짜 자금' 때문에 기술 업종이 설비 과잉 상태가 되지 않았는가?'이다. 인터넷 산업, 인터넷 컨설팅, 통신 서비스, 통신 장비, 반도체, 부품 제조 부문에서는 이미 설비 과잉 신호가 나타나고 있다.

이런 경고가 나오는데도 사람들은 기술 업종을 여전히 우량 업종으로 생각하면서 계속 관심을 쏟고 있다. 시장에서 투자자들이 소음과 과대 선전에 휩쓸려 판단을 그르치고 실적을 망가뜨린 대표적인 사례가 될 것이다.

9장

탁월한 애널리스트를 찾아라

기업에 대한 TV 경제 뉴스 리포터의 지식이 월스트리트 애널리스트나 포트폴리오 매니저와 비슷한 수준으로 보이지 않는가? 애널리스트와 포트폴리오 매니저가 리포터보다 훨씬 많이 알아야 마땅하지만 항상 그런 것 같지는 않다.

9장에서는 리포터와 애널리스트의 지식 격차가 종이 한 장 수준으로 축소된 이유를 살펴보고, 대중매체의 과대 선전이 판치는 새 시대에 훌륭한 애널리스트를 찾아내는 방법도 알아본다. 애널리스트와 포트폴리오 매니저 등 'TV 출연자'는 항상 차고 넘친다. 문제는 '정말로 가치 있는 정보를 제공하는 사람과 단지 소음만 일으키는 사람을 어떻게 구분하는가?'이다.[1]

애널리스트가 사라지고 있다

오늘날 월스트리트에서 보고와 분석은 종이 한 장 차이에 불과하다. 차이가 확실해야 하는데도 말이다. 보고는 실제로 발생한 사건을 전달한다. 분석은 그 사건이 발생한 이유를 풀어낸다. 한 걸음 더 나아가 예측은 분석을 통해서 미래에 일어날 사건을 내다본다.

유감스럽게도 월스트리트에 보고자(리포터)는 남아돌지만 분석가(애널리스트)와 예측가는 매우 드물다. 애널리스트가 갈수록 리포터로 바뀌고 있기 때문이다. 이들은 회사가 발표한 내용을 되풀이하기만 할 뿐, 회사가 분기보고서나 연차보고서에 공개한 수많은 통계를 철저하게 분석해서 미래를 내다볼 줄은 모른다. 회사의 주장을 확인할 독자적인 정보 출처도 확보하지 못한 탓에, 회사가 제공하는 '가이던스(guidance)'에만 의존해 받아들일 뿐이다.

분석하고 예측하지 못하는 애널리스트는 시장에 소음만 보탤 따름이다. 심지어 보고만 하는 애널리스트는 진정한 정보를 찾는 투자자들에게 해로운 존재일 수 있다. 소음 탓에 투자자들이 시간과 노력을 낭비하고, 혼란에 빠지며, 판단을 잘못할 위험이 증가하기 때문이다.

훌륭한 애널리스트의 7가지 특성

그러면 어떤 사람이 훌륭한 애널리스트인가? 내가 중요하다고 생각하는 특성을 아래에 정리했다. 아래 목록이 완전하다고 볼 수는 없지만, 적어도 이런 특성을 갖추지 못한 사람은 애널리스트보다 리포터에 가깝다.

훌륭한 애널리스트라면 다음 7가지 특성을 모두 갖춰야 한다.

- 사실을 단순 열거하지 않는다.
- 지혜롭게 도출한 독자적 의견을 제시한다.
- 펀더멘털 의견과 투자 의견을 구분한다.

- 회사의 가이던스를 그대로 받아들이지 않고 독자적으로 조사한다.
- 회사를 분석할 때, 검증되지 않은 새로운 척도 대신 검증된 건전한 척도를 사용한다.
- 담당하는 모든 종목에 매수 등급을 부여하지는 않는다.
- 비난을 들어도 포기하지 않는다.

한 가지씩 차근차근 살펴보자.

사실을 단순 열거하지 않는다

매일 잠자리에 들기 전, 나는 라디오 방송의 극동 금융 뉴스를 듣는다. 리포터는 동아시아 지역에서 그날 실적이 좋았던 업종과 나빴던 업종을 논평한다. 실적이 나빴던 업종에 대해서는 "주가가 펀더멘털보다 지나치게 상승했다고 투자자들이 판단했다"라고 말하고, 실적이 좋았던 업종에 대해서는 "주가가 펀더멘털보다 지나치게 저평가되었다고 투자자들이 판단했다"라고 표현했다. 이 리포터가 무의미한 말을 반복한다고 말하면 미친 소리처럼 들리겠지만, 요즘도 매일 밤 똑같은 표현을 쓰고 있다.

월스트리트 애널리스트들의 보고 방식이 모두 비슷해진 듯하다. 훌륭한 애널리스트는 모두가 아는 사실을 단순 반복하지 않는다. 그러나 요즘 월스트리트 애널리스트들은 회사의 신제품이나 확장 계획을 진지하게 분석해보지도 않은 채 관련 사실을 단순 반복하는 사례가 많다. 전략가와 이코노미스트들은 흔히 명확하게 드러난 시장 상황을 전달할 뿐, 이런 상황이 계속 이어질지 통찰을 제공하지 않는다. '이익 실현'과 '저가 매수'라는 표현도 남용된다. 주가가 상승한 종목에서 매물이 나오면 항상 '이익 실현' 매물이라고 부르니 말이다.

나는 회사의 계획이 성공하지 못할 것이라고 공개적으로 말하는 애널리스트에게 갈채를 보낸다. 회사의 계획이 예상 밖으로 성공해서 주가도 회사가 예상하지 못한 수준까지 상승할 것이라고 말하는 애널리스트에게 더 큰 갈채를 보낸다. 이렇게 말하는 애널리스트가 "A사는 인터넷 구축 사업에서 차세대 선도기업이 될 것입니다"라고 말하는 애널리스트보다 투자자들에게 훨씬 더 도움이 된다. 후자는 아무 의미도 없는 말이다.

A사에 대한 설명이 왜 의미가 없는지 분석해보자. 여기서는 완벽하게 분석하기보다는 위 설명이 얼마나 피상적인지만 밝히고자 한다.

■ "선도기업이 될 것입니다."

경쟁사는 몇 개인가?

A사는 어떻게 선도기업이 되었는가?

A사의 시장 점유율은?

경쟁사들이 경쟁을 벌이는 방식은?

선도기업의 지위는 얼마나 확고한가?

이 산업은 현재 분화 중인가, 통합 중인가?

A사가 선도기업으로서 확보한 우위는 무엇인가?

■ "차세대"

A사는 이전 세대에도 성공을 거두었는가?

차세대가 존재한다고 믿는 이유는?

A사의 초기 제품은 진부화하지 않았는가?

그런데도 차세대를 낙관할 수 있는가?

차세대 중에도 A사 제품이 진부화하지 않겠는가?

A사의 연구개발비 지출 비중은?

연구개발비 회수 시점은?

투자 수익률은?

■ "인터넷 구축 사업에서"

'구축'이 몰아낸다(驅逐)는 뜻인가?(농담이다!)

이 사업은 장기 추세형인가, 경기순환형인가?

사업 자금 조달 방법은?

예상 설비 가동률은?

애널리스트가 제시한 간단한 문장에는 분석 대상의 정보가 거의 없다. 진정한 분석이라면 적어도 내가 열거한 질문에 답할 수 있어야 한다. 다음과 같은 답변을 받는다면 당신은 A사에 투자하겠는가?

Q: 경쟁사는 몇 개인가?

A: 20개나 30개다.

Q: A사는 어떻게 선도기업이 되었는가?

A: 다른 회사들의 제품이 진부화되었다.

Q: A사의 시장 점유율은?

A: 5%다.

Q: 경쟁사들이 경쟁을 벌이는 방식은?

A: 연구개발에 대규모로 투자한다.

Q: 선도기업의 지위는 얼마나 확고한가?

A: 지금은 확고하다.

Q: 이 산업은 현재 분화 중인가, 통합 중인가?

A: 분화 중이다. 다음 주에 5개 회사가 기업을 공개한다.

Q: A사가 선도기업으로서 확보한 우위는 무엇인가?

A: 매출과 제품 지원이 우세하다.

Q: A사는 이전 세대에도 성공을 거두었는가?

A: 이전 세대에는 회사가 없었다.

Q: 차세대가 존재한다고 믿는 이유는?

A: 기존 제품이 고객의 욕구를 완벽하게 충족시키지 못한다.

Q: A사의 초기 제품은 진부화하지 않았는가?

A: 초기 제품이 없었다.

Q: 그런데도 차세대를 낙관할 수 있는가?

A: 그렇다.

Q: 차세대 중에 A사 제품이 진부화하지 않겠는가?

A: 현재 제품은 십중팔구 진부화할 것이다.

Q: A사의 연구개발비 지출 비중은?

A: 매출의 약 20% 미만이다.

Q: 연구개발비 회수 시점은?

A: 알 수 없다.

Q: 투자 수익률은?

A: 알 수 없다.

Q: 이 사업은 장기 추세형인가, 경기순환형인가?

A: 경기순환형의 징후가 보인다.

Q: 사업 자금 조달 방법은?

A: 주식을 발행하는 기업이 많다.

Q: 예상 설비 가동률은?

A: 뭐라고?

이런 답변이 확신을 준다고 생각하는가? 다음과 같은 답변이라면 어떤가?

Q: 경쟁사는 몇 개인가?

A: 없다.

Q: A사는 어떻게 선도기업이 되었는가?

A: 우월한 제품으로 경쟁사들을 시장에서 몰아냈다.

Q: A사의 시장 점유율은?

A: 95%다.

Q: 경쟁사들이 경쟁을 벌이는 방식은?

A: 가격 할인이다. 품질로는 경쟁이 안 되니까.

Q: 선도기업의 지위는 얼마나 확고한가?

A: 사실상 경쟁자가 없다.

Q: 이 산업은 현재 분화 중인가, 통합 중인가?

A: 통합 중이다. 소기업들이 사업을 접는 중이다.

Q: A사가 선도기업으로서 확보한 우위는 무엇인가?

A: 제품 우위, 매출 우위, 고객지원 우위다.

Q: A사는 이전 세대에도 성공을 거두었는가?

A: 이전 세대에도 시장을 지배했다.

Q: 차세대가 존재한다고 믿는 이유는?

A: 기존 제품이 고객의 욕구를 완벽하게 충족시키지 못한다.

Q: A사의 초기 제품은 진부화하지 않았는가?

A: 업그레이드하기 쉽게 제품을 설계했다.

Q: 여전히 차세대를 낙관할 수 있는가?

A: 그렇다.

Q: 차세대 중에도 A사 제품이 진부화하지 않겠는가?

A: 현재 제품도 업그레이드하기 쉽게 설계했다.

Q: A사의 연구개발비 지출 비중은?

A: 매출의 약 20% 이상이다.

Q: 연구개발비 회수 시점은?

A: 모든 프로젝트에 대해서 2년 이내로 예상한다.

Q: 투자 수익률은?

A: 모든 프로젝트에 대해서 25~30% 이상을 예상한다.

Q: 이 사업은 장기 추세형인가, 경기순환형인가?

A: 경기순환형의 징후가 보인다.

Q: 사업 자금 조달 방법은?

A: 주식을 발행하는 기업이 많다.

Q: 예상 설비 가동률은?

A: 뭐라고?

두 번째 답변도 완벽한 것은 아니지만 그래도 경쟁할 준비가 된 선도기업처럼 보인다. 반면에 첫 번째 답변은 우연히 선도기업이 되긴 했지만 장래에 대한 대비가 전혀 없는 것처럼 보인다. 당신은 어느 쪽에 투자하겠는가?

"A사는 인터넷 구축 사업에서 차세대 선도기업이 될 것입니다"라는 말은 얼핏 들으면 강력한 표현 같지만 아무 의미가 없다는 점에 주목해야 한다. 남들이 하는 말을 단순 반복하는 수준에 불과하다.

지혜롭게 도출한 독자적 의견을 제시한다

한 기업의 펀더멘털에 대한 애널리스트들의 의견을 요약한 자료가 이익 추정치다. 그러나 우리가 흔히 접하는 이익 추정치의 가치는 "A사는 인터넷 구축 사업에서 차세대 선도기업이 될 것이며, 내년 이익 추정치는 1.00달러입니다"라는 말처럼 정보 가치가 거의 없는 소음에 불과하다. 역시 아무 의미가 없다.

투자자들에게 더 유용한 정보는 이런 것이다. "A사의 컨센서스 추정치는 1.00달러지만 제가 제시하는 추정치는 1.10달러입니다. 시장에서 간과한 요소 5개를 반영했으므로 0.10달러 높습니다."

이익 추정치는 이론상 이미 주가에 반영되었다고 보아야 하므로 그 자체로는 유용한 정보가 아니다. 그리고 애널리스트가 이익 추정치를 올리거나 내리더라도 이유를 알 수 없다면 역시 유용한 정보가 아니다. 그러나 애널리스트가 자신의 추정치를 컨센서스 추정치와 비교해서 제시한다면 매우 유용한 정보가 될 수 있다.

[그림 9.1]은 애널리스트 추정치가 컨센서스 추정치보다 훨씬 높은 종목의 실적을 나타낸다. 먼저 특정 애널리스트 집단을 선정하고 나서 매달 이들이 담당하는 종목의 추정치를 컨센서스 추정치와 비교했다. 그리고 추정치 차이를 기준으로 각 종목에 1~10등급을 부여했다. 애널리스트 추정치가 컨센서스 추정치보다 가장 높은 종목에는 1등급을 부여했고, 반대로 애널리스트 추정치가 컨센서스 추정치보다 가장 낮은 종목에는 10등급을 부여했다. [그림 9.1]은 S&P500 지수 대비 1~2등급 주식 포트폴리오의 누적 실적을 나타낸다.

이 포트폴리오는 실적이 이례적으로 우수해서 1986년 이후 S&P500 대비 초과 수익률은 연 6%, 동일 비중 S&P500 대비 초과 수

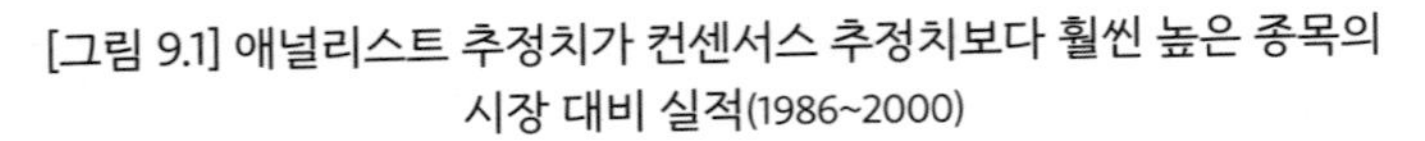
[그림 9.1] 애널리스트 추정치가 컨센서스 추정치보다 훨씬 높은 종목의 시장 대비 실적(1986~2000)

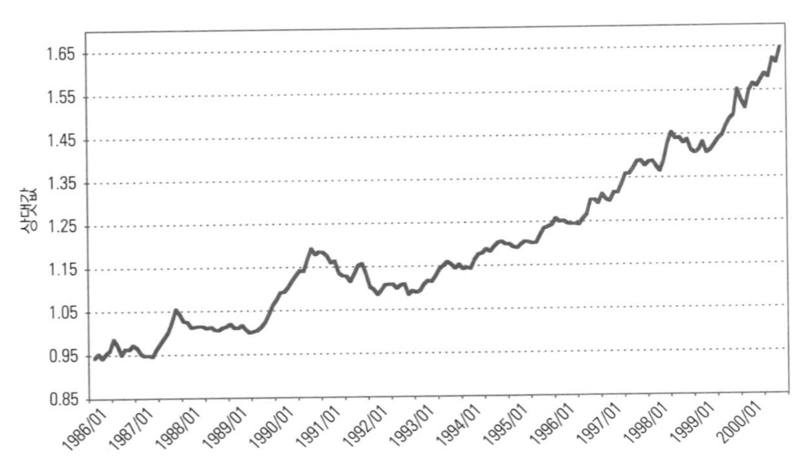

익률은 연 4.1% 수준에 이르렀다. 게다가 1989년에 시작해 11년 동안 실행한 강력한 표본 외 테스트에서 더 낮은 위험으로 계속 초과 실적을 올렸다는 사실이 더 중요하다.

[그림 9.2]는 반대로 애널리스트 추정치가 컨센서스 추정치보다 훨씬 낮은 종목(9~10등급)의 실적을 나타낸다. 1986년 이후 S&P500 대비 수익률은 연 -6.5%, 동일 비중 S&P500 대비 수익률은 연 -4.0% 수준이었다. 애널리스트 추정치가 더 높든 낮든, 컨센서스 추정치와 크게 다를 때는 유용한 정보가 되는 것으로 보인다.

요컨대 훌륭한 애널리스트는 단순 사실을 전달하지 않고 지혜롭게 도출한 독자적 의견을 제시한다. 독자적 의견이 아니라면 모두 소음에 불과하다. 이제 A사에 대한 의견을 다음과 같이 정리할 수 있다.

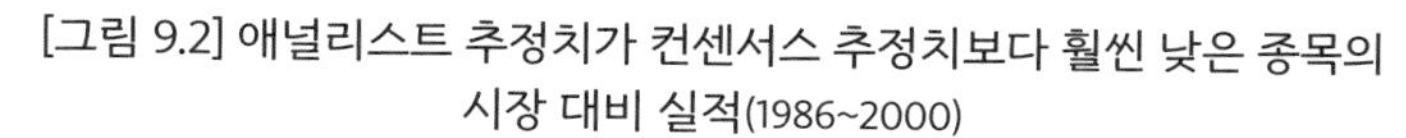

[그림 9.2] 애널리스트 추정치가 컨센서스 추정치보다 훨씬 낮은 종목의 시장 대비 실적(1986~2000)

"A사는 인터넷 구축 사업에서 차세대 선도기업이 될 것입니다. A사의 컨센서스 추정치는 1.00달러지만 제가 제시하는 추정치는 1.10달러입니다. 시장에서 간과한 요소 5개를 반영했으므로 0.10달러 높습니다."

펀더멘털 의견과 투자 의견을 구분한다

기업에 대한 애널리스트의 주요 의견은 펀더멘털 의견과 투자 의견이라는 두 가지다. 펀더멘털 의견은 '이 기업이 좋은 기업인가?'이고, 투자 의견은 '이 주식이 좋은 주식인가?'이다.

펀더멘털 의견은 회사의 특성에 초점을 맞춘다. 앞에서 다룬 질문 18개가 펀더멘털 의견에 초점을 맞춘 질문이다. 질문들을 다시 살펴보면 주식의 실적에 대해서는 언급이 없다. 애널리스트 인터뷰와 월스트리트 분석보고서 대부분은 펀더멘털 의견에 초점을 맞춘다.

투자 의견은 그 회사 주식의 장래 실적에 대한 견해다. 물론 펀더멘털 의견이 투자 의견에 영향을 미치지만 투자 의견이 훨씬 더 중요하다. 좋은 기업의 주식이 좋은 주식이라고 가정하는 애널리스트가 많지만 이는 잘못된 가정이다. 8장에서도 보았듯이 장기적으로는 나쁜 기업의 주식에서 가장 좋은 실적이 나왔다. 물론 이익이 전반적으로 감소하는 기간에는 좋은 기업의 실적이 더 좋다. 흔히 애널리스트들은 "이 회사는 좋은 기업이니 저라면 지금 사겠습니다"라고 말하지만, 우리가 실제로 들어야 할 말은 "이 주식은 좋은 주식이 될 것이니 저라면 지금 사겠습니다"라는 말이다.

이제 A사에 대한 의견을 다음과 같이 정리할 수 있다.

"A사는 인터넷 구축 사업에서 차세대 선도기업이 될 것입니다. A사의 컨센서스 추정치는 1.00달러지만 제가 제시하는 추정치는 1.10달러입니다. 시장에서 간과한 요소 5개를 반영했으므로 0.10달러 높습니다. 이 회사가 좋은 기업은 아닐지 몰라도, 월스트리트에서 간과한 5개 요소 덕분에 대폭 초과이익을 낼 것으로 봅니다."

독자적으로 조사한다

"오전 11시 콘퍼런스 콜에서 회사의 가이던스를 받은 뒤 투자 의견과 추정치를 수정할 계획입니다." 이 말은 이렇게 풀 수 있다. "나는 직접 조사하지 않습니다. 회사가 알려주는 내용을 되풀이할 뿐입니다. 오전 11시에 회사가 알려주기로 했습니다." 설명이 더 필요한가?

직접 조사는 애널리스트가 직접 수행하는 조사를 말한다. 애널리스트는 이론을 수립하고 나서 데이터를 수집해 자신의 이론이 타당한지 검증한다. 이 책에 제시한 이론 일부는 내가 직접 조사를 통해서 확인한 것들이다.

간접 조사는 다른 사람들의 직접 조사를 이용하는 조사다. 내가 상대성 이론, 백악관의 역사, 투수가 커브를 던지는 원리 등을 조사한다면 십중팔구 직접 조사 대신 간접 조사에 의존할 것이다. 만약 당신이 소음이 금융시장에 미치는 영향을 조사한다면, 이 책에 담긴 직접 조사를 간접 조사 자료로 이용할 수 있다.

훌륭한 애널리스트는 간접 조사보다 직접 조사에 더 의지한다. 물론 월스트리트 애널리스트들도 다양한 출처에서 정보를 수집해야 하므로 어느 정도는 간접 조사에 의지할 수밖에 없다. 예를 들면 기업과 업계에서 얻는 금융 정보, 산업협회에서 얻는 단편 정보 등이 그런 직접 조사에 해당한다. 그러나 훌륭한 애널리스트들은 기업과 업계에서 얻은 정보를 독자적으로 수집한 정보와 대조한다. 이들은 예컨대 고객, 대리점, 제조업체들로부터 직접 정보를 수집하고, 제품과 서비스를 직접 테스트하며, 수요·공급 모형을 독자적으로 개발한다.

직접 조사의 중요성을 명확하게 이해한 어떤 펀드회사는 이 메시지를 광고에 담았다. 인터넷 기업이든, 레스토랑 체인점이든, 통신회사든, 소속 애널리스트들이 직접 현장을 방문해 실태를 확인한다고 강조했다. 예전에 애널리스트가 제과회사 치즈케이크를 맛보는 장면을 담은 펀드 광고 이후 이런 광고가 유행하는 듯하다.

회사의 가이던스를 기다린다고 인정한 애널리스트의 말은 정말 충격적이다. 이는 분석이 필요 없고 콘퍼런스 콜만 들으면 된다는 뜻이다. 물론 바빠서 콘퍼런스 콜을 듣지 못하는 사람도 있으므로, 애널리스트가 전달하는 내용도 유용할 수는 있다.

이제 A사에 대한 의견이 진지한 투자 의견으로 바뀌는 모습이다.

> "A사는 인터넷 구축 사업에서 차세대 선도기업이 될 것입니다. A사의 컨센서스 추정치는 1.00달러지만 제가 제시하는 추정치는 1.10달러입니다. 시장에서 간과한 요소 5개를 반영했으므로 0.10달러 높습니다. 이 회사가 좋은 기업은 아닐지 몰라도, 월스트리트에서 간과한 5개 요소 덕분에 대폭 초과이익을 낼 것으로 봅니다. 제 직접 조사에 의하면 고객들은 경쟁사보다 A사 제품을 강력하게 선호하기 시작했습니다. A사가 자사 제품에 대한 강력한 수요를 인식하고 있는지는 확실치 않습니다."

회사를 분석할 때, 검증된 건전한 척도를 사용한다

나는 언어학자는 아니지만, 월스트리트가 사용하기 시작한 '척도(metric)'라는 용어에 흥미를 느낀다. 애널리스트들이 '측정(measure)'

과 같은 뜻으로 '척도'를 사용하는 듯한데 척도가 더 엄격한 표현이라는 인상을 준다. 측정은 다소 주관적인 정보처럼 들리지만, 척도는 중요한 투자 정보처럼 들린다. 내가 정량 전략을 연구하면서 척도라는 용어를 사용하면 척도를 정의해달라는 요청을 자주 받는다. 한편 '재무 비율(fundamental ratio)'이라는 용어는 요즘 많이 사용되지 않는 듯하다.

불평처럼 들리겠지만, 척도라는 용어를 사용하면서 월스트리트 분석의 질이 내려가기 시작했다고 나는 생각한다. 새로 등장하는 척도는 많아도 검증된 것은 드물다. 애널리스트들은 새로운 척도가 중요하다고 생각하지만 데이터가 부족하고 뒷받침하는 분석도 많지 않다. 훌륭한 애널리스트라면 새로운 척도보다 건전한 재무 비율을 중시할 것이다.

나는 마케팅 노출 횟수 같은 일부 인터넷 척도는 아예 신뢰하지 않는다. 이 밖에도 투자자가 경계해야 하는 척도가 많다. 나는 널리 사용되는 일부 척도를 비판해서 논란을 불러일으킨 적이 있는데, 가장 논란이 많았던 사항부터 소개하겠다.

손익계산서는 일정 기간 회사의 영업 실적을 보여주는 재무제표다. 맨 위에 그 기간의 매출이 나온다. 매출에서 각종 비용을 차감하면 다양한 이익이 나온다. 매출에서 매출원가, 판매관리비, 감가상각비를 차감하면 영업이익이 된다. 이어서 영업이익에 일회성 손익 등 영업 외 손익을 반영하면 '이자 및 법인세 비용 차감 전 이익(EBIT)'이 된다. 여기서 이자와 법인세 비용까지 차감하면 순이익이 나오는

데, 손익계산서의 가장 아랫줄에 나오는 이익이며 보고이익이라고도 부른다.

손익계산서를 놓고 기업과 투자자 사이에 줄다리기가 벌어지기도 한다. 기업들은 자사의 평가액이 최대한 증가하길 바라므로, 투자자들이 보고이익보다는 영업이익으로 평가하는 편을 선호한다. 예를 들어 이익에 일정 배수를 곱해 시가총액을 산출하는 경우, 보고이익 대신 영업이익을 사용하면 시가총액이 더 증가한다.

영업이익

투자자에게 가장 중요한 정보는 영업이익이 아니라 보고이익이라고 믿는 사람이 이제는 월스트리트에 나뿐인지도 모르겠다. 영업이익과 보고이익의 주된 차이는 일회성 손익을 차감했느냐다. 나는 일회성 비용까지 차감한 보고이익이 더 중요한 정보라고 믿는다. 물론 일회성 비용을 차감하면 이익의 안정성이 감소하므로 기업으로서는 불편할 수밖에 없다.

8장에서 보았듯이 기업의 등급은 주로 이익의 안정성에 따라 결정되고, 이익의 안정성은 경기순환이나 일회성 손익에 크게 좌우된다. 기업들은 이익의 안정성이 감소해 등급이 내려가길 원치 않으므로, 일회성 비용을 평가에 반영하지 않는 편을 선호한다.

그러나 여러 해 전 분석한 바로는 영업이익을 사용한 전략보다 보고이익을 사용한 전략에서 더 좋은 실적이 나왔다.[2] 성장주 전략과 가치주 전략 모두 같은 결과가 나왔다. [그림 9.3] 은 보고이익과 영

[그림 9.3] 보고이익과 영업이익을 사용했을 때
저PER 전략과 이익 모멘텀 전략의 실적(1981~1998)

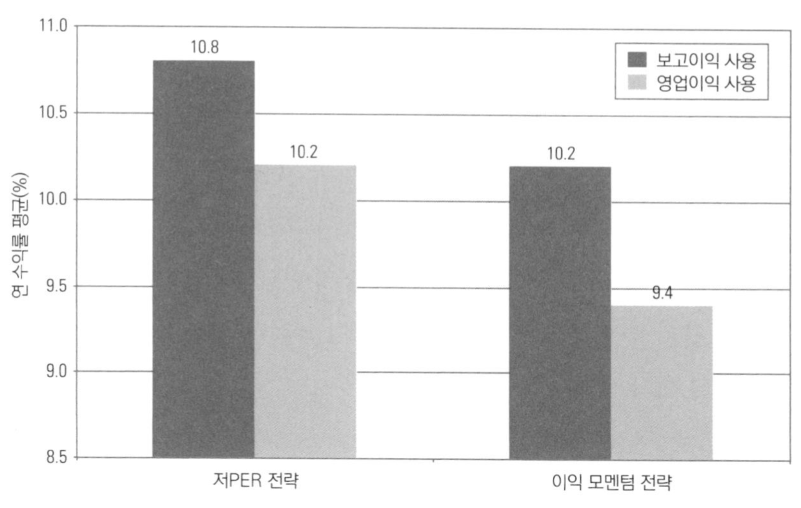

* 자료: 메릴린치 정량 전략 데이터

업이익을 사용했을 때 저PER 전략과 이익 모멘텀 전략의 실적을 나타낸다. 1981~1998년 저PER 전략은 영업이익 대신 보고이익을 사용했을 때 실적이 연 0.6% 포인트 더 높았다. 같은 기간 이익 모멘텀 전략은 영업이익 대신 보고이익을 사용했을 때 실적이 연 0.8% 포인트 더 높았다.[3] 게다가 보고이익 사용으로 위험이 증가하지도 않았다.

경제적 부가가치

투자 수익률은 항상 자본비용과 비교해야 한다. 1년 만기 단기 국채의 수익률이 6%이고 자본비용이 5%라면, 누구나 이 국채에 투자할 것이다. 이런 조건이라면 자기 돈 한 푼 쓰지 않고서도 1년에 1% 수익을 보장받을 수 있기 때문이다. 그러나 시장은 바보가 아니므로 이런 기회는 존재하지 않는다.

그런데 15~20% 금리로 자금을 차입해서 주식에 투자하면서도 문제를 깨닫지 못하는 사람들이 있다. 이들은 이렇게 무리한 투자를 하면서도 소비를 줄여 부채를 상환하려 하지 않는다. 그 결과 신용카드 부채가 쌓여 생활 수준을 유지하지 못하게 된다. 미국에서 주식의 장기 수익률이 8~9%였으므로, 차입 금리가 15%라면 장기적으로 성공 가능성이 희박하다.

기업도 늘 투자 수익률과 자본비용을 비교하면서 투자를 결정해야 한다. 투자 수익률이 자본비용보다 계속 낮다면 결국 사업을 접을 수밖에 없다.

경제적 부가가치(Economic Value Added, EVA)[4]는 컨설팅회사 스턴 스튜어트(Stern Stewart)가 도입한 지표로서, 영업이익에서 자본비용을 차감해 산출한다. 이 지표 덕분에 자본배분의 효율성을 높여 선도기업으로 올라선 기업이 많다.

최근 월스트리트 애널리스트 일부는 개별 종목에도 EVA를 이용한다. EVA가 이례적으로 높은 기업은 일반적으로 좋은 기업이고, 이런 기업의 주식은 좋은 주식이라고 믿는 것이다. 그러나 앞에서 보았듯이 장기적으로는 나쁜 기업의 주식이 좋은 주식이 된다.

[그림 9.4]는 1997년 연구에서 가져온 자료로, 장기적으로는 좋은 기업의 주식이 좋은 주식이 아님을 다시 확인해준다. 이 차트는 다양

[그림 9.4] 12개월 주가 상승률(1987/02~1997/10)

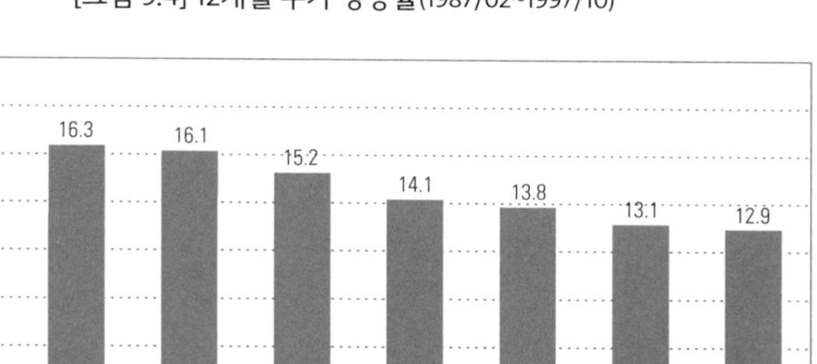

* 자료: Richard Bernstein and Carmen Pigler, "An Analysis of EVA," *Merrill Lynch Quantitative Viewpoint*, 1997/12/19.

한 종목 선정 기법을 이용한 전략의 1987~1997년 실적을 나타낸다. EVA를 이용한 전략은 12개월 평균 수익률이 12.9%로서, S&P500의 13.1%보다 약간 낮았다. 반면에 단순 재무 비율을 이용한 전략들은 수익률이 S&P500보다 높았는데, 저PER 전략은 16.1%, 저PCR 전략은 15.2%, 저PBR 전략은 14.1%였다. EVA는 기업 경영 도구로는 탁월할지 몰라도 종목 선정 효과 면에서는 전통적인 재무 비율에 못 미친다.

주가매출액배수

최근 월스트리트는 기술주 평가에 주가매출액배수(Price Sales Ratio,

PSR)를 사용하고 있다. 앞에서 언급했듯이 기업과 투자자는 평가 방식을 놓고 줄다리기를 한다. 기업들은 '매출' 등 손익계산서의 윗줄 항목으로 평가하는 방식을 선호하고, 투자자들은 '순이익(보고이익)' 등 손익계산서의 아랫줄 항목으로 평가하는 방식을 선호한다. 투자자들이 PSR로 기업을 평가한다면 이는 밧줄을 기업에 넘겨주면서 줄다리기를 포기하는 셈이다.

나는 투자자들이 PSR을 받아들이는 이유를 도무지 이해할 수 없다. 투자자는 기업이 이익을 창출할 때 가장 유리하다. 물론 매출 증가가 나중에 이익 증가로 이어질 수도 있지만 기업의 가치를 매출 증가로 평가하는 것은 무의미하다. 예를 들어 나는 회사를 설립해 매출을 엄청나게 증가시킬 수 있다. 롤스로이스를 1,000달러에 팔면 된다. 물론 회사는 손실을 보겠지만, 월스트리트에서 자금을 계속 조달할 수만 있다면 시장 점유율을 엄청나게 높일 수 있다. 일부 인터넷회사처럼 분식회계도 가미할 수 있다. 표시 가격과 판매 가격의 차이를 마케팅 비용으로 처리하면 매출총이익(매출 – 매출원가)이 매우 커진다. 그러나 월스트리트가 내 사업 방식을 반대해 자금 공급을 중단하면 회사는 사업을 곧바로 접어야 한다. 중요한 것은 매출이 아니라 이익이다.

1996년 연구에 의하면 기업을 매출로 평가할 때보다 이익이나 현금흐름으로 평가할 때 투자 실적이 더 좋았다. 다시 말해서 저PSR 전략보다 저PER 전략과 저PCR(주가현금흐름배수) 전략의 투자 실적이 더 좋았다. 게다가 이런 현상은 미국뿐 아니라 세계 주요 주식시

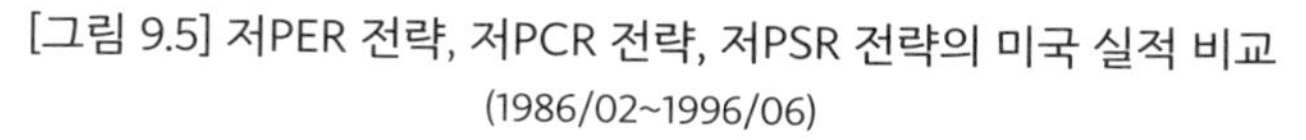

[그림 9.5] 저PER 전략, 저PCR 전략, 저PSR 전략의 미국 실적 비교
(1986/02~1996/06)

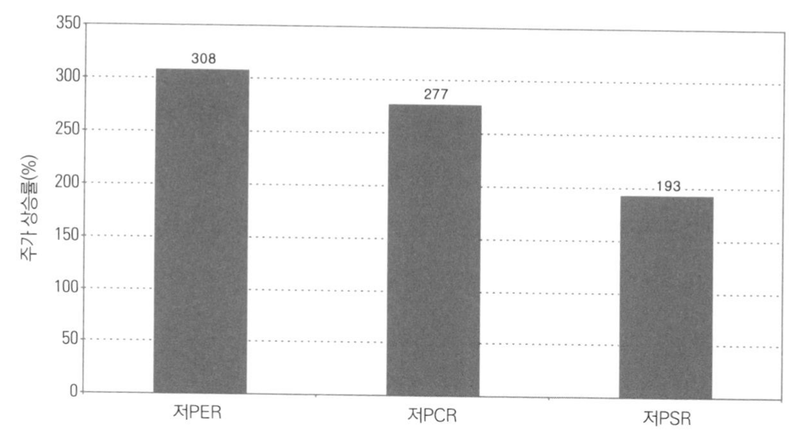

* 자료: Richard Bernstein and Markus Barth, "Analyzing Global Valuation Techniques," *Merrill Lynch Global Quantitative Viewpoint*, 1996/08/14.

장에서도 똑같이 나타났다. [그림 9.5]는 미국에서 나온 실적을 보여준다.

새로운 평가 척도가 모두 쓸모없다는 말은 아니다. 단지 새로운 평가 척도를 적용하기 전에 효과를 검증해야 한다는 뜻이다. 메릴린치의 동료 몇 사람은 산업에서 성공을 평가하는 독자적인 척도를 개발해서 내게 보여주었다. 이들은 척도의 효과를 검증하고 나서 활용함으로써 고객들에게 엄청난 가치를 안겨주었다.

이제 A사에 대한 의견을 다시 수정하자.

"A사는 인터넷 구축 사업에서 차세대 선도기업이 될 것입니다. A사의 컨센서스 추정치는 1.00달러지만 제가 제시하는 추정치는 1.10달러입니다. 시장에서 간과한 요소 5개를 반영했으므로 0.10달러 높습니다. 이 회사가 좋은 기업은 아닐지 몰라도, 월스트리트에서 간과한 5개 요소 덕분에 대폭 초과이익을 낼 것으로 봅니다. 제 직접 조사에 의하면 고객들은 경쟁사보다 A사 제품을 강력하게 선호하기 시작했습니다. A사가 자사 제품에 대한 강력한 수요를 인식하고 있는지는 확실치 않습니다. 월스트리트가 PSR로 평가한 결과는 그다지 매력적으로 보이지 않습니다. 그러나 과거 분석 사례를 돌아보면 이익 증가율이 산업의 미래 실적 예측에 더 효과적이었습니다. 우리가 개발한 이익 증가율 모형에 의하면 향후 12~18개월 동안 이 주식의 수익률이 산업 최고 수준을 기록할 전망입니다."

확실히 나아진 모습이다.

모든 종목에 매수 등급을 부여하지는 않는다

잘 알려진 사실이지만 월스트리트 애널리스트들은 매도 등급보다 매수 등급을 더 많이 부여한다. 여기에는 여러 가지 이유가 있다. 흔히 나오는 답변은 애널리스트들이 투자은행 부문 고객사를 두려워해서 그 주식에 매도 등급을 함부로 부여하지 못한다는 것이다. 어느 정도는 옳은 말이지만 가장 두려운 존재는 연기금, 자산운용사 등 기관투자가들이다. 기관투자가들은 주력 종목에 매도 등급이 부여되어 주가가 하락하면 잘 받아들이지 못한다. 애널리스트 평가는 대개

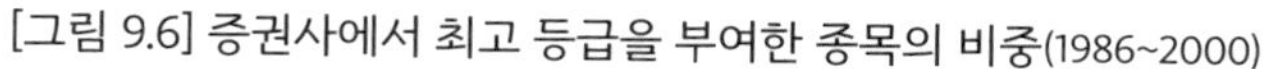
[그림 9.6] 증권사에서 최고 등급을 부여한 종목의 비중(1986~2000)

기관투자가들의 투표로 결정되므로, 애널리스트는 고객사보다도 기관투자가를 더 두려워할 수밖에 없다.

주식의 상대 강도도 애널리스트의 등급에 영향을 미친다. 애널리스트는 상승하는 종목에는 매수 등급을 부여하고 하락하는 종목에는 매도 등급을 부여하는 경향이 있다. 그래서 강세장에서는 매도 등급을 보기 어렵다.

[그림 9.6] 은 증권사에서 최고 등급을 부여한 종목의 비중을 나타낸다. 2000년에는 최고 등급을 받은 종목의 비중이 약 20%였다. 그러나 시장이 침체했던 1991년과 1992년에는 5% 미만이었다.

이제 A사에 대한 의견을 다시 수정하자.

"A사는 인터넷 구축 사업에서 차세대 선도기업이 될 것입니다. A사의 컨센서스 추정치는 1.00달러지만 제가 제시하는 추정치는 1.10달러입니다. 시장에서 간과한 요소 5개를 반영했으므로 0.10달러 높습니다. 이 회사가 좋은 기업은 아닐지 몰라도, 월스트리트에서 간과한 5개 요소 덕분에 대폭 초과이익을 낼 것으로 봅니다. 제 직접 조사에 의하면, 고객들은 경쟁사보다 A사 제품을 강력하게 선호하기 시작했습니다. A사가 자사 제품에 대한 강력한 수요를 인식하고 있는지는 확실치 않습니다. 월스트리트가 PSR로 평가한 결과는 그다지 매력적으로 보이지 않습니다. 그러나 과거 분석 사례를 돌아보면 이익 증가율이 산업의 미래 실적 예측에 더 효과적이었습니다. 우리가 개발한 이익 증가율 모형에 의하면 향후 12~18개월 동안 이 주식의 수익률이 산업 최고 수준을 기록할 전망입니다. 이 주식은 제가 매수 등급을 부여한 유일한 종목입니다."

매우 대담하지 않은가.

비난을 들어도 포기하지 않는다

훌륭한 애널리스트는 비난을 두려워하지 않는다. 애널리스트가 지혜롭게 도출한 독자적 의견을 제시해야 한다고 말하면 모두가 동의하지는 않을 것이다. 주력 종목에 매도 등급을 부여해 주가를 떨어뜨려서 기관투자가들의 분노를 살 필요는 없기 때문이다. 장담하건대 그 애널리스트는 다시는 기관투자가들의 호감을 얻기 어려울 것이다.

그러나 훌륭한 애널리스트가 되려면 위험을 무릅써야 한다. 아무 위험 없이 가치를 창출할 방법은 없다. 항상 100% 정확한 애널리스트는 어디에도 존재하지 않는다. 이목을 끄는 애널리스트도 예측이 빗나가면 대중매체로부터 비난받기 일쑤다. 그러나 그가 어떻게 이목을 끌기 시작했는지 대중매체가 밝히는 경우는 드물다. 고객에게 컨센서스 정보를 제공한 것은 아닌지 의심스럽다.

애널리스트가 가치를 창출하는 핵심은 투자자의 적중률을 높여주는 것이다. 이를 측정하기는 매우 어렵지만 생각하는 과정이 중요하다. 애널리스트가 매번 저가에 매수하고 고가에 매도하는지 여부가 중요한 것이 아니다. 고객이 저가에 매수하고 고가에 매도할 확률이 높아지도록 애널리스트가 정확한 조언을 제공하는지 여부가 중요하다.

이제 A사에 대한 의견을 마지막으로 수정하자.

"A사는 인터넷 구축 사업에서 차세대 선도기업이 될 것입니다. A사의 컨센서스 추정치는 1.00달러지만 제가 제시하는 추정치는 1.10달러입니다. 시장에서 간과한 요소 5개를 반영했으므로 0.10달러 높습니다. 이 회사가 좋은 기업은 아닐지 몰라도, 월스트리트에서 간과한 5개 요소 덕분에 대폭 초과이익을 낼 것으로 봅니다. 제 직접 조사에 의하면 고객들은 경쟁사보다 A사 제품을 강력하게 선호하기 시작했습니다. A사가 자사 제품에 대한 강력한 수요를 인식하고 있는지는 확실치 않습니다. 월스트리트가 PSR로 평가한 결과는 그다지 매력적으로 보이지 않습니다. 그러나 과거 분석 사례를 돌아보면 이익 증가율이 산업의 미래 실적 예측에 더 효과적이었습니다. 우리가 개발한 이익 증가율 모형에 의하면 향후 12~18개월 동안 이 주식의 수익률이 산업 최고 수준을 기록할 전망입니다. 이 주식은 제가 매수 등급을 부여한 유일한 종목입니다. 월스트리트에서 이 의견을 제시하는 애널리스트는 둘도 없을 것입니다."

브라보! 아무 의미 없던 원래 설명과는 확연히 달라졌다.

전에 함께 근무했던 애널리스트가 떠오른다. 그가 제시하는 이익 추정치는 컨센서스 추정치와 일치한 적이 한 번도 없었다. 그의 생각이 회사 경영진의 생각과 일치한 적도 없었던 듯하다. 포트폴리오 매니저 일부는 그가 주식 망가뜨리길 좋아한다고 비난했다. 그러나 그의 놀라운 통찰력을 칭찬하는 사람들도 있었다.

그가 화제에 오를 때마다 나는 두 가지를 지적한다. 모두가 그의 이름을 기억하고, 이제는 월스트리트 애널리스트가 아닌데도 여전히 화제에 오른다. 어떤 사람은 그를 좋아했고 어떤 사람은 그를 싫어했지만, 그 덕분에 모두가 생각하게 되었고 모두가 그의 말을 듣고 싶어 했다. 그 결과 모두가 그를 기억하게 되었다. 그는 나에게 훌륭한 애널리스트의 전형이다.

10장

스타일 투자 전략으로 소음을 걸러내라

지난 20년 동안 스타일 투자의 인기가 매우 높아졌다. 시장에 일반 주식형 펀드도 여전히 많지만 성장주 펀드와 가치주 펀드가 급증했다. 메릴린치 뮤추얼펀드 리서치에 의하면 전체 주식형 뮤추얼펀드 약 4,600개(업종 펀드와 인덱스펀드 제외) 중 성장주 펀드가 약 1,700개, 가치주 펀드가 약 1,500개나 된다. 미국 주식형 뮤추얼펀드의 약 70%가 성장주 펀드나 가치주 펀드라는 뜻이다.

성장주나 가치주 선택에 영향을 미치는 요소는 다양하다. 이미 논의했듯이 시간 지평과 위험 수용도도 스타일 선택에 영향을 미친다. 10장에서는 스타일 투자의 기본 개념과 실적을 집중적으로 다루고자 한다.

소음도 성장주와 가치주 선택에 커다란 영향을 미칠 수 있다. 소음이 스타일 선택을 왜곡한 극적인 사례들이 있다. 어느 스타일이든 소음의 영향에서 벗어나지 못한다.

스타일이란 무엇인가?

스타일이란 간단히 말해서 주식시장의 한 부분이다. 특성이 비슷해서 실적도 비슷하게 나오는 주식들로, 저PER주와 고PER주가 그런 예다. 주식시장에는 이런 부분이 많아서 소형주, 대형주, 가치주,

성장주, 전통 산업과 업종 모두가 여기에 속한다.

일부 학자는 주식시장을 세분화하면 효율성이 낮아지거나 기회가 사라지므로 세분화할 수 없다고 주장했다. 주식시장을 세분화해도 기회가 존재한다면 투자자들이 신속하게 찾아내서 매수하는 과정에서 주가가 상승하므로 세분화 효과가 사라진다고 믿었다. 그런데 세분화 효과가 지속된다는 것은 거기서 나오는 투자 기회 또한 오래 지속된다는 의미다. 그렇다면 주식시장이 비효율적이라는 결론을 내릴 수 있다.

시장이 세분화된 이유

주식시장이 세분화된 이유는 세 가지다. 첫째, 구조적 이유다. 투자 전문가들은 고객과 맺은 계약서 때문에 특정 주식에 투자하지 못하는 사례가 많다. 예를 들어 어떤 포트폴리오 매니저는 S&P 보통주 등급 B 이하에는 투자하지 못한다. 또 시가총액이 일정 수준 미만이면 투자하지 못하는 예도 있고, 반대로 시가총액이 일정 수준을 초과하면 투자하지 못하는 예도 있다. 윤리적 이유로 특정 업종에 투자하지 못하기도 한다. 이렇게 스타일 기준이 증가하면서 시장이 더 복잡하게 세분화되었으므로 주식시장의 효율성이 저하될 수 있다.

둘째, 주식시장에 존재하는 정보의 비대칭성이다. 주식시장이 완벽하게 효율적이라고 믿는 사람들은 모든 투자자가 모든 정보를 완전히 이해해서 즉각 반응한다고 생각한다. 그러나 실상은 그렇지 않다. 모든 투자자가 동시에 정보를 받아들이는 것이 아니고,[1] 모든 투자자가 정보를 완전히 이해하는 것도 아니며, 모든 투자자가 즉각 반응하지도 않는다. 주식시장에는 항상 매수자와 매도자가 존재하고, 이익 추정치 수명주기 이론이 타당하다면 투자자들이 정보를 해석하는 방식도 당연히 다르다. 누군가는 12시에 도달한 주식에 여전히 매력을 느끼기 때문에 거래가 이루어지는 것이다.

셋째, 사람들이 위험보다도 후회를 더 회피하는 것이다. 후회 회피란 고객에게 사과하게 되는 상황을 두려워한다는 뜻이다. 포트폴리오 매니저가 좋은 기업을 사면, 주가가 하락하더라도 대개 투자자로부터 책임을 추궁당하지 않는다. 그러나 나쁜 기업을 사면, 주가가 하락할 경우 책임을 추궁당하기 쉽다. 투자자는 나쁜 기업을 알아보지 못한 포트폴리오 매니저가 무능하다고 생각한다. 좋은 기업을 사든 나쁜 기업을 사든 실적은 부진할 수 있다. 문제는 누가 추궁당할 것인가다. 이런 후회 회피 탓에 나쁜 주식이 소외되어 이익 추정치 수명주기의 6시에 자리 잡게 된다.

성장투자 전략

성장투자자들은 전망이 밝은 주식을 찾는다. 이들은 이익 증가율, ROE 등 매우 가시적인 통계를 바탕으로 주식을 평가한다. 모멘텀 투자자는 새로운 유형의 성장투자자로서 이익 추정치 수정, 어닝 서프라이즈, 상대 강도 등 비교적 가시적인 통계를 사용한다.

[표 10.1] 일부 성장투자 전략의 주가 상승률(1987~2000)

성장투자 전략	12개월 주가 상승률 평균(%)
5년 이익 증가율 추정치	17.8
이익 모멘텀	14.3
어닝 서프라이즈	16.1
추정치 수정	17.0
상대 강도	24.3
ROE	16.7

* 비고: 추정치 수정 전략의 수익률은 1990년부터 산출

[표 10.2] 일부 성장투자 전략의 위험(1987~2000)

성장투자 전략	표준편차(%)	손실 확률(%)
5년 이익 증가율 추정치	18.5	15.1
이익 모멘텀	14.0	13.9
어닝 서프라이즈	12.4	8.4
추정치 수정	14.9	11.1
상대 강도	21.1	10.8
ROE	16.7	15.4

* 비고: 추정치 수정 전략의 통계치는 1990년 시작된 데이터에서 산출

[표 10.1]은 1987년 이후 일부 성장투자 전략의 실적이고 [표 10.2]는 이들 전략의 위험을 나타낸다. 수익률의 표준편차로 구한 변동성 기준으로 보면 성장투자 전략은 위험 수준이 다양하다. 어닝 서프라이즈 전략은 비교적 안전하다. 상대 강도 전략은 매우 위험해

서, 변동성이 어닝 서프라이즈 전략보다 50% 이상 높다. 하지만 손실 확률로 보면 상대 강도 전략의 위험이 훨씬 낮아진다.

[그림 10.1] 성장투자 전략들의 위험·수익 산포도(위험을 수익률의 표준편차로 측정)

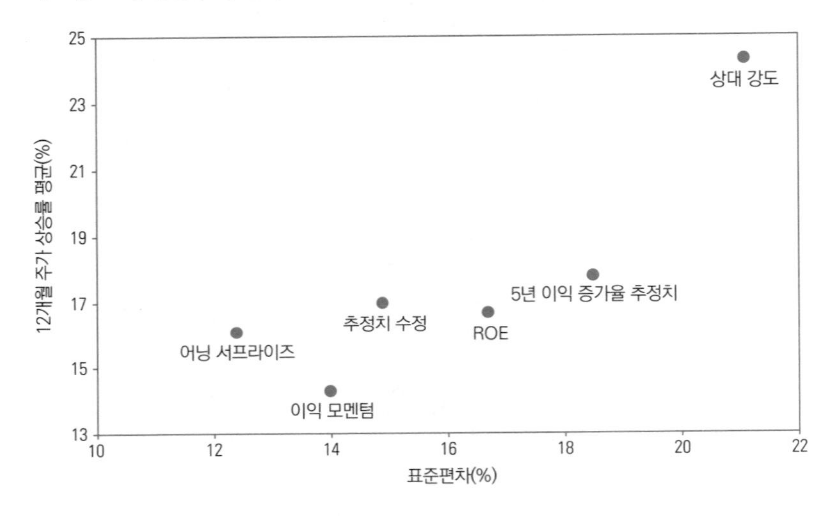

[그림 10.2] 성장투자 전략들의 위험·수익 산포도(위험을 손실 확률로 측정)

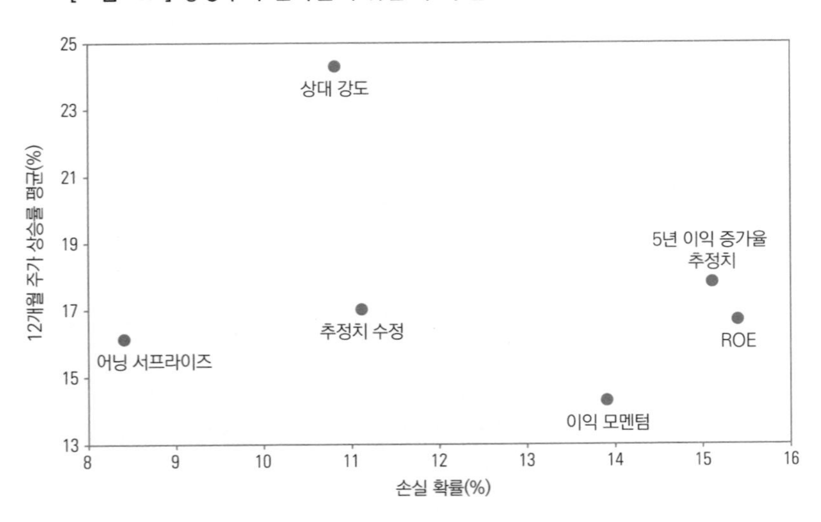

[그림 10.1]은 [표 10.1] 성장투자 전략들의 위험을 수익률의 표준편차로 측정해 위험·수익 산포도로 나타낸 자료다. 어닝 서프라이즈 전략의 위험이 가장 낮은 것으로 나온다.

[그림 10.2]는 [표 10.1] 성장투자 전략들의 위험을 손실 확률로 측정해 위험·수익 산포도로 나타낸 자료다. 전략들의 위험·수익 특성이 크게 바뀌지는 않았지만 전반적으로 위험이 낮아진 모습이다.

가치투자 전략

가치투자자들은 주로 소외된 주식을 찾는다. 이들은 재무 비율을 바탕으로 회사의 이익과 성장 잠재력에 비해 저평가된 주식을 발굴한다. 흔히 PER, PCR, PBR, 배당수익률 등 재무 비율이 유리하면서 투자 심리가 침체된 종목에 매력을 느낀다.

[표 10.3]은 1987년 이후 일부 가치투자 전략의 실적을 나타낸다.

[표 10.3] 일부 가치투자 전략의 주가 상승률(1987~2000)

가치투자 전략	12개월 주가 상승률 평균(%)
저PER	15.3
저PCR	15.1
저PBR	12.7
저PSR	12.8
고배당수익률	7.7
배당 할인 모형	12.0

* 비고: 주가 상승률에는 배당이 포함되지 않았다. 일반적으로 가치주는 성장주보다 배당수익률이 높으므로, 주가 상승률만으로 실적을 비교하면 가치주가 불리해진다.

[표 10.4] 일부 가치투자 전략의 위험(1987~2000)

가치투자 전략	표준편차(%)	손실 확률(%)
저PER	17.8	17.5
저PCR	21.2	19.9
저PBR	19.1	25.3
저PSR	21.7	27.1
고배당수익률	13.5	28.3
배당 할인 모형	14.1	18.1

[그림 10.3] 가치투자 전략들의 위험·수익 산포도(위험을 수익률의 표준편차로 측정)

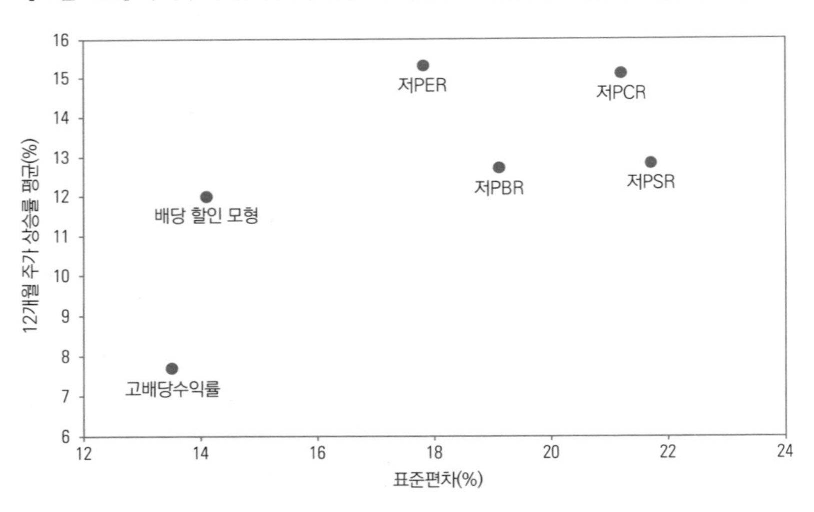

[표 10.4]는 일부 가치투자 전략의 위험을 나타낸다. 변동성 기준으로 보면 가치투자 전략이 성장투자 전략보다 위험하고, 손실 확률로도 전반적으로 더 위험해 보인다.

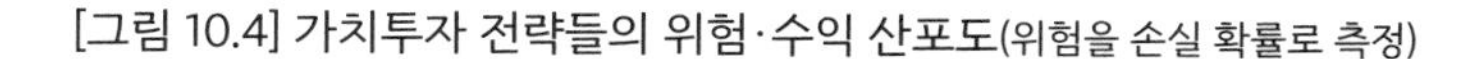

[그림 10.4] 가치투자 전략들의 위험·수익 산포도(위험을 손실 확률로 측정)

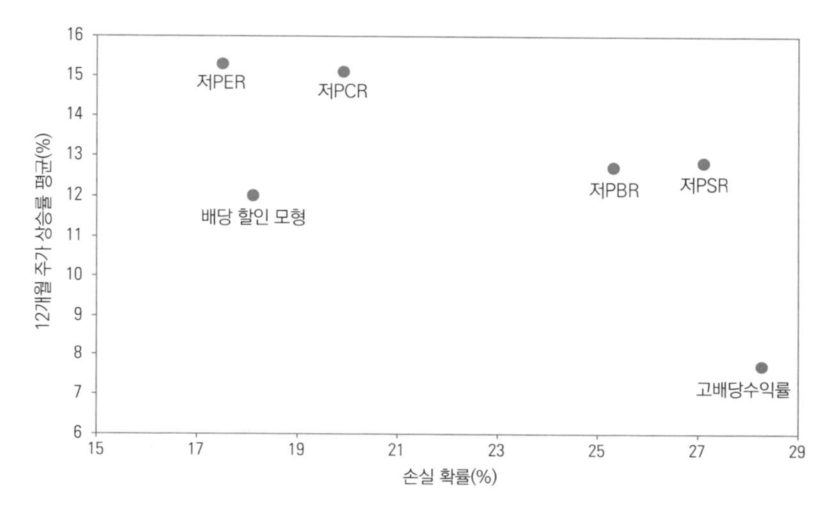

[그림 10.3]은 [표 10.3] 가치투자 전략들의 위험을 수익률의 표준편차로 측정해 위험·수익 산포도로 나타낸 자료다. [그림 10.4]는 위험을 손실 확률로 측정해 위험·수익 산포도로 나타낸 자료다.

가격이 합리적인 성장주 투자 전략

성장투자와 가치투자를 결합해 이른바 가격이 합리적인 성장주(growth at a reasonable price, GARP)에 투자하는 전략도 있다. GARP 투자의 이론적 배경은 전략 분산을 통해서 위험을 낮추는 것이다. 과거를 돌아보면 단일 전략에 모든 자산을 담는 투자 방식은 현명한 선택이 아니었다. 따라서 일부 투자자는 성장투자 전략과 가치투자 전략을 결합해 자신의 위험·수익 성향에 잘 맞는 최적 전략을 수립한다.

이익 추정치 수명주기를 보면 GARP 투자의 필요성을 쉽게 이해할 수 있다. 3장에서 보았듯이 좋은 투자자는 이익 추정치가 증가하는 구간에서 주식을 보유한다. 그러나 이익 추정치만 보고 주식을 선정하면 그 주식의 위치가 수명주기의 6시인지 12시인지 절대 알 수 없다. 12시에 근접하는 성장주는 어닝 시즌에 실망스러운 실적이 나오면 급락하기 일쑤다. 그러나 가치주는 대개 이익 추정치 수명주기의 하반부에 자리하므로 급락 위험이 비교적 작다. 따라서 가치주 중에서 이익 추정치가 증가하는 주식을 선택하는 GARP 투자라면 6시에 가까운 종목을 매수할 수 있다.

이제부터 GARP 투자 전략 데이터를 두 가지 제시하겠다. 첫째, 아마도 가장 유명한 GARP 투자 전략인 주가수익성장배수(PEG) 전략이다. PEG는 PER을 예상 이익 증가율로 나누어 주식을 평가한다. 어떤 주식의 PER이 20이고 5년 이익 증가율 추정치가 10%라면 PEG는 2가 된다(20/10 = 2). PER이 40이고 5년 이익 증가율 추정치가 20%인 주식도 PEG가 2이다(40/20 = 2). 그러나 PER이 20이고 5년 이익 증가율 추정치가 20%인 주식은 PEG가 1이 되므로 더 매력적이다(20/20 = 1).

PEG를 계산하는 방식은 다양하다. 어떤 애널리스트는 최근 12개월 이익을 사용하고, 어떤 애널리스트는 향후 12개월 이익 추정치를 사용한다. 이익 증가율로는 대개 5년 이익 증가율 추정치를 사용한다. 최근에는 전혀 이익을 내지 못하는 주식의 높은 가격을 정당화

[그림 10.5] 저PEG 전략의 위험·수익 분석

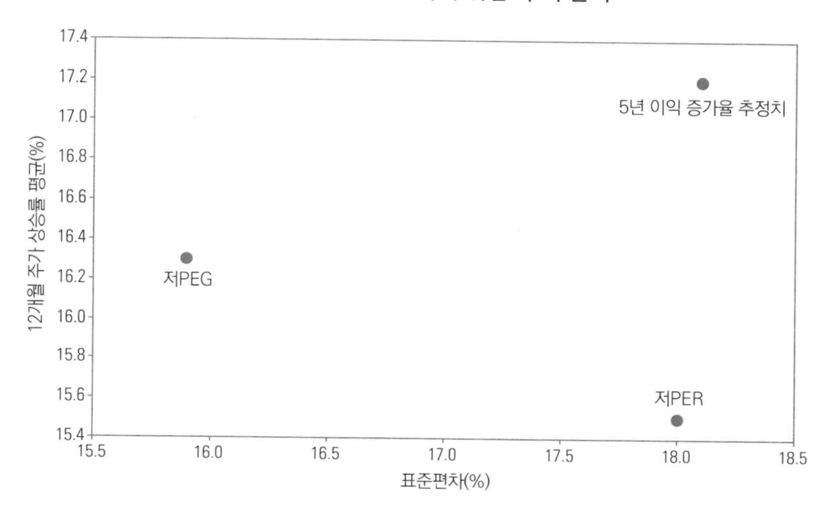

하려고, PSR을 5년 매출 증가율 추정치로 나누어 주식을 평가한 사례도 있다. 광범위한 PEG 연구에 의하면 가장 성공적인 조합은 최근 12개월 이익으로 산출한 PER을 5년 이익 증가율 추정치로 나누는 방식인 듯하다.[2]

[그림 10.5]는 GARP 투자 전략에 의해서 위험이 감소하는 모습을 보여준다. 5년 이익 증가율 추정치 전략, 저PER 전략, 저PEG 전략의 위험·수익 산포도다. 5년 이익 증가율 추정치 전략은 위험은 저PER 전략과 비슷하지만 수익은 더 높다. 저PEG 전략도 저PER 전략보다 수익이 높다. 일반적으로 두 전략을 결합하면 수익은 높아지지 않아도 위험은 낮아지는데, 저PEG 전략은 다른 전략과 결합하지 않은 상태에서도 나머지 두 전략보다 위험이 10% 이상 낮게 나온다.

[그림 10.6] 알파 서프라이즈 GARP 전략의 위험·수익 분석

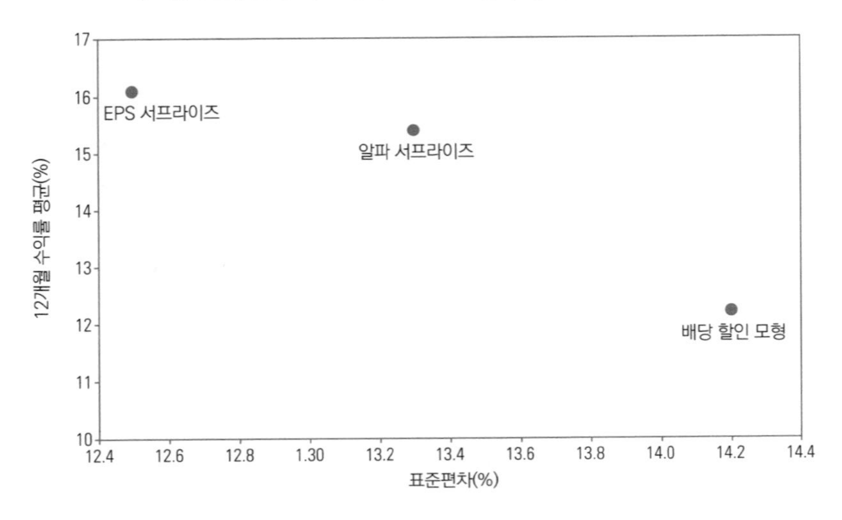

두 번째로 제시하는 데이터는 '메릴린치 알파 서프라이즈 모형(Alpha Surprise Model)'의 데이터다. 이 모형의 이론적 배경도 전략 분산을 통해서 위험을 낮추는 것이다. 메릴린치 배당 할인 모형(가치 모형)과 메릴린치 EPS 서프라이즈 모형(성장 모형)을 가중평균해서 구성한다. [그림 10.6]에서 보듯이 두 전략을 결합해서 메릴린치 알파 서프라이즈 모형을 구성하면 위험이 메릴린치 배당 할인 모형보다 낮아진다. EPS 서프라이즈 모형은 위험·수익 모두 가장 유리하므로 전략을 더 분산할 필요가 없다. 반면에 메릴린치 배당 할인 모형은 전략을 분산하는 편이 유리하다.

[표 10.5]는 두 가지 GARP 투자 전략의 위험·수익 통계를 요약한 자료다. 수익률은 성장투자 전략 및 가치투자 전략과 비슷한 수준이

다. 그러나 위험은 분산 전략 효과 덕분에 성장투자 전략과 가치투자 전략 대부분보다 낮다.

[표 10.5] 일부 GARP 투자 전략의 위험·수익 요약

	12개월 수익률 평균(%)	표준편차(%)	손실 확률(%)
PEG	14.5	15.7	15.3
알파 서프라이즈 모형	13.9	12.6	10.2

스타일 투자의 순환주기

어떤 애널리스트는 장기적으로 성장주의 수익률이 가치주보다 높다고 주장하고, 어떤 애널리스트는 가치주의 수익률이 성장주보다 높다고 주장한다. 그러나 답은 측정 방식과 분석 기간에 따라 달라질 수 있다. 나는 성장주와 가치주 어느 쪽도 선호하지 않으며, 최대한 객관적으로 이 문제를 풀어보려고 시도했다. 사실 장기적으로 보면 두 스타일 투자의 실적은 놀라울 정도로 비슷하다. 그리고 스타일 투자에는 뚜렷한 순환주기가 존재한다.

[그림 10.7]은 일부 성장주 펀드와 일부 가치주 펀드의 상대 실적을 나타낸다. 성장투자와 가치투자를 공정하게 대표하는 시점인 1990년 기준으로 분석 대상 펀드들을 선정했다. 차트에서 곡선이 상승하는 기간에는 성장주의 실적이 더 좋았고, 곡선이 하락하는 기간에는 가치주의 실적이 더 좋았다. 이 차트를 보면 성장주가 우세한

[그림 10.7] 성장주 펀드의 가치주 펀드 대비 실적(1969~2000)

기간과 가치주가 우세한 기간이 뚜렷이 나타난다.

기간에 따라 상대 실적이 크게 뒤집힌다. 우세가 유지되는 기간은 약 3~5년이다. 그러나 장기 실적은 비슷했다. 투자 총수익 기준으로 지난 30년 동안 수익률이 가치주 펀드는 연 13.33%, 성장주 펀드는 13.14%였으므로 가치주 펀드가 연 0.19% 포인트 높았다.[3]

성장주와 가치주의 위험과 수익

[그림 10.8]은 성장주 펀드와 가치주 펀드의 위험·수익 산포도다. 가로축은 12개월 수익률의 표준편차로 측정한 위험이고, 세로축은 12개월 수익률 평균이다. 성장주 펀드는 수익률도 높지만 위험도 더

[그림 10.8] 성장주 펀드와 가치주 펀드의 위험·수익 산포도
(위험을 수익률의 표준편차로 측정)

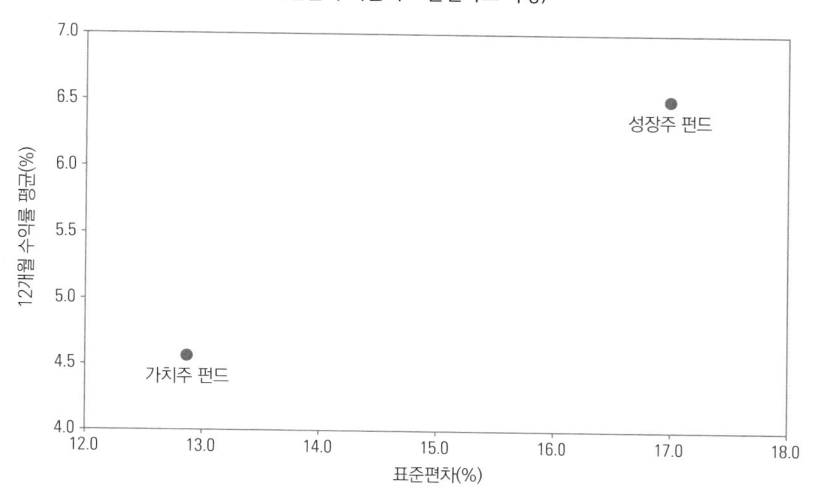

[그림 10.9] 성장주 펀드와 가치주 펀드의 위험·수익 산포도(위험을 손실 확률로 측정)

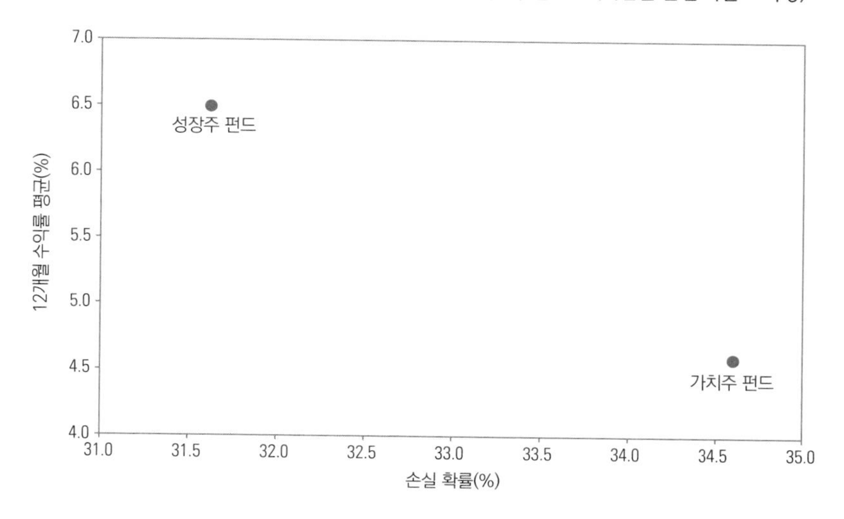

높다.

[그림 10.9]는 손실 확률로 위험을 측정했는데, 성장주 펀드가 수익률이 높으면서 위험은 더 낮다. 이는 성장주 투자 전략과 가치주 투자 전략을 분석한 결과와 일치하지 않는다. 원인을 정확하게 지적하기는 어렵지만, 투자 전략에 대해서는 가상 포트폴리오의 실적을 분석했고, 펀드에 대해서는 실제 펀드의 수익률을 분석했기 때문일 것이다.

스타일 투자 실적에 영향을 미치는 요소

성장주와 가치주의 상대 실적에 영향을 미치는 가장 중요한 요소 두 가지는 이익 순환주기와 장기 금리다. 두 요소를 이해하고 나면 다음 세 가지 질문을 통해서 성장주나 가치주를 선택하게 된다.

- 이익 증가율 추정치는 얼마인가?
- 성장주가 흔해지는가?
- 이익이 현재 나오는가, 장래에 나오는가?

이익 순환주기

이익 순환주기야말로 성장주와 가치주의 상대 실적을 결정하는 가장 중요한 변수다. [그림 10.10]은 이익 순환주기 위에 '[그림 10.7] 성장주 펀드의 가치주 펀드 대비 실적'을 겹친 것이다. 이익 순

[그림 10.10] '성장주 펀드의 가치주 펀드 대비 실적'과 'S&P500 주당 보고이익의 전년 대비 변동률'

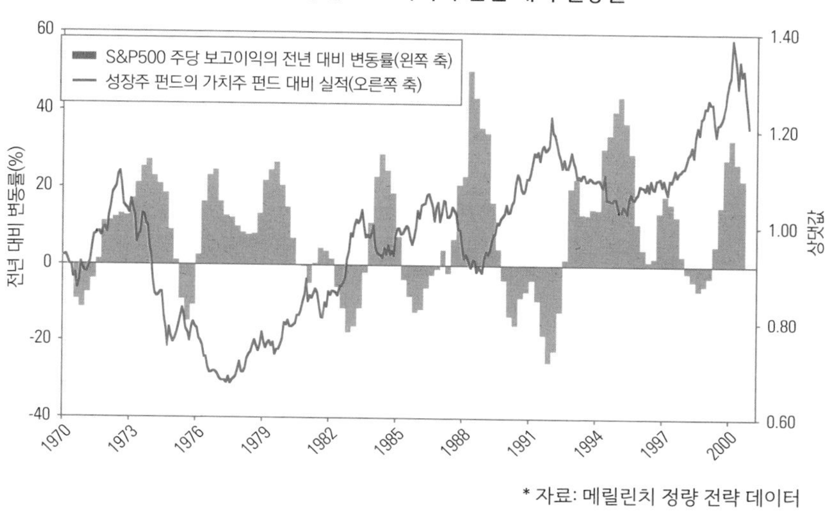

* 자료: 메릴린치 정량 전략 데이터

환주기는 S&P500 주당 보고이익의 전년 대비 변동률로 정의한다.

1975년~1999년 초에는 성장주의 가치주 대비 실적과 이익 순환주기 사이에 역의 상관관계가 뚜렷하게 나타난다. 예를 들어 1995~1998년에 이익 순환주기가 하강하는 동안에는 성장주가 우세했다. 그러나 1990년대 초에 이익 순환주기가 상승하는 동안에는 가치주가 우세했다.

이런 역의 상관관계는 매우 단순한 경제 원리에서 비롯된다. 이익 순환주기가 하강하면 이익이 증가하는 기업(성장주)을 찾기가 갈수록 어려워지므로 이런 기업에 대해 매수 주문이 몰리면서 가격이 상승한다. 다시 말해서 이익 증가율을 유지하는 기업은 PER 배수가 확장된다. 가치투자자들은 높은 PER 배수를 지불하면서까지 이런 기업들에 투자하지 않으므로, 이 기간에는 가치주의 실적이 성장주보다 뒤처지게 된다. 그러나 이익 순환주기가 상승하면 가치주가 우세해진다. 이익이 증가하는 기업(성장주)이 많아지므로 사람들은 성장주를 비교하면서 신중하게 선택한다.

일반적인 생각과 다르게 성장투자자는 비관론자이고 가치투자자는 낙관론자다. 성장투자자는 이익이 대폭 증가하는 기업은 극소수에 불과하다고 믿으므로, 가격이 아무리 높아도 이런 주식을 산다. 가치투자자는 모든 기업의 이익이 증가한다고 믿으므로, 건전한 기업 중에서 비교해 가격이 싼 주식을 산다.

[그림 10.10] 에는 역의 상관관계가 유지되지 않는 기간이 두 번 나타난다. 둘 다 주식시장에 투기 거품이 형성된 기간이다. 첫 번째는 1970년대 초 '니프티 피프티' 기간으로, 이익 순환주기가 상승했는데도 성장주가 우세했다. 그러나 거품이 붕괴하자 장기간 방어적 투자가 유행했고, 이익 순환주기가 하강하는 기간에도 가치주가 우세했다. 두 번째 기간은 1990년대 말로서 기술주 거품 기간이다. 역시 이익 순환주기가 상승했는데도 성장주가 우세했다. 이어서 방어적 투자가 유행하고 있으며, 2000년 이익 순환주기가 하강하는 기간에도 가치주가 우세했다. 기술주 거품과 소음이 성장주와 가치주의 관계를 왜곡한 현상은 나중에 자세히 논의하겠다.

장기 금리와 듀레이션

30년 만기 할인채를 만기까지 보유하면 투자 원금과 이자를 30년 후에 받는다. 그러나 30년 만기 이표채를 만기까지 보유하면 30년 동안 정기적으로 이자를 받고 30년 후에는 마지막 이자와 원금을 받는다.

듀레이션(duration)은 금리에 대한 채권 가격의 민감도를 나타내는 척도로서 이자의 규모와 수령 시점에 따라 결정된다. 30년 만기 할인채는 원리금을 모두 30년 후에 받으므로 듀레이션이 30년이다. 30년 만기 이표채는 만기까지 정기적으로 이자를 받으므로 듀레이션이 30년보다 짧다.

다른 요소도 채권의 듀레이션에 영향을 미친다. 수익률이 높은 채권은 수익률이 낮은 채권보다 듀레이션이 짧다. 중간에 지급하는 이자가 더 많기 때문이다. 만기가 짧은 채권은 만기가 긴 채권보다 듀레이션이 짧다. 만기가 짧은 만큼 더 짧은 기간에 이자를 지급하기 때문이다.

장기 금리가 상승할 때는 듀레이션이 짧은 채권이 긴 채권보다 유리하다. 그러나 금리가 하락할 때는 듀레이션이 긴 채권이 짧은 채권보다 유리하다. 인플레이션에 의해 금리가 상승할 때는 원리금을 최대한 빨리 회수해서 더 높은 금리로 재투자하는 편이 유리하다. 금리가 상승하면 미래에 받는 돈의 현재 가치가 감소한다. 1년 만기 채권은 금리가 1% 상승하더라도 손실이 크지 않다. 남은 만기 1년에 대해서만 1% 손실이 발생하기 때문이다. 그러나 30년 만기 채권이라면 금리가 1% 상승할 때 큰 손실을 보게 된다. 남은 만기 30년에 대해서 1%의 복리로 손실이 발생하기 때문이다. 따라서 듀레이션이 길수록 채권의 가격은 금리 변화에 민감하게 반응한다.

듀레이션, 성장주와 가치주

채권 듀레이션 개념을 적용해보면 성장주가 가치주보다 금리 변화에 민감한 이유를 이해할 수 있다. 성장주는 배당수익률이 낮은 고PER주와 비슷하다. 성장주는 대개 배당 지급액이 적고, 먼 미래에 기대되는 이익까지 주가에 반영하는 탓에 PER이 높기 때문이다. 가치주는 배당수익률이 높은 저PER주와 비슷하다. 대개 배당 지급액이 많고, 가까운 미래에 기대되는 이익만 주가에 반영하는 탓에 PER이 낮기 때문이다. 그래서 성장주는 듀레이션이 긴 채권과 비슷하고, 가치주는 듀레이션이 짧은 채권과 비슷하다.[4]

따라서 금리가 하락할 때는 대개 성장주가 우세하고, 금리가 상승할 때는 가치주가 우세하다. [그림 10.11]을 보면 이런 채권 듀레이션 개념이 맞는 듯하다. 그림에서 굵은 선은 '성장주의 가치주 대비 실적'이고 가는 선은 장기 금리를 나타낸다. 장기 금리가 하락할 때는 대개 성장주가 우세하고, 장기 금리가 상승할 때는 가치주가 우세한 모습이다.

이제 이익 순환주기와 장기 금리라는 두 요소를 기준으로 다시 정리하자. 이익 순환주기가 하강해 장기 금리가 하락할 때는 일반적으로 성장주가 우세하고, 이익 순환주기가 상승해 장기 금리가 상승할

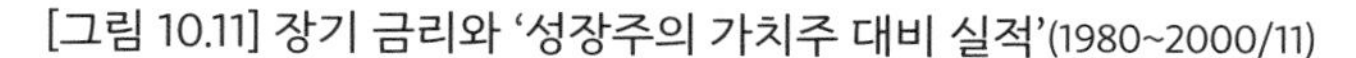
[그림 10.11] 장기 금리와 '성장주의 가치주 대비 실적'(1980~2000/11)

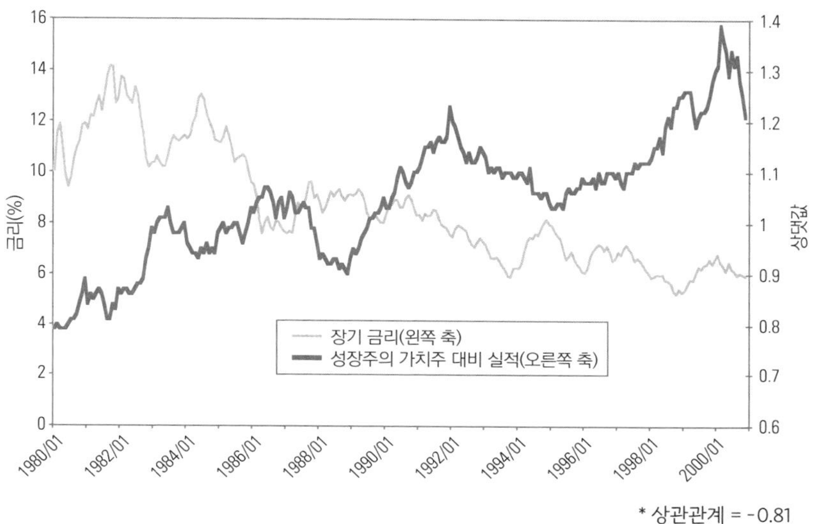

* 상관관계 = -0.81
* 자료: 메릴린치 정량 전략 데이터

때는 일반적으로 가치주가 우세하다. 따라서 경제의 악재는 대개 성장투자자들에게 호재가 된다.

경기가 둔화하면 금리가 하락하므로 채권 투자자는 악재를 좋아한다는 말이 있는데, 성장투자자도 마찬가지다. 경기가 둔화하면 장기 금리가 하락하고[5] 이익이 증가하는 기업(성장주)이 귀해지므로 성장투자자에게 유리해진다. 반면에 경기가 둔화해 기업들의 이익이 감소하면 가치투자자가 불리해진다. 이런 기간을 가치 함정(value trap)이라고 부른다. 경기 둔화 초기에는 일부 주식이 PER이 낮아져서 매력적으로 보일 수도 있지만 이익이 계속 감소해 결국 PER이 다시 상승하기 때문이다.

이제 앞에서 제기한 세 가지 질문에 답해보자.

1. 이익 증가율 추정치는 얼마인가?: 기업의 이익 증가율 추정치를 확인한다. 성장주든 가치주든, 이익 증가율 추정치가 적어도 시장 수준보다 높은 종목을 골라야 한다.
2. 성장주가 흔해지는가?: 이익 순환주기가 상승하는지 하강하는지 확인한다. 상승한다면 성장주가 흔해지므로 가치주를 선택하는 편이 유리하다. 하강한다면 성장주가 귀해지므로 성장주를 선택하는 편이 유리하다.
3. 이익이 현재 나오는가, 장래에 나오는가?: 듀레이션이 긴 채권처럼 이익이 장래에 나올 회사인지, 아니면 듀레이션이 짧은 채권처럼 이익이 현재 나오는 회사인지 확인한다. 금리가 상승할 전망이면 이익이 현재 나오는 회사(가치주)를 선택한다. 금리가 하락할 전망이면 이익이 장래에 나올 회사(성장주)를 선택한다.

소음이 성장주와 가치주에 미치는 영향

앞에서도 언급했지만 1975년~1999년 초에 '성장주와 가치주의 상대 실적'과 '이익 순환주기' 사이에 역의 상관관계가 나타났다. 그러나 1999년 초~2000년 초에는 이익 순환주기가 급상승했는데도 성장주가 우세했다. 기술주 거품의 소음과 과대 선전이 영향을 미친 탓이었다.

사람들은 소음과 과대 선전에 휩쓸려 기술주만 계속 성장할 것이라고 믿었지만 사실은 커다란 착각이었다. 이익 순환주기 정점에서 S&P500은 이익 증가율이 33%였고 일반 기업들은 이익 증가율이 25~30%였다. 그런데도 사람들은 착각에서 벗어나지 못한 채, 이익도 내지 못하는 기술주를 계속 사들여 가격을 급등시켰다.

이 종목들에 과도한 PSR 배수를 지불하고 투자하는 과정에서 사람들은 여러 위험을 떠안았다. 첫째, 일반 기업들이 제공하는 이익 증가율 25~30%를 놓쳤다. 둘째, 기술주의 이익이 얼마나 증가할지 약속받지 못했다. 셋째, 기술주의 이익이 언제 증가할지 약속받지 못했다. 점점 더 높은 PSR 배수를 수용함으로써, 더 낮은 밸류에이션과 위험 보상을 요구하는 대신 위험을 감수하는 데 돈을 내고 있었다.

게다가 이후 경제가 탄력을 받으면서 금리가 상승하기 시작했다. 이때는 (듀레이션이 짧은 채권과 같은) 가치주가 유리한데도, 사람들은 기술주 거품에 휩쓸린 탓에 (듀레이션이 지극히 긴 채권과 같은) 기술주를 계속 보유했다. 금리가 상승하는데도 100년 만기 할인채를 사는 셈이었다.

소음과 자본비용, 성장주와 가치주

기술주 거품에 의해서 주가가 급등한 덕분에 저렴한 비용으로 자본을 조달한 기업들은 사업 운영 방식을 변경하기 시작했다. 기업이 PER 50배로 자본을 조달하게 되면 PER 5배로 조달할 때보다 비용이 10분의 1로 감소한다. 2000년 3월이 되자 자본비용이 제로에 가까운 자금이 기술 업종으로 쏟아져 들어왔다. 주식이 지극히 과대평가되었으므로 기술회사들은 현금 대신 주식으로 비용을 지불했다. 주식으로 기업을 인수하고, 급여를 지급했으며, 심지어 사무용 가구와 커피머신을 사기도 했다.

현명한 투자자는 저평가된 성장주를 찾지만, 자본이 부족해서 자본비용이 과도하게 높은 기업도 찾는다. 이런 기업에 자본을 공급하면 높은 수익을 얻기 때문이다. 그러나 기술주 거품에 휩쓸린 사람들은 이미 자본이 남아도는 기술 업종에 자본을 계속 공급했으므로 수익이 낮을 수밖에 없었다.

소음과 좋은 기업, 성장주와 가치주

사람들은 좋은 기업에는 더 높은 가격을 치르려 하고, 나쁜 기업에는 보상을 요구한다. 그러나 기술주 거품 기간에는 사람들이 나쁜 기업에도 높은 가격을 치렀다. 그 결과 가치주가 성장주보다 저평가되었다.

이익 순환주기가 하강하면 이익이 계속 증가하는 좋은 기업(성장주)이 귀해지며, 성장투자자들은 높은 가격에라도 성장주를 매수하려 하므로 성장주의 PER 배수가 확장된다. 그러나 가치투자자들은 위험 보상을 요구하므로 가치주의 PER 배수는 축소된다. 따라서 안정적으로 성장하는 주식은 성장주가 되고, 경기에 민감한 주식은 가

[그림 10.12] S&P/바라 가치주지수의 등급 구성

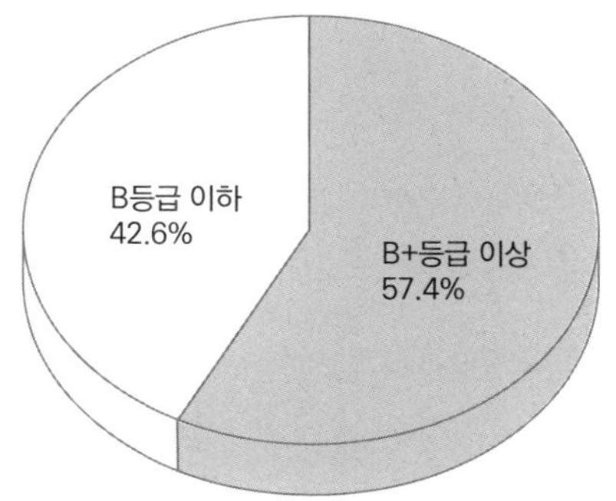

* 자료: 메릴린치 정량 전략 데이터

[그림 10.13] S&P/바라 성장주지수의 등급 구성

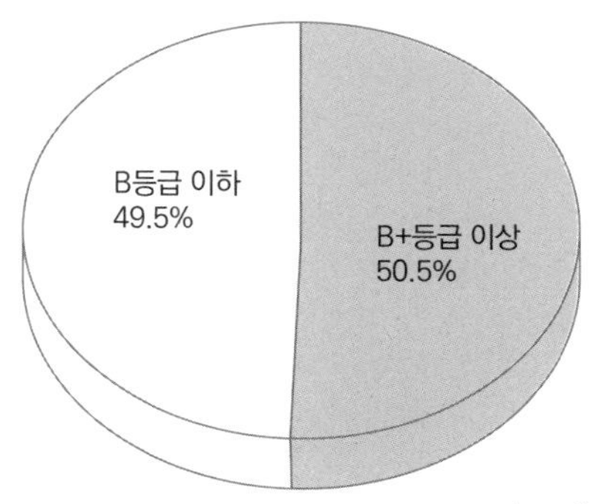

* 자료: 메릴린치 정량 전략 데이터

치주가 된다.

그러나 기술주 거품이 이런 구도를 바꿔놓았다. 기술주는 경기에 민감한데도 주가가 천정부지로 치솟았다. 그 결과 성장주에서 경기순환주의 비중이 이례적으로 높아졌다. [그림 10.12]는 2000년 4분기 S&P/바라 가치주지수에서 좋은 주식과 나쁜 주식의 비중을 나타

내고, [그림 10.13]은 S&P/바라 성장주지수(S&P/Barra Growth Index)에서 좋은 주식과 나쁜 주식의 비중을 나타낸다(좋은 주식은 B+ 등급 이상, 나쁜 주식은 B 등급 이하). 놀랍게도 2000년 말에는 가치주의 좋은 주식 비중이 더 높았다. 그래서 2000년에 이익 순환주기가 하강했는데도 가치주의 실적이 더 좋았다.

이제는 가치주가 더 안전해 보인다. 따라서 위험한 성장주를 비싸게 사는 것보다 안전한 가치주를 싸게 사는 편이 낫다고 생각한다. 이런 상황이 얼마나 오래갈지는 두고 볼 일이다.

11장

핵심 정보만 뽑아내는 12가지 필터링

조종사들은 비행 전에 체크리스트를 철저하게 점검해 모든 부품이 제대로 작동하는지 확인한다. 이렇게 점검한다고 해서 고장이 완벽하게 방지되는 것은 아니지만, 그래도 결함 대부분을 찾아내서 수리할 수 있다. 이런 점검을 시간 낭비로 생각하는 조종사는 아무도 없으므로 비행 전에 반드시 점검을 실행한다.

투자자들도 사전 체크리스트를 점검해야 한다. 즉, 투자 전에 질문, 점검 사항, 요건 등을 확인해 터무니없는 위험을 떠안지 않도록 유의해야 한다. 물론 사전 체크리스트를 점검한다고 해서 항상 손실을 피할 수 있는 것은 아니지만, 그래도 종종 대규모 손실을 피할 수 있다.

이 책에서 다룬 내용 중에서 투자 전에 점검할 사항들을 정리해보았다. 소음과 과대 선전을 걸러내어 더 현실적으로 생각하게 해주는 질문들이다. 이 책에서 투자 방법은 소개하지 않지만, 투자 전에 이런 질문들을 계속 활용하는 것으로도 충분하다고 생각한다.

질문 1: 왜 그 종목이 다른 종목보다 낫다고 생각하는가?

"왜 그 종목이 다른 종목보다 낫다고 생각하는가?"라는 질문이 가장 중요하다.

이 질문에 즉시 간결하게 답할 수 없다면 처음부터 다시 시작해 새로운 투자 대안을 찾아보는 편이 낫다. 그리고 이 질문에 번번이 막힌다면 펀드나 기타 간접투자 상품을 찾아보아야 한다. 십중팔구 투자 지식이 부족해서 직접투자에 적합하지 않기 때문이다.

투자 지식이 부족해서 직접투자에 적합하지 않다고 인정하는 것은 절대 부끄러워할 일이 아니다. 나는 투자 전문가이지만, 조사할 시간이나 경험이 부족한 분야에 투자할 때는 종종 간접투자 상품을 이용한다. 내가 아는 투자 전문가 대부분이 이렇게 한다. 유명한 종양 전문의들도 종양 분야가 아니라면 자신의 건강 문제를 스스로 진단하고 치료하지 않는다. 누구도 투자의 모든 분야를 알 수는 없다.

질문 2: 투자를 고려하게 된 계기는?

이 종목을 어떻게 알게 되었는가?

친구에게 들었는가?

주식 중개인이 투자 아이디어를 제공했는가?

스스로 생각해냈는가?

TV, 라디오, 신문을 통해서 알게 되었는가?

정보의 출처가 믿을 만한지 반드시 평가해야 한다. 그러나 투자 전문가가 아니라면 평가는 쉬운 일이 아니다. 일부 출처는 확실히 신뢰도가 낮다. 삼촌이 레스토랑 납품 사업에서 훌륭한 성과를 내고 있다면, 다른 레스토랑 납품 업체에 대해 조언을 구하는 것은 좋다. 그러나 광섬유시장에 대해서 삼촌에게 통찰을 기대해서는 안 된다. TV에 출연한 포트폴리오 매니저가 자신의 주력 종목을 열정적으로 설명한다면 십중팔구 믿을 말이 아니다. 자신의 주력 종목을 나쁘게 말할 사람은 없기 때문이다. 이발사에게 모발 관리 용품에 관해 물어보는 것은 좋지만 천연가스 배급에 관해 물어서는 안 된다.

각 분야에 전문 지식을 갖춘 사람은 많으니 그런 사람을 찾아보기 바란다. 그러나 최신 인기 산업을 모두 안다고 주장하는 자칭 전문가라면 함부로 믿어서는 안 된다.

질문 3: 인기 종목인가, 소외 종목인가?

현재 인기 종목인가? 소음은 주로 인기 종목에 집중된다는 사실을 기억하라. 실제로 가치가 있는 종목인지, 아니면 단지 소음과 과대 선전 덕분에 인기가 높아진 종목인지 생각해보아야 한다. 사람들이 세이렌의 노래에 매혹되면 가치가 없는 종목도 단기적으로는 상승할 수 있다. 그러나 과거 사례를 돌아보면 이런 종목의 인기는 사람들의 예상보다 빠르게 식었다.

온도에 비유하자면 미지근한 종목이 가장 좋다. 차가운 종목은 얼어붙을 수 있고, 일단 얼어붙으면 상당한 시간이 지나야 녹는다.

질문 4: 이익 추정치 수명주기에서 몇 시 방향에 있는가?

내가 아는 기관투자가는 벽에 이익 추정치 수명주기를 붙여놓았다. 그는 매매를 결정하기 전에 그 종목의 위치가 이익 추정치 수명주기에서 몇 시 방향인지 생각해본다. 이렇게 하면 투자 원칙을 유지하기가 매우 쉽다고 말한다.

주식 매수에 이상적인 위치는 이익 추정치 수명주기의 7시 근처다. 6시에 사기는 지극히 어렵고, 이보다 조금만 빨라도 실적이 훨씬 나빠질 수 있다. 7시는 주식이 이미 상승하기 시작했지만 아직 과열되지 않은 시점이다. 과열된 주식은 10시나 11시 위치가 된다. 7시 근처에 있는 주식은 아직 TV나 잡지에 소개되지 않으므로 발굴하려면 큰 노력이 필요하다. 이런 종목을 찾아낼 자신이 없다면 다시 간접투자 상품을 생각해보기 바란다.

이익 추정치 수명주기는 자신에게 객관적이고도 솔직한 사람이 사용할 때에만 효과를 기대할 수 있다. 자기 합리화에 익숙한 사람이라면 여기서 중단하고 질문 1로 돌아가기 바란다.

질문 5: 기존 포트폴리오와 어울리는가?

분산투자는 중요한 개념이지만 많은 투자자가 무시한다. 특히 총자본에 대한 분산투자가 중요하다. 관심 종목이 자신이 종사하는 업종에 속한 종목인가? 혹시 급여 일부를 회사 주식으로 받고 있는가? 이미 보유한 기술주가 3종목이라면 더 매수할 필요가 없다. 제약회사 주식, 약국회사 주식, 요양원 주식, 의료기기회사 주식을 보유하고 있다면, 건강 관리 업종 주식을 더 매수할 필요가 없다. 하이일드 채권을 보유하고 있는 사람도 나쁜 주식을 매수하면 안 된다. 포트폴리오에서 불량등급 자산의 비중이 지나치게 커지기 때문이다.

매우 간단한 어림셈법이 있다. 시장 변동성 때문에 밤잠을 설친다면 포트폴리오의 분산투자가 부족하다는 뜻이다. 분산투자가 잘된 포트폴리오라면 일 단위, 주간 단위, 월간 단위 변동성 때문에 불안해질 일이 없다.

질문 6: 위험하다고 생각하는가?

왜 위험하다고 생각하는가?

위험하다고 생각하면서 왜 투자하려고 하는가?

위험하다고 생각하는 종목을 이미 많이 보유하고 있는가?

위험을 떠안아야 고수익이 가능하다는 생각에 사로잡혀서는 안 된다. 물론 위험을 떠안아야 장기적으로 고수익을 얻을 수 있다. 그러나 단기적으로 고수익을 얻으려고 위험을 떠안아서는 안 된다. 이 과정에서 입는 손실은 정당한 손실이 아니다.

나는 휴일 오후에는 여가를 즐긴다. 낙하산을 타기도 하고, 딸과 공예를 즐기기도 한다. 나는 공예를 무척 좋아한다. 모든 사람이 큰 위험을 감당할 수 있는 것은 아니다. 위험 자산에 투자해야 한다는 강박관념에 사로잡힐 필요가 없다.

질문 7: 위험을 평가하는 기준은?

어떤 종목의 위험을 직관적으로 평가하는가, 아니면 정량 척도를 확인해서 판단하는가? 거듭 말하지만 자신의 위험 수용도를 평가하기는 절대 쉽지 않다.

위험을 과거 수익률의 변동성으로 정의하는가, 아니면 손실 확률로 정의하는가? 1차 3개년에 초과 실적을 낸 전략은 2차 3개년 실적이 부진할 확률이 높다는 사실을 명심하라. 최근 실적이 뛰어난 종목은 생각보다 위험이 크다는 뜻이다.

장기간에 걸쳐 나타난 실적과 변동성을 확인해야 한다. 어떤 종목의 10년 실적이 훌륭했다면, 4년 동안 탁월한 실적을 기록하고 6년 동안 다소 부진한 실적을 기록한 결과일 수 있다. 10년 중 6년 동안 실적이 부진해도 견딜 수 있겠는가?

질문 8: 좋은 기업인가, 좋은 주식인가?

좋은 기업을 선호하는가? 경기가 둔화해 이익이 감소하는 중이라면 좋은 기업이 유리하지만, 경기가 상승해 이익이 증가하는 추세라면 좋은 기업이 불리하다. 장기적으로는 좋은 기업보다 나쁜 기업 주식의 수익률이 더 높다는 사실을 기억하라. 높은 수익을 안겨줄 나쁜 기업 주식을 찾아낼 자신이 없다면, 회생주나 소외주에 투자하는 간접투자 상품을 찾아보기 바란다.

질문 9: 좋은 기업인가, 나쁜 기업인가?

관심 기업이 좋은 기업인지 나쁜 기업인지 모른다면 8번 문제에 답하기가 매우 어렵다. S&P 보통주 등급을 확인해보라. 나쁜 기업이라고 생각했던 기업이 좋은 기업으로 나오더라도 평가 등급에 문제가 있다는 식으로 억지를 부려서는 안 된다. 다른 기업을 찾아보는 편이 낫다.

질문 10: 좋은 기업에 유리한 시점인가, 나쁜 기업에 유리한 시점인가?

경기와 이익 순환주기가 현재 어떤 상황인가? 1년 뒤에는 어떨 것으로 전망하는가? 1년 뒤 개선될 전망이라면 대개 나쁜 주식이 유리하다. 그러나 악화할 전망이라면 좋은 주식이 유리하다. GDP 성장률, 인플레이션, 생산성 등 상세한 경기 지표에 과도하게 매몰되지 않도록 유의하라. 이런 지표도 중요하지만 가장 중요한 질문은 '1년 뒤 상황이 지금보다 개선될 것인가?'이다. 그러나 TV에 출연해서 "1년 뒤에는 상황이 개선될 전망입니다. 이상입니다"라고 말하는 이코노미스트는 많지 않을 것이다.

체크리스트 중 가장 중요한 항목이 질문 1이고 그다음으로 중요한 항목이 질문 11과 12다. 체크리스트를 대강 훑어보더라도 질문 1, 11, 12는 반드시 숙독해야 한다.

질문 11: 남들은 모두 모르는데 당신만 아는 것은?

혼자 힘으로 투자하는 것은 애널리스트와 포트폴리오 매니저의 역할을 동시에 떠안는 것과 같다. 훌륭한 애널리스트는 사실을 단순 열거하지 않고 지혜롭게 도출한 독자적 의견을 제시한다는 점을 기억하라. 당신이 지혜롭게 도출한 독자적 의견은 무엇인가?

이런 의견이 없다면 처음부터 다시 시작하라. 의견을 낼 방법을 모른다면 간접투자 상품을 알아보라. 소음과 과대 선전에 휩쓸리지 않고 탁월한 투자자가 되려면 반드시 이 질문에 답해야 한다.

질문 12: 월요일에 토요일 날씨를 예측하려고 하는가?

서문에서 나는 월스트리트의 전망을 일기예보에 비유했다. 사람들은 적중 확률이 높은 예측은 당연한 말이라고 생각하면서 무시한다. 반면에 적중 확률이 낮은 예측에는 과도하게 집착한다. 월요일에 발표되는 토요일 일기예보는 적중 확률이 낮은데도 사람들은 주말 계획을 세우려고 늦은 밤까지 기다린다. 이 사실을 아는 방송국들은 시청률을 높이려고 시청자를 늦은 밤까지 붙잡아 둔다.

1월에 미니애폴리스 날씨가 추울 것이라고 예보한다면, 사람들은 당연한 말이라고 생각하면서 무시할 것이다. 그러나 장담하는데 이 예보가 월요일에 발표되는 토요일 일기예보보다 적중률이 높다. 주식시장 예측도 마찬가지다. 흔히 사람들은 적중 확률이 높은 예측을 당연한 소리라고 생각하면서 무시한다.

당신은 잘 분산된 포트폴리오를 장기 보유하는가(미니애폴리스의 1월), 아니면 최신 인기 종목으로 데이 트레이딩을 하는가(월요일에 발표되는 토요일 일기예보)?

앞에서 보았듯이 시간 지평이 길어질수록 손실 확률이 낮아진다. 분 단위, 시간 단위로 매매하는 데이 트레이더들은 대부분 손실을 피할 수 없다. 본업을 유지하면서 잘 분산된 포트폴리오를 장기 보유하는 사람의 실적이 데이 트레이더보다 십중팔구 더 좋다. 물론 TV나

잡지 인터뷰에 주로 등장하는 인물은 따분한 장기 투자자가 아니라 대박을 터뜨린 데이 트레이더들이다. 시청자나 구독자를 늘리려면 데이 트레이더가 등장해야 유리하기 때문이다.

지금까지 열거한 체크리스트 12개로 투자 의사결정 과정의 모든 측면을 다룰 수는 없다. 다만 투자자 대부분이 스스로 이런 질문을 던지지 않는다고 생각해 제시했다. 투자 전에 이들 질문에 답해보면 소음과 과대 선전이 판치는 새 시대를 헤쳐나가는 데 큰 도움이 될 것이다.

주석

1장. 소음이 당신의 돈을 노린다

1. 2000년 7월 30일 National Public Radio 논평
2. Jim Rutenberg, "'Big Brother' Host Seeking Credibility," *New York Times*, 7 August 2000.

2장. 소음은 직접투자를 조장한다

1. Patrick McGeehan and Danny Hakim, "Online Funds, Built to Order," *New York Times*, 13 August 2000.
2. 특정 전략이 우월한 것처럼 오해할 소지가 있어서 전략의 명칭을 생략했다.
3. 심리의 위력을 과소평가해서는 안 된다. 학창 시절 어떤 교수가 'A학점을 기대했는데 F학점을 받는' 현상을 설명한 적이 있다. 어떤 아이는 시험을 잘 본 듯하면 부모에게 A학점을 받을 것이라고 말한다. 그러나 성적이 나쁘게 나오면 아이는 선생이 점수를 박하게 주었다고 부모에게 불평한다. 이렇게 잘되면 내 탓, 잘못되면 남의 탓으로 돌리는 행태는 일상적으로 벌어진다. 나는 이 헤지펀드가 과거 실적 부진을 이례적인 시장 흐름의 탓으로 돌리면서 다시 투자 자금

을 모으는 모습을 보고 깜짝 놀랐다. 이런 펀드에 투자하는 사람들은 다시는 이례적인 시장 흐름이 발생하지 않으리라고 믿는 모양이다.

4. Mark Hulbert, "In the Data Mine, There Is Seldom a Pot of Gold," *New York Times*, 1 October 2000.
5. James P. O'Shaughnessy, 《월가의 퀀트 투자 바이블(What Works on Wall Street)》 (New York: McGraw-Hill, 1997).
6. David Gardner and Tom Gardner, 《The Motley Fool Investment Guide: How the Fool Beats Wall Street's Wise Men and How You Can Too》 (New York: Simon & Schuster, 1996).
7. S&P500은 시가총액 가중 지수이므로 주로 대형주의 실적에 좌우된다. 우리는 대형주의 과도한 영향을 배제하려고, 시가총액에 상관없이 동일한 비중을 부여하는 동일 비중 S&P500(Equal-Weighted S&P500)을 사용했다.
8. 광범위하게 백테스트를 실행해준 메릴린치의 스티브 스펜스에게 감사한다.
9. 이는 각 전략의 수익률 분포에 좌우되는 문제다. 수익률 분포가 한쪽으로 치우치면 최빈값이 최고 수익률과 비슷해질 수도 있다. 순진한 투자자들은 이 전략이 대단하다고 착각할 수도 있지만, 사실은 우연히 수익률 분포가 유리한 방향으로 치우쳤을 뿐이다.

3장. 소음은 투자자의 기대를 조종한다

1. Richard Bernstein, "Revisiting the Earnings Expectations Life Cycle," *Merrill Lynch Quantitative Viewpoint*, 13 August 1991.
2. Richard Bernstein, 《순환 장세의 주도주를 잡아라(Style Investing)》 (New York: John Wiley & Sons, 1995).
3. 애널리스트는 자신의 분석이 부실했던 점을 숨기려고 기업의 '비즈니스 모델'

이 실패했다고 표현하기도 한다. 말하자면 자신이 추천한 종목의 주가가 상승하면 자신의 분석이 적중했다고 주장하고, 주가가 하락하면 비즈니스 모델이 작동하지 않았다고 주장하는 식이다.

4. 1983년 기술주 거품 붕괴 이후 기술 업종이 얼마나 소외당했는지를 보여주는 일화가 있다. 1990년 한 기술 업종 애널리스트는 기술 분야에서는 애널리스트에게 미래가 없으므로 연구소장이 되어야 한다는 조언을 들었다. 이후 기술 업종 애널리스트에 대한 수요가 이렇게 급증할 것으로 예상한 사람은 아무도 없었다.
5. 채권이 주식보다 위험하다는 논문을 쓴 사람들은 채권이 주식보다 선순위 증권이라는 기본 원리를 망각한 듯하다.
6. 매달 동일 비중으로 포트폴리오를 리밸런싱했다. 2장에서 설명한 이유로 동일 비중 S&P500을 기준으로 실적을 평가했다.
7. 이 분석에서 담당 애널리스트의 수가 다소 혼동을 불러올 수 있다. 강세장에 IBM 주가가 상승하면 담당 애널리스트의 수가 증가할 것이고, 약세장에 IBM 주가가 하락하면 담당 애널리스트의 수가 감소할 것이기 때문이다. 그러나 S&P500지수 대비 IBM의 수익률을 측정하는 방식으로 시장의 등락을 통제하더라도 이 분석의 결과는 크게 달라지지 않을 것이다.
8. Kari E. Bayer and Richard Bernstein, "Can the Market Predict Long-Term Earnings Growth and Performance - Part I," *Merrill Lynch Quantitative Viewpoint*, 15 September 2000.
9. 1999년 실적이 최고 수준이었던 가치투자 매니저가 동료 가치투자 매니저들에게 비난받았다. 그는 아메리카 온라인(America Online)이 소외되어 저가일 때 매수했는데, 주가가 회복되어 성장주로 분류된 후에도 계속 보유했기 때문이다.

4장. 장기 투자자를 위한 전략

1. 내가 수익률이 가장 높은 펀드 대신 두 번째로 높은 펀드를 선택한 이유를 심리학자들은 설명할 수 있을 것이다. 그러나 내가 미래 수익률은 내다보지 않고 과거 수익률만으로 선택했다는 점이 여전히 중요한 문제다.
2. 자산 수익률은 장기간에 걸쳐 측정했으나 교육비는 1993년 이후로만 측정했기 때문에 이 분석에는 다소 결함이 있다. 그러나 교육비 소비자물가지수는 1993년부터 나왔으므로 달리 방법이 없다. 그렇더라도 1993년 이후 자산 수익률이 이례적으로 높아서 이 분석의 오류는 보수적인 방향으로 나올 것이다.
3. 물론 이 단순한 사례에서는 배당 재투자를 무시했다. 그러나 제2의 마이크로소프트를 찾는 사람들 대부분은 배당주에 큰 관심이 없다고 가정해도 무리가 없을 듯하다.
4. 이 논문 저자들은 매우 흔한 오류를 범했는데, 사전 예상 수익률과 사후 수익률을 혼동한 것이다. 사후 수익률로 보면, 주식의 위험조정 수익률이 채권보다 높았던 기간이 있다. 그러나 이런 수익률이 나온 것은 주로 투자자들이 주식을 두려워해서 높은 보상을 요구했기 때문이다. 투자자들이 주식을 두려워하지 않는 시점에는 주식의 수익률이 낮아진다고 보아야 한다. 이 논문이 작성된 시점에는 채권에서 초과 실적이 기대된다. 사람들이 채권이 더 위험하다고 인식한 탓에 채권의 사전 예상 수익률이 하락했기 때문이다.

5장. 소음이 분산투자에 미치는 영향

1. 두 자산의 상관관계는 -0.77이다.
2. 나는 주식시장의 장기 전망을 비관하지 않으므로 금에 투자하지 않는다. 내가 주식시장을 비관한다면 왜 월스트리트에서 일하겠는가.

3. Richard Bernstein and Steve Kim, “The Paradox of Private Equity: Diversification or Information,” *Merrill Lynch Quantitative Viewpoint*, 12 July 1995.
4. 다음이 소형주 투자를 다룬 아마도 가장 완벽한 자료다. Satya Pradhuman, 《Small-Cap Dynamics: Insights, Analysis, and Models》 (Bloomberg Press, 2000)

6장. 자신의 위험 수용도를 파악하라

1. 미국 단기 국채에 위험이 전혀 없는 것은 아니다. 확률이 지극히 희박하긴 하지만 미국 정부가 채무를 불이행할 수도 있다. 그러나 다른 나라 단기 국채, 특히 신흥국 단기 국채라면 위험을 간과해서는 안 된다. 금융시장에는 공짜가 없다. 단기 국채의 수익률이 높다면 십중팔구 추가 위험이 있다고 보아야 한다.
2. 1등에게만 당첨금을 주고 번호 일부를 맞힌 사람에게 부분 당첨금을 주지 않는 것으로 가정했다. 복권 구입자가 구입 금액 1,000달러 중 일부나 전부를 회수할 확률도 분명히 존재하긴 한다.
3. 표에서는 개별 종목이 아니라 전략을 다룬다고 비판하는 사람도 있을 것이다. 그러나 개별 종목 매매도 단일 종목으로 실행하는 전략이다. 운용 실적이 포트폴리오의 규모에 좌우되는 것은 아니다.
4. 이것도 ‘나는 A학점을 기대했는데 F학점을 받는’ 사례다. 학생들은 자신의 위험 수용도를 평가하지 못한다는 결과가 나오자 공공연히 내게 적대감을 드러냈다. 직업상 고객의 위험 수용도를 평가해야 하는데 자신의 위험 수용도조차 제대로 평가하지 못했으므로 성적이 부진할 것으로 생각했기 때문이다. 이 수업을 통해서 학생들은 위험을 제대로 평가하지 못하면 고객과의 관계가 악화할 수 있다는 중요한 교훈을 얻었다.

5. 배당 할인 모형은 채권 수익률을 산정하는 방식으로 주식을 평가한다. 채권의 만기 수익률은 채권에서 나오는 '미래 원리금 흐름의 현재 가치'를 채권의 '현재 가격'과 일치시키는 할인율이다. 배당 할인 모형은 '미래 배당 흐름의 현재 가치'를 주식의 '현재 가격'과 일치시키는 할인율을 찾는다.

7장. 시간 지평을 늘려라

1. 반분산(semivariance) 분석 등 더 정교한 개념도 있으나 여기서는 매우 단순하게 정의했다.
2. 배당주는 주식과 현금으로 구성된 포트폴리오로, 무배당주는 주식만으로 구성된 포트폴리오로 생각할 수 있다. 현금은 변동성이 거의 없으므로, 현금이 포함된 포트폴리오는 현금이 포함되지 않은 포트폴리오보다 변동성이 작다. 또는 배당주는 이표채로, 무배당주는 할인채로 생각할 수도 있다. 할인채 가격은 이표채보다 금리에 더 민감하게 변동하므로 손실 확률이 더 높다.
3. 미국 정부의 채무 불이행 확률은 지극히 낮다고 볼 수 있다. 그러나 연방이 보장하는 CD는 보장 금액에 상한선이 있으므로 무위험 자산으로 볼 수 없다.

8장. 좋은 기업이 아니라 좋은 주식을 찾아라

1. Hersh Shefrin and Meir Statman, "A Behavioral Framework for Expected Stock Returns," *Santa Clara University working paper*, October 1993.
2. 경기가 호황이어서 이익 증가율이 매우 높을 때는 D등급 주식이 없는 예도 있어서 C등급과 D등급을 하나로 묶었다.
3. 동일 비중 S&P500지수를 기준으로 상대 실적을 분석했다. 우량주지수가 동일 비중이기 때문이다.

4. 이익 침체와 경기 침체는 다르다. 경기 침체는 2분기 이상 연속해서 실질 GDP가 감소하는 현상이다. 이익 침체는 S&P500 이익이 2분기 이상 연속해서 감소하는 현상이다. 이익 침체가 모두 경기 침체로 이어지는 것은 아니지만, 경기 침체는 항상 이익 침체로 이어진다.
5. 다음은 소외주 효과를 탁월하게 다룬 초기 분석 두 건이다. Avner Arbel and Paul Strebel, "The Neglected and Small Firm Effects," *Financial Review*, 1982, 17(4), 201~218; Avner Arbel, Steven Carvell, and Paul Strebel, "Giraffes, Institutions and Neglected Firms," *Financial Analysts Journal*, 1983, 39(3), 57~63.
6. 주 1 참조
7. 나쁜 기업은 간혹 파산하는 사례가 있으므로 포트폴리오를 구성해서 분석했다. 이 분석에서는 극도로 나쁜 기업에 투자했을 때의 성공 확률을 조사하지 않는다.
8. 업력이 10년 미만인 기업에 대해서도 S&P가 주관적으로 등급을 부여하는 사례가 증가하는 듯하다. S&P의 문헌에는 등급 평가 과정에 주관이 적용될 수 있다고 언급되어 있지만, 이런 기업에는 대개 등급이 부여되지 않는다. 그러나 우리는 업력이 10년 미만인 기술회사에 S&P가 등급을 부여한 사례를 발견했다. 기술주 거품이 S&P의 등급 제도에 영향을 미쳤다고 의심할 수밖에 없다. S&P가 시가총액을 생존 능력과 혼동했는지도 모르겠다. S&P가 이런 관행을 타파하길 희망한다.
9. 이른바 신경제를 옹호하는 사람들은 경기가 순환한다는 사실을 망각한 듯하다. 기술 발전은 새로운 현상이 아니다. 농경사회를 제외하면 기술은 항상 생산성을 끌어올리면서 GDP의 대부분을 차지했다. 1950년대에는 아마도 알루미늄 제조가 그런 기술 발전이었다. 지금은 전자공학과 정보 처리가 그런 기술 발전이다. 기술이 발전해도 경기는 여전히 순환한다. 기술주 거품이 사람들의 사

고방식을 바꿔놓은 탓에 이런 단순한 사실조차 보지 못하는 듯하다.

9장. 탁월한 애널리스트를 찾아라

1. 나도 TV나 인쇄 매체를 통해서 소음을 일으키는 사람 중 하나다. 그러나 9장에서 설명하는 훌륭한 애널리스트의 요건을 준수하려고 열심히 노력한다.
2. Richard Bernstein and Kari Bayer, "An Analysis of Earnings: Reported vs. Operating," *Merrill Lynch Quantitative Viewpoint*, 9 February 1999.
3. 각 전략의 수익률 차이에 통계적 유의성이 없긴 하지만, 그래서 이를 바탕으로 영업이익이 추가 정보를 제공하지 않는다고 주장할 수 있다. 이 결과는 영업이익 사용이 적어도 유리하지 않다는 사실을 보여준다. 성장주 전략에 EBITDA가 다소 효과적일 수는 있지만 다른 이익 정의를 사용했을 때도 결과는 비슷했다.
4. EVA는 스턴 스튜어트사의 등록상표다.

10장. 스타일 투자 전략으로 소음을 걸러내라

1. SEC가 새로 도입한 공정 공시 제도(Regulation Fair Disclosure)는 기업들이 주요 정보를 모든 투자자에게 동시에 제공하게 하는 제도다. 이전에는 기업들이 정보를 선택적으로 제공할 수 있었다. 그렇더라도 효율적 시장 옹호자들이 주장하는 것처럼 모든 투자자가 정보를 똑같은 방식으로 해석하는 것은 아니다.
2. Donald Peters, 《A Contrarian Strategy for Growth Stock Investing》 (Westport, CT: Quorum Books, 1993).
3. 이 차트에서는 장기적으로 성장주의 실적이 우세한 것처럼 보이지만 사실은 그렇지 않다. 순자산가치 상승분만 보면 성장주가 우세해도, 분배금까지 포함한 투자 총수익 기준으로 평가하면 가치주가 약간 우세했다.

4. 물론 주식에서 나오는 현금흐름은 채권처럼 일정하지 않으므로 주식의 듀레이션 개념에는 문제가 있다. 경기가 회복되면 대개 금리가 상승하며, 이때 기업의 현금흐름이 개선되어 배당이 증가하는 사례가 많다. 반대로 경기가 둔화하면 보통 금리가 하락하며, 이때 기업의 현금흐름이 악화해 배당이 감소한다. 따라서 주식의 듀레이션은 계속 바뀐다.
5. 경기 침체는 2분기 이상 연속해서 실질 GDP가 감소하는 현상이고, 이익 침체는 S&P500 이익이 2분기 이상 연속해서 감소하는 현상이다.

찾아보기

소음과 투자

초판 1쇄 | 2022년 11월 25일
2쇄 | 2024년 7월 25일

지은이 | 리처드 번스타인
옮긴이 | 이건

펴낸곳 | 에프엔미디어
펴낸이 | 김기호
편집 | 오경희, 양은희
기획관리 | 문성조
디자인 | 채홍디자인

신고 | 2016년 1월 26일 제2018-000082호
주소 | 서울시 용산구 한강대로 295, 503호
전화 | 02-322-9792
팩스 | 0303-3445-3030
이메일 | fnmedia@fnmedia.co.kr
홈페이지 | http://www.fnmedia.co.kr

ISBN | 979-11-88754-70-0 (03320)
값 | 18,000원